STATUTS
ET
REGLEMENS
DE
L'HÔPITAL GÉNÉRAL
DE LA CHARITÉ,
ET AUMÔNE GÉNÉRALE
DE LYON.

STATUTS
ET
REGLEMENS

DE
L'HÔPITAL GÉNÉRAL
DE LA CHARITÉ,
ET AUMÔNE GÉNÉRALE
DE LYON.

A LYON,

De l'Imprimerie d'AYMÉ DELAROCHE, feul Imprimeur ordinaire
de Monfeigneur le DUC DE VILLEROY, de la Ville
& de l'Hôpital général de la Charité.

M. DCCXLII.

INSTITUTION

DE l'Hôpital Général de la Charité & Aumône Générale de Lyon.

N évenement auſſi trifte que malheureux, a donné lieu à l'établiſſement de cet Hôpital ; tel eſt le pouvoir de la Providence, tout ſert à manifeſter ſes effets, & les plus grands malheurs ſont preſque toûjours la ſource d'un bien qu'on n'avoit pas lieu d'attendre.

En 1531. la Ville de Lyon affligée de la plus cruelle famine, vît arriver dans ſes Ports pluſieurs bateaux, remplis d'une multitude de Pauvres, que les Provinces voiſines ſe voyoient hors d'état de nourrir ; le déſeſpoir avoit ſans doute inſpiré le barbare deſſein de livrer au gré des Eaux cette Flote infortunée ; mais l'humanité ne permit pas aux Habitans de Lyon de voir, fans être attendris, un fpectacle fi touchant; les cris de ces victimes malheureufes, une mort prochaine que la faim leur annonçoit, des fecours demandés par un torrent de larmes, exciterent affez de compaffion pour les rappeller à la vie; chacun négligea fes befoins pour leur faire oublier ceux qu'ils venoient d'éprouver, on les reçut avec joye; ils furent admis dans le rang des Citoyens, & participerent au foulagement que ceux-ci recevoient chaque jour dans ce tems de calamité.

Cette augmentation imprévûë dans un Peuple déja trop nombreux, fit redoubler les aumônes; huit notables Bourgeois chargés de celles qu'on faifoit de toutes parts, choifirent cinq Quartiers de la Ville, où ils puffent facilement diftribuer le pain néceffaire; tous les Pauvres furent nourris, & la Providence ayant fait fuccéder à l'incroyable cherté des grains, la recolte la plus abondante, ces Etrangers fe trouverent en état d'aller inftruire leurs cruels Compatriotes du bonheur qu'ils avoient eu.

Les Difpenfateurs de ces aumônes avoient affez fait connoître l'importance de cette bonne œuvre, pour qu'on cherchât à la continuer; auffi deftina-t'on le peu qui reftoit des fommes qu'on leur avoit remis, à former des capitaux, dont l'accroiffement ferviroit à l'avenir pour foulager l'indigence; on voulut que d'autres

Adminiſtrateurs ſuccédaſſent à ceux-ci, on leur aſſigna le lieu de leurs Aſſemblées, le jour en fut fixé; cette eſpèce de Tribunal, uniquement occupé des plaintes & des raiſons du malheureux, devoit décider ſur ſes beſoins, & y proportionner les ſecours qu'il étoit à propos d'accorder; on s'étoit ſi bien trouvé de l'ordre obſervé dans les diſtributions de pain durant la famine, qu'on craignit d'en proſcrire l'uſage; il fut ſuivi, on le pratique encore avec le même ſuccès pour ſoulager les Pauvres, & on voit à chaque inſtant, combien il eſt eſſentiel de le ſoutenir.

Des ſecours ſi conſidérables, répandus avec diſcernement, auroient dû remédier aux inſtances de l'ennuyeuſe mendicité; mais elle n'en devint que plus à charge; le malheur des tems, l'augmentation des familles, le nombre d'Etrangers y contribuoient ſans doute; auſſi prit-on le parti d'éviter ces importunités, en renfermant les néceſſiteux dans une Maiſon qui ne devoit ſervir à cet uſage qu'en attendant l'exécution du projet qu'on méditoit depuis longues années; l'entrepriſe étoit immenſe, mais elle n'effraya point ceux qui s'en étoient chargés; on jetta enfin les fondations de la Maiſon qui ſubſiſte aujourd'hui; MM. les Archevêques & MM. les Comtes de Lyon, firent conſtruire l'Egliſe; les autres Bâtimens s'éleverent par les libéralités de l'Illuſtre Famille d'Halincourt & de pluſieurs généreux

Citoyens, dont les noms feront à jamais recommandables. L'Hôpital de la Charité fut en peu de tems un azile pour tous les Pauvres ; s'il s'eft augmenté dans la fuite, ce n'a été que pour réünir fous une même direction différentes maifons déja deftinées aux Orphelins, & pour embraffer plufieurs objets, qui puffent par leur étenduë, foulager, autant qu'il feroit poffible, les Habitans d'une Ville fi néceffaire à l'Etat, par fon commerce & par fon induftrie.

Ce n'étoit point affez d'avoir renfermé cette multitude d'infortunés, une entréprife de cette conféquence méritoit d'être conduite à fa perfection ; il falut, pour y parvenir, doubler le nombre des Adminiftrateurs, afin qu'ils puffent par un partage proportionné dans leurs travaux, veiller à tout, & introduire cette forme régulière, dont les progrès font le fruit des foins affidus de ceux qui par fucceffion ont été appellés à ce gouvernement ; les Loix qui s'obfervent aujourd'hui par un Peuple auffi nombreux, doivent leur naiffance au befoin ; les circonftances & le bon ordre les ont dictées.

De-là, cette tranquilité dans les différentes Communautés qui partagent la Maifon, cette harmonie dans ceux qui la compofent, cette exactitude aux emplois différens qui les occupent, l'indifpenfable fubordination parmi deux mille cinq cens perfonnes, fur qui la raifon exerce moins fon empire que l'autorité : Il étoit important

après

après avoir séparé les Sexes , de prévenir encore un mélange toûjours pernicieux , par la différence de l'âge & des états; il faloit introduire cette facilité si nécessaire dans les fonctions de ceux qui les dirigent; remédier aux abus, & donner à connoître d'un coup d'œil, qu'il n'est pas moins essentiel de distinguer ceux qui ont recours à cet azile, que pernicieux de les confondre.

Les uns y sont admis par le seul motif de la caducité qui les accable; les autres en qualité d'Orphelins, retrouvent par l'adoption, plus de secours qu'ils n'en ont perdus; ceux-là comme illégitimes, voyent suc-céder en leur faveur la tendresse à l'inhumanité la plus marquée; ceux-ci, quoique abandonnés par leurs Peres, vivent sans désespérer de leur retour , l'attendent sans le souhaiter; d'autres enfin, sont renfermés par le seul titre de mendicité qu'ils professent.

Chacune de ses Parties a ses régles particulières , l'économie en est différente, mais l'amour est égal pour tous ceux qui les composent; il n'en est aucun que la Maison ne regarde comme son Enfant, & les soins particuliers de chacun des Recteurs, dont on peut voir le détail dans cet ouvrage, annonce toûjours cet amour pour les Pauvres , qui fût le principe d'un établis-sement, qui peut avec raison, disputer la préférence à ceux des autres Villes du Royaume.

Quoique les bienfaits de nos Rois, & les aumônes que la Charité reçoit, ſervent à maintenir cette Maiſon; c'eſt dans les Citoyens mêmes qu'elle trouve ſon plus ferme appui; tous ſe font une gloire de lui ſacrifier une partie de leurs biens, de dérober en ſa faveur les momens les plus chers à leur fortune; & ſi les tems difficiles multiplient les travaux, la Providence leur inſpire toûjours aſſez de zèle pour y ſuffire.

TABLE
DES CHAPITRES.

PREMIERE PARTIE.

Concernant les fonctions de MM. les Administrateurs.

CHAP. I. *Du Recteur Ecclésiastique,* pag. 1
CHAP. II. *De l'Officier du Roy,* 3
CHAP. III. *De l'Avocat,* 6
CHAP. IV. *De l'Exconsul,* 11
CHAP. V. *Du Trésorier des Deniers,* 15
CHAP. VI. *Du Recteur qui a la direction des Bléds, des Moulins & de la Boulangerie,* 19
CHAP. VII. *Du Recteur chargé de la Boucherie, Bois, Charbons, & autres provisions,* 27
CHAP. VIII. *Du Recteur chargé de la provision des Vins,* 36
CHAP. IX. *Du Recteur chargé des Livres,* 39
CHAP. X. *Du Recteur Drapier,* 42
CHAP. XI. *Du Recteur chargé de la Lingerie,* 54
CHAP. XII. *Du Recteur chargé de la Cordonnerie,* 60
CHAP. XIII. *Du Recteur chargé de la Manufacture des Soyes,* 63

é ij

xij   T A B L E

CHAP. XIV. *Du Recteur chargé de la Chirurgie & Pharmacie ;*
                                     pag.   66

CHAP. XV.   *Du Recteur chargé des Meubles,*   70

CHAP. XVI. *Du Recteur chargé de la Sacristie,*   73

CHAP. XVII. *Observations générales pour MM. les Recteurs
ayant la direction des Communautés de la
Chanal, des Cathérines, des Théreses & des
Petits-Garçons,*   77

CHAP. XVIII. *Observations pour MM. les Recteurs chargés de la
direction des Adoptifs & Adoptives,*   85

CHAP. XIX. *Observations pour MM. les Recteurs chargés de la
direction des Bâtards & Bâtardes,*   91

CHAP. XX. *Observations pour MM. les Recteurs chargés de la
direction des Enfans délaissés & abandonnés,
appellés Petits-Passants, ou Petites-Passantes,*
                                        99

CHAP. XXI. *Observations pour MM. les Recteurs chargés de la
direction des Vieux & des Vieilles,*   103

CHAP. XXII. *Observations pour MM. les Recteurs chargés des
Mendians & Mendiantes,*   109

CHAP. XXIII. *Observations pour MM. les Recteurs chargés des
distributions de Pain dans la Ville,*   113

CHAP. XXIV. *Observations générales pour MM. les Recteurs,*
                                        117

SECONDE PARTIE

Des Officiers de la Maison.

CHAP. I. *Du Médecin,* pag. 121
CHAP. II. *Du Secrétaire,* 124
CHAP. III. *Du Procureur,* 126
CHAP. IV. *Des Agens,* 127
CHAP. V. *De l'Archiviste,* 129
CHAP. VI. *De l'Econome,* 133
CHAP. VII. *Des Aumôniers,* 135
CHAP. VIII. *Du Chirurgien Major,* 141

TROISIEME PARTIE.

Réglemens des différentes Communautés.

Pour Messieurs les Ecclésiastiques, Chirurgiens, Freres, Sœurs, Officiers, Ouvriers, & Domestiques de la Maison, 145

Reglemens pour les Enfans de la Chanal.

CHAP. I. *Réglemens des Enfans de la Chanal,* 151
CHAP. II. *Concernant les Sorties,* 156
CHAP. III. *Concernant le Travail,* 158
CHAP. IV. *Concernant les Habillemens,* 159
CHAP. V. *Concernant ceux qui font en Apprentiſſage,* 160
CHAP. VI. *Concernant les Malades,* 161
Réglement particulier, pour les Enfans de la Chanal qui vont au Collége, 163

Réglemens pour les Cathérines.

CHAP. I.	*Réglemens pour les Cathérines,*	167
CH P. II.	*Concernant les Sorties,*	172
CHAP. III.	*Concernant le Travail,*	175
CHAP. IV.	*Concernant les Habillemens,*	177
CHAP. V.	*Concernant les Filles à Maîtres,*	179
CHAP. VI.	*Concernant les Infirmeries,*	180

Réglemens pour les Petits-Garçons.

CHAP. I.	*Réglemens pour les Petits-Garçons,*	183
CHAP. II.	*Concernant les Sorties,*	188
CHAP. III.	*Concernant le Travail,*	190
CHAP. IV.	*Concernant les Habillemens,*	191
CHAP. V.	*Concernant ceux qui font en Apprentiſſage,*	192
CHAP. VI.	*Concernant les Malades,*	193

Réglemens pour les Thérefes.

CHAP. I.	*Réglemens pour les Thérefes,*	195
CHAP. II.	*Concernant les Sorties,*	200
CHAP. III.	*Concernant le Travail,*	203
CHAP. IV.	*Concernant les Habillemens,*	205
CHAP. V.	*Concernant les Filles à Maîtres,*	207
CHAP. VI.	*Concernant les Infirmeries,*	208

Réglemens pour les Garçons délaiſſés & abandonnés, dits,
Petits-Paſſants.

Chap. I.　Réglemens pour les Petits-Paſſants,　211
Chap. II.　Concernant les Sorties,　215
Chap. III.　Concernant le Travail,　217
Chap. IV.　Concernant les Habillemens,　218
Chap. V.　Concernant ceux qui ſont en Apprentiſſage.　219
Chap. VI.　Concernant les Malades,　220

Réglemens pour les Filles délaiſſées & abandonnées, dites,
Petites-Paſſantes.

Chaf. I.　Réglemens pour les Petites-Paſſantes,　221
Chap. II.　Concernant les Sorties,　225
Chap. III.　Concernant le Travail,　227
Chap. IV.　Concernant les Habillemens,　228
Chap. V.　Concernant celles qui ſont en Apprentiſſage,　229
Chap. VI.　Concernant les Malades,　230

Réglemens pour les Vieux.

Chap. I.　Réglemens pour les Vieux,　231
Chap. II.　Concernant les Sorties,　237
Chap. III.　Concernant les Habillemens,　241*
Chap. IV.　Concernant le Travail,　243
Chap. V.　Concernant les Malades,　245

Réglemens pour les Vieilles.

CHAP. I.   *Réglemens pour les Vieilles,*   247
CHAP. II.   *Concernant les Sorties,*   248
CHAP. III. *Concernant les Habillemens,*   249
CHAP. IV.   *Concernant le Travail,*   251
CHAP. V.   *Concernant les Malades,*   253

Réglemens des Archives.   255.

REGLEMENS

REGLEMENS

DE
L'HÔPITAL GÉNÉRAL,
DE LA
CHARITÉ DE LYON.

PREMIERE PARTIE.

Fonctions de Messieurs les Administrateurs.

CHAPITRE PREMIER.
Du Recteur Ecclésiastique.

'EST dans le Chapitre le plus illustre du Royaume, que le Bureau de la Charité trouve depuis près de deux siécles le Président de ses délibérations; & si la Noblesse a toûjours fait l'apanage de ceux qui composent cette Eglise; le zéle & la piété qui les caractérisent, ne leur ont pas permis de se refuser au service des Pauvres.

A

La prémière place qu'occupe le COMTE DE LYON, lui donne le foin de recüeillir les voix dans les affaires où l'on délibére : En cas de partage, la fienne n'eſt comptée que pour une ; il ne doit rien ordonner, de même que les autres Recteurs, fans la participation du Bureau, en qui réfide toute l'autorité.

Le fecret peut devenir néceſſaire dans de certaines réfolutions, il doit le recommander à tous les Adminiſtrateurs, & les prier de l'obferver par habitude dans les chofes même de peu de conféquence ; ainfi que le filence & l'attention aux affaires que l'on propofe.

L'affiduité étant effentielle, fon exemple eſt fuffifant pour l'infpirer ; il faut encore qu'il engage chacun à ne fortir que pour caufes abfolument néceſſaires, lorfqu'il a fait la Prière en commençant l'aſſemblée.

La différence de fentimens eſt quelquefois capable d'occa-fionner certaines vivacités, dont les fuites feroient fâcheufes ; c'eſt à fa douceur à ramener les efprits, à fa prudence à leur faire entendre raifon, & à fon amour pour la paix de les réconcilier au plûtôt.

Les fecours fpirituels, exigent encore plus de vigilance que les befoins de la vie ; & il eſt de fon devoir de fe livrer aux prémiers, avec l'empreſſement qu'exige la plus fervente charité.

Comme c'eſt fur lui que roule le foin des ames de cette multitude de Citoyens renfermés dans la Maifon ; il eſt à propos qu'il veille fur les différens Eccléfiaſtiques qui font chargés de les élever, de les inſtruire, de leur apprendre leur Religion, ou de leur en rapeller les principes, de leur adminiſtrer les Sacremens & de les préparer à la mort ; en un mot, il eſt refponfable des mœurs, de l'exactitude & de la capacité, de ceux qui font prépofés pour faire remplir à chacun fes devoirs de Chrétien.

Il doit donc prendre les moyens néceſſaires pour y parvenir,

s'informer fi l'on fait exactement les Catéchifmes aux enfans &
s'ils en profitent; les difcours inftructifs aux perfonnes raifonnables, & fi elles y afliftent de même qu'aux lectures & prières,
à la Meffe & à tous les exercices fpirituels; fi les fondations de
Meffes & de Prieres font acquittées dans l'Eglife & dans chaque
Communauté; fi l'on s'approche tous les mois des Sacremens
de Pénitence & d'Euchariftie; s'il y a un nombre fuffifant de
Confeffeurs pour le prémier, & fi l'on ne cherche point à
s'éloigner de l'autre, fur tout à Pâques.

Il doit encore avoir l'œil fur les Freres, Sœurs, Officiers &
Domeftiques de la Maifon; pour que les uns & les autres
s'acquitent fidélement de leurs devoirs, dans les fonctions qui
leur font confiées, vivent avec régularité, foient vêtus fuivant
la modeftie de leur état, & fe montrent exacts à fuivre le
réglement qui les concerne.

Enfin, il doit par fa douceur s'attirer la confiance des malheureux; par fa patience, entrer dans le détail de leurs plaintes,
& mettre en œuvre pour foulager leurs peines, les moyens que
fon amour pour eux lui infpire : Placé à la tête d'un nombre
choifi d'Adminiftrateurs; c'eft par fes vertus qu'il peut en
devenir le modéle.

CHAPITRE II.

De l'Officier du Roy.

LEs Priviléges accordés par nos Rois à la Charité depuis fon
établiffement, les grands biens qu'elle a reçûs de leur
libéralité, & les droits dont-ils veulent qu'elle jouïffe, exigent
une attention particulière pour les maintenir; & quoique tous

les Adminiſtrateurs ſoient également portés à y veiller, on en a cependant réſervé le ſoin à celui que le Bureau des Finances a de tous tems choiſi dans ſa Compagnie pour ſervir la Maiſon, & préſider au Bureau en l'abſence du Recteur Eccléſiaſtique; il étoit juſte que ceux à qui Sa Majeſté s'en rapporte dans cette Province pour y conſerver l'Apanage de ſa Couronne, & contenir dans des bornes exactes, les différentes conceſſions qui en ſont une ſuite, fuſſent attentifs à remédier aux abus, qu'un zéle immodéré, ou trop de négligence ſont capables d'introduire, & à ſoutenir par l'autorité la foibleſſe de l'indigent.

C'eſt donc au Tresorier de France à faire ſuivre à la rigueur, les Lettres Patentes du Roi, conſtitutives des Priviléges qu'il accorde aux Pauvres, à repréſenter au Bureau dans l'occaſion, combien il eſt obligé de ſe conformer à l'eſprit du légiſlateur, à voir ſi l'on perçoit régulièrement les Octrois & autres droits, qui ſont le principal objet de leur ſubſiſtance; s'ils jouïſſent exactement de leurs franchiſes & exemptions, à en prendre la défenſe ſi l'on vouloit les reſtraindre, à ſolliciter leur augmentation dans le beſoin, & leur prolongation avant leur échéance.

Comme il doit avoir l'œil ſur l'emploi légitime des revenus de la Maiſon, ſur l'œconomie qui s'y obſerve; il eſt de ſon devoir de chercher les moyens qui puiſſent en procurer l'augmentation, s'informer des droits d'Aubaine & de confiſcation, dont on peut demander la préférence pour elle; quelque porté que l'on ſoit dans tous les Tribunaux, à rendre juſtice aux Pauvres, il doit ſolliciter les Juges en faveur de ceux de la Maiſon, pour obtenir la déciſion de leurs Procès, & tenir la main à l'exécution des jugemens qui interviennent.

La direction des terres de Saint Trivier & Chavagnieu lui étant confiée; il doit obſerver de ne jamais laiſſer ceux qui en ont la ferme, ni ceux qui doivent des Penſions, en arrière de payement; empêcher qu'ils ne faſſent non plus que leurs grangers aucune dégradation , mettre ordre à celles qui peuvent survenir par les Proprietaires des terres voisines; & dans les deux voyages qu'il est à propos d'y faire tous les ans, il doit ordonner avec MM. les Députés dans chaque domaine, les réparations même de peu de conséquence, crainte qu'elles n'en occasionnent de plus considérables , tenir la main à ce qu'on les fasse solidement & avec œconomie : en un mot, il est obligé de ménager les intérêts des Pauvres, dans cette partie d'administration qui lui est réservée.

Pour se conduire avec régularité & soutenir leurs droits, il lui suffit de prendre connoissance des Titres de ces deux terres dans l'Inventaire qui en a été fait; comme il a entre les mains le Livre des Procès Verbaux, que l'on dresse depuis long-tems de ce qui s'est passé à chaque voyage, il en fera son instruction pour le passé & son modéle pour l'avenir : à chaque changement de ferme, il fera faire une sommaire description de chaque domaine, de ses fermetures, & de tout ce qui peut s'y enlever, afin que le Fermier puisse s'en charger & le rendre , ou faire rendre à la fin de son Bail, par ses Grangers ou Valets.

Enfin, comme la Maison est obligée de renfermer les Mandiants, il doit avoir un soin particulier à faire exécuter la Déclaration du Roi qui les concerne; vérifier souvent le Registre où les inscrit le Teneur de Livres, avec leur signalement, leur numero, & le jour qu'on les arrête, pour sçavoir s'il est exact dans cette partie; ne leur donner le relâche qu'après en avoir conféré avec MM. les Recteurs, ayant la direction desdits Mandiants & Mandiantes, & sur-tout mettre en usage dans cette partie une raisonnable sévérité, afin d'épargner aux Citoyens l'ennui de leurs importunités, & les murmures qu'elles occasionnent.

CHAPITRE III.

De l'Avocat.

IL eſt ſurprenant que les Pauvres ſoient obligés de chercher des Défenſeurs, tandis que leur état ſemble les mettre à couvert des ſentimens d'envie, que l'ambition ſeule eſt capable de faire naître : mais tel eſt le ſort de l'humanité, trop ſouvent dépoüillée des caractères qui la diſtinguent, elle cherche à opprimer l'innocence, à s'emparer par la force, des débris d'une fortune que l'indigent ſe trouve hors d'état de défendre, & à plonger dans les derniers malheurs, ceux que moins de foibleſſe auroit pû en garentir.

C'eſt dans un état ſi capable d'exciter la pitié, que les Pauvres renfermés dans les murs de cet Hôpital, ont recours à MM. les Avocats, & qu'ils trouvent parmi eux, ces principes de tendreſſe qui les engagent à ſacrifier en leur faveur, leurs ſoins, leurs conſeils & leurs travaux.

M. l'A v o c a t de la Charité, doit donc, pour remplir leur attente, aſſiſter régulièrement au Bureau, y préſider en l'abſence du Recteur Eccléſiaſtique & de l'Officier du Roi, donner ſon avis ſur les délibérations que l'on y prend au ſujet des Procès, tant en demandant qu'en défendant ; examiner ſi elles ſont conformes à la régle, & ſi l'on doit pourſuivre le jugement, ou chercher quelque accommodement, dont le ſuccès eſt preſque toûjours préférable.

Il eſt obligé de ſe faire informer de toutes les cauſes qui ſe plaident, où la Maiſon peut avoir quelque intérêt ; ſoit pour les peines ſtipulées aux Contrats & compromis, applicables aux Pauvres ; ſoit pour les legs contenus aux Teſtaments, dont-on demande la lecture & publication en jugement, afin d'en faire requerir la condamnation au profit des Pauvres, contre les Héritiers chargés de les payer.

Il doit également prendre garde aux Subſtitutions, où l'Hôpital Général a intérêt, & les faire inſcrire ſur le Tableau, placé à cet effet dans la Sale du Bureau; s'informer des amendes qu'on adjuge aux Pauvres de ladite Maiſon, pour en faire ſon rapport; & après que le Teneur de Livres en aura pris la note, le Sr. Tréſorier des deniers fera toutes les diligences néceſſaires pour parvenir au recouvrement.

Comme il y a pluſieurs perſonnes renfermées dans cet Hôpital, de qui les biens ſont détenus induëment, ou pour raiſon deſquels ils ont des conteſtations; M. l'Avocat doit les aſſiſter charitablement de ſon conſeil. Cet article ne concerne que les Vieux & Vieilles, dont le Bureau n'eſt point en uſage de prendre la défenſe en pareil cas.

M. l'Avocat aura un état, ou mémoire, de tous les Procès indécis, qui regardent directement cet Hôpital ou ſes Enfans adoptifs, tant en demandant que défendant; & ſe fera tous les trois mois remettre un extrait tiré du grand Livre, contenant les dettes actives, afin d'en faciliter le payement; il donnera ſon avis ſur les difficultés qui peuvent ſe préſenter en les exigeant.

Les Agens dudit Hôpital, ſeront obligés d'aller chez lui, au moins de deux en deux jours, pour recevoir ſes ordres dans toutes les affaires, & lui rendre compte exactement des pour-ſuites qu'ils auront faites; ſoit pour l'inſtruction des affaires litigieuſes, ſoit pour le recouvrement des parties & penſions dûës aux Pauvres; afin que par cette précaution on ne laiſſe pas périr les inſtances & preſcrire les actions.

M. l'Avocat aura ſoin, de faire tranſcrire par l'un des Agens, dans un Livre à ce deſtiné, les reponſes qu'il fera aux Lettres adreſſées & lûës en plein Bureau, de même qu'à toutes celles qu'il reçoit pour les affaires de la Maiſon, afin qu'on puiſſe y avoir recours en cas de besoin, & mettra dans une liasse particulière celles qu'il est à propos de conserver en minute.

Lorsqu'on présentera quelques Enfans pour être adoptés par ledit Hôpital; il examinera diligemment, avant de procéder à l'adoption, si lesdits enfans sont bien dans le cas, tant par rapport à l'âge qu'au lieu de leur naissance & au domicile de leurs Pere & Mere, & quoique MM. les Recteurs chargés de la direction des Adoptifs & Adoptives fassent eux-mêmes l'information; M. l'Avocat après leur rapport vérifiera les Titres en vertu desquels ils y ont procédé.

L'adoption signée & les meubles vendus, il joindra les papiers qui peuvent être trouvés sous le scellé, avec l'Inventaire des effets aux piéces ci-dessus, dont il fera faire un sac, qu'il mettra dans les Archives, après avoir fait donner au teneur de Livres, une notte des dettes actives, appartenantes ausdits Adoptifs, pour qu'on en sollicite le récouvrement.

Comme lesd. enfans dans les biens de leurs Pere & Mere peuvent avoir des prétentions, il en fera notte dans leur Inventaire, de même que des Procès que l'on doit suivre pour eux, tant en demandant qu'en défendant; pour l'instruction desquels seront remis à un des Agens, les titres nécessaires en s'en chargeant sur le Livre des récépissés.

Il veillera avec attention aux Droits Seigneuriaux & autres Priviléges, qui dépendent de la Baronie de St. Trivier & terre de Chavagnieu; il ira pour cet effet avec l'Officier du Roi, plusieurs fois pendant son service sur les lieux, pour s'éclaircir si les Rentes & Pensions sont payées, & si on ne les laisse pas prescrire; si les Officiers desdites Baronie & terre, rendent justice aux Emphitéotes avec exactitude; s'ils tiennent la main aux Ordonnances concernant la Police; si personne n'usurpe rien sur les droits ou sur les fonds dépendans desdites terres; il aura soin aussi de dresser les Procès Verbaux, ainsi qu'il est d'usage, de ce qui se sera fait à chaque voyage, & d'y joindre les

observa-

obſervations, qu'il croira avantageuſes pour l'avenir.

Au ſurplus, M. l'Avocat rédigera lui - même, ou tout au moins examinera tous les Actes importans que paſſe le Bureau, fera reconnoître les Penſions dûës aux Pauvres, ou en fera paſſer des quittances pardevant Notaires de tems à autre, afin d'en empêcher la preſcription : il examinera, vérifiera & arrêtera les états des frais & vacations qui feront dûës aux Officiers employés en juſtice pour ledit Hôpital, de même que les comptes du Notaire & Sécrétaire du Bureau, celui des Agens & de l'Imprimeur dudit Hôpital, & ſur ſon arrêté il leur ſera fait des Mandats des ſommes qui pourront leur être dûës.

Comme il eſt eſſentiel de maintenir l'intelligence & l'union entre les deux Hôpitaux & parmi les Adminiſtrateurs qui les gouvernent, M. l'Avocat verra ſouvent celui de l'Hôtel-Dieu, tant pour conférer des affaires communes aux deux Maiſons, que pour s'aider mutuellement de leurs lumières.

Enfin, il donnera tous ſes ſoins pour conſerver les tîtres & papiers de la Charité ; les faire mettre en leur rang par l'Archiviſte, à meſure qu'il rapportera ſur les Inventaires les nouveaux qui peuvent ſurvenir ſur chaque matière.

Lorſqu'on aura beſoin de quelque piéce, on les lui demandera & il les fera délivrer par l'Archiviſte, qui ſera tenu d'en faire ſigner le chargé par celui à qui on les remettra ſur le régiſtre à ce deſtiné, & quand on les rapportera, elles feront replacées dans le même ordre où elles étoient ; l'article ſera bâtonné & la datte de la remiſe inſcrite en marge du ſuſdit régiſtre.

Comme il arrive ſouvent que pour recouvrer les droits appartenans audit Hôpital, ou pour le défendre dans les Procès qu'on lui intente ; il faut communiquer des tîtres, qui étant une fois engagés dans les Procédures courent riſque de s'égarer ; en les ſortant des Archives, M. l'Avocat s'en chargera comme les autres, ſur le régiſtre de l'Archiviſte, & après avoir fait extraire leſdits tîtres en bonne & dûë forme pour ſervir au Procès, il remettra les originaux dans les Archives, à moins qu'il ne falût néceſſairement les produire.

Pour maintenir à l'avenir un ordre ſi bien établi, il y aura trois clefs des armoires qui renferment les papiers, dont l'une reſtera entre les mains de M. l'Avocat, l'autre à l'Archi-viſte, & la troiſième ſera renfermée dans le coffre des dépôts; à l'égard des clefs de la porte des Archives, M. l'Avocat & le ſieur Tréſorier des deniers, en garderont chacun une ſuivant l'uſage : M. l'Avocat tiendra auſſi la main à ce que les Articles du Réglement concernant leſdites Archives, ſoient exécutés dans toute leur étenduë.

Il fera tous les ans une revûë générale des papiers dudit Hôpital dans les Archives, pour en marquer les *deficit*; le ſeul Régiſtre tenu par l'Archiviſte lui ſuffira pour cette opéra-tion, n'étant queſtion à la fin de chaque année, que de faire rentrer les papiers qu'on auroit pû ſortir dans les mois précé-dens, & qu'on auroit négligé de rapporter : les mois de Septembre ou d'Octobre, paroiſſent les plus propres pour faire cette revûë, parce qu'il n'y a plus alors qu'un Bureau par ſemaine.

M. l'Avocat, à la fin de ſon ſervice, remettra les papiers dont il ſe trouvera chargé, à ſon Succeſſeur, qui s'en chargera à ſon tour ſur le Régiſtre; celui qui quitte, aura ſoin de faire inſcrire en marge ſa remiſe par l'Archiviſte, afin qu'elle lui tienne lieu de ſuffiſante décharge.

Il donnera auſſi à ſon Succeſſeur, des mémoires de tous les Procès pendants & indécis, de l'état où ils ſont, & de ce qu'il juge à propos qu'on faſſe; il en uſera de même pour toutes les autres affaires importantes de la Maiſon, & le mettra par ce moyen en état de veiller aux intérêts des Pauvres, de travailler promptement à leurs affaires, & de terminer leurs difficultés.

CHAPITRE IV.

De l'Exconsul.

QUoique la place d'Echevin ait toûjours été regardée dans cette Ville, comme la récompenſe des ſervices rendus à la Patrie, & que ceux de pluſieurs années conſacrées pour cette Maiſon tiennent le prémier rang; cet honneur n'éteint point cependant le zèle infatigable des Citoyens qui en ont joüi, ils ſe font encore une loi d'être utiles aux Pauvres par reconnoiſſance; & le titre d'Exconsul qui leur reſte, bien loin d'aſſurer leur repos, devient un motif à de nouveaux ſoins.

Celui qui ſert la Maiſon de la Charité, tient en cette qualité le quatrième rang dans le Bureau, & y préſide en l'abſence des trois autres: le détail des bâtimens lui étant réſervé; c'eſt à lui à faire au moins tous les trois mois la viſite générale, tant de ceux de l'Hôpital, que des maiſons qui lui appartiennent, ou à ſes Adoptifs, & à ordonner en conſéquence les réparations que le Maçon, le Charpentier, le Menuiſier, & le Serrurier de la Maiſon, croyent indiſpenſables, chacun en ce qui les concerne.

Lorſque leſdites réparations ſeront faites, qu'elles auront été toiſées & vérifiées par l'Architecte, nommé par le Bureau à cet effet, & que le compte en ſera arrêté ſuivant leur juſte valeur, pour les matériaux fournis, ou pour la main d'œuvre; M. l'Exconſul en payera le montant, à moins qu'il n'y employât les Ouvriers de la Maiſon.

Pour prévenir des dégradations plus conſidérables, il doit principalement veiller à ce qu'il ne manque rien aux couverts, les faire tenir en état & engager les Locataires de l'informer exactement des goutières, du dérangement des conduits ou grilles d'éviers & des tuyaux de lieux, pour qu'on puisse y apporter remede aussi-tôt. Quant aux fosses des privés, tant de l'Hôpital que de ses maisons, il aura soin de les faire vuider & curer en tems convenable, & ne négligera pas de faire ramoner chaque année les cheminées de la Maison, & de s'informer si les Locataires l'ont fait dans les maisons qu'ils occupent.

Attendu qu'il peut se trouver des réparations considérables dans les immeubles des Adoptifs & autres; il aura soin de faire passer ses débourses pour celle-ci, dans leur compte particulier.

Il fera aussi un mémoire à part des réparations des maisons qui peuvent être par indivis avec MM. de l'Hôpital du Pont du Rhône, & n'ordonnera rien sur celles-là, que de concert avec M. l'Exconsul chargé parmi eux du même district.

Comme le Sr. Recteur, ayant la direction des Livres, lui remet, lorsqu'il entre en exercice, le catalogue de toutes les maisons dépendantes de la Charité & de ses Adoptifs, le nom des ruës, Locataires, prix & échéance des baux; M. l'Exconsul avertira le Bureau une année avant qu'ils expirent, de celles qu'il convient d'afficher pour être loüées au plus offrant la chandelle éteinte; il fera désigner le jour de l'adjudication; fera dresser, imprimer & coller les trois placards en plusieurs endroits, pour avoir des Enchérisseurs; fera stipuler le bref que l'Adjudicataire doit signer; lui fera donner caution avant de passer le Bail, & tirera de lui une reconnoissance de l'état des bâtimens, de toutes les fermetures, & autres choses qui peuvent s'enlever; dont il fera faire une sommaire description par le Sécretaire, afin de les répéter à la sortie du Locataire.

La méthode d'adjuger les loüages à l'enchère, étant la plus sûre, M. l'Exconsul s'y conformera, à moins que les Sieurs Recteurs n'eussent des raisons particulières pour agir différemment en de certaines circonstances, ou que le loüage fût de trop peu de consequence, pour exiger tant de précautions;

auquel cas il agira conformément à ce qui fera arrêté par le Bureau.

Il fe fervira de même des affiches lors de la vente des maifons, ou de la conftruction de quelque bâtiment; dans ce dernier cas, l'entreprife en fera donnée au rabais, & M. l'Exconful veillera à ce que l'on fuive fidélement les conventions, il y fera de fréquentes vifites, & engagera les Sieurs Recteurs à en agir de même.

Il examinera cependant, avant de commencer lefdits bâtimens, s'il n'eft pas plus avantageux pour les Pauvres, de fournir les matériaux; il ne craindra point d'entrer dans un détail qui procure prefque toûjours une Economie, & fûrement plus de folidité: il ne s'agira pour préférer ce parti, que d'employer gens fidéles, qui fçachent conduire, fuivre, & avoir infpection fur les Ouvriers; enfin, c'eft à fa prudence à infpirer ce qu'il convient de faire dans ces occurrences, à fon zèle à furmonter les difficultés.

Comme il doit avoir infpection fur le Maçon, Charpentier, Serrurier & Menuifier de la Maifon, & qu'il leur faut quelque-fois des Compagnons pour leur aider; il fera fon poffible pour n'en prendre que d'une conduite réglée, & il les mettra dehors s'ils caufent du défordre.

Il fe trouve quelquefois des hazards pour les bois, fers, tuiles, carreaux, & autres matériaux néceffaires, M. l'Exconful tâchera d'en profiter; & ces fortes de provifions faites à propos ne peuvent que devenir avantageufes à la Maifon.

Comme les aumônes fecrettes, font devenuës un objet confi-dérable, quoiqu'elles ne s'accordent qu'aux perfonnes qui juftifient être parens des anciens Recteurs; M. l'Exconful, aura un régiftre particulier, de ceux & celles à qui le Bureau les promettra, dans lequel fera leur nom, leur demeure, la datte de la délibération, les motifs qui ont engagé à les accorder, & la fomme qu'ils reçoivent chaque mois; il fera part au

Bureau tous les ans du total defdites aumônes, pour qu'on foit informé des diminutions ou des augmentations; fur le tout il fe conduira avec cette prudence qu'exige un détail fi important.

CHAPITRE V.

Du Tréforier des Deniers.

RIen n'eft plus capable d'augmenter la furprife où l'on eft déja, fur l'empreffement que témoignent les Citoyens pour le fervice des Pauvres de cet Hôpital, que les fonctions du Tréforier; il joint à l'emploi de fon tems, de fes foins, le facrifice même de fa fortune; & les avances confidérables qu'il fait pour eux, en leur donnant une efpéce de droit fur des biens acquis avec peine, font la fource de la reconnoiffance qu'on doit au zèle qui l'anime.

C'eft à lui à faire avec exactitude le recouvrement des fommes dûës à la Charité par les Locataires des maifons qui lui appartiennent, les Fermiers de fes terres ou domaines, & par fes débiteurs particuliers; à exiger les arrérages des penfions, les dons ou legs à elle faits; à faire compter entre fes mains les Receveurs des droits accordés par le Roy à la Maifon, les amendes, & tout ce qui peut lui revenir dans les fucceffions anciennes ou nouvelles.

Pour cet effet, le Recteur chargé des Livres, doit lui faire donner à Noël & à la Saint Jean de chaque année, un bilan général, contenant le nom des Débiteurs & Créanciers, l'échéance des fommes dûës, & l'origine de chaque créance, afin qu'il puiffe recevoir & payer avec la même attention.

Comme il ne fçauroit agir avec trop de précaution, il eft à propos qu'il tienne un journal en recette & dépenfe, fur lequel il écrira le nom de ceux à qui il paye, ou dont-il reçoit la somme, & une courte explication sur la nature de la dette active ou passive.

Il aura encore un autre Livre pour écrire toutes les Quêtes qui se font au profit des Pauvres de cet Hôpital, tant aux portes des Eglises, que dans les maisons; il expliquera le nom de ceux qui auront quêté, le jour, le quartier, & la porte de l'Eglise, où la quête aura été faite; il engagera de signer au bas de chaque article, autant qu'il le pourra, ceux qui auront quêté, & pour plus de facilité, il lui sera remis un Catalogue imprimé de toutes les Quêtes, pour qu'il puisse sçavoir celles qu'on auroit négligé de lui rapporter, & dans ce cas, il en fera solliciter le remboursement par l'Agent; lorsque quelqu'un de MM. les Bourgeois proposés pour lesdites Quêtes, aura refusé de les faire, il en instruira le Bureau.

Dans le même Régistre, mais séparément des Quêtes ci-dessus, il écrira toutes celles faites par le Bureau en corps, & expliquera si c'est seulement par quelques-uns de MM. les Recteurs.

Comme on doit tous les ans faire l'ouverture des Troncs de la Maison ou des Eglises de la Ville, & celle des Boëtes que l'on porte en différens endroits, il en tiendra une note séparée sur le même Régistre.

A la fin de chaque année, il passera en recette sur son journal, & par un seul article, le produit de toutes les Quêtes faites par MM. les Bourgeois; par un second article, le produit de celles faites par tout le Bureau, ou par quelques-uns de MM. les Recteurs; & par un troisième, le produit des Troncs & Boëtes, pour qu'au moyen de ces distinctions, on puisse voir d'un coup d'œil ce que chacun de ces objets aura produit par an.

Comme le sieur Tréforier est chargé de payer les pensions, les rentes viagères ou foncières, les autres dettes de la Maison, le remboursement des promesses du Bureau, les bâtimens, l'achat qu'il jugeroit à propos de faire de quelques immeubles ; les aumônes aufquelles il eft tenu dans les Prifons de cette Ville, les gages des Officiers, Domeftiques & Commis de cet Hôpital, les bléds & bétails qui s'y confomment, & la nourriture des Enfans qui font à la Campagne : Il ne délivrera aucune fomme, que préalablement il n'en ait été fait mandat fur le Régiftre du Bureau, figné par MM. les Recteurs, au bas de l'expédition defquels, il aura attention de faire mettre la quittance par ceux qui recevront, pour que les fommes payées lui foient allouées dans fes comptes ; les mandats certificatifs font exemts de cette formalité.

Pour que le Bureau foit toûjours au fait de l'état où fe trouve ledit Hôpital par rapport aux avances du fieur Tréforier ; il doit tous les trois mois lui préfenter fa feüille de recette & dépenfe qui puiffe en juftifier, & la remettre au Teneur de Livres, pour qu'il rapporte chaque partie dans le chapitre qui lui convient.

La Maifon devant joüir par fes Priviléges, d'un droit fur ceux qui fe font recevoir Maîtres dans les différens Arts & Métiers de la Ville, le fieur Tréforier aura foin de le recevoir fuivant la fixation qui en a été faite, d'en paffer quittance, & d'obliger les Sindics ou Maîtres-Gardes qui reçoivent ce droit par eux-mêmes, à lui en compter à la fin de chaque année, & au cas que l'Afpirant à la Maîtrife demandât quelque grace, ou diminution, elle ne pourra être accordée que par délibération du Bureau.

Comme la Charité fe trouve quelquefois obligée de recevoir le rembourfement des capitaux de certaines rentes & penfions à elle dûës, ou qu'il lui paroît convenable de vendre les maifons de fon Patrimoine, & de celui de fes Adoptifs, pour éviter des réparations trop difpendieufes ; ledit fieur Tréforier recevra les deniers en provenans, pour les paffer dans fon compte & dans celui defdits Adoptifs en ce qui les concerne, de même que les

fommes

ſommes qui lui reviennent dans la ſucceſſion de leurs Pere & Mere à meſure que la liquidation en ſera faite, dont il doit leur compter à majorité, ou lorſqu'ils s'établiſſent.

Lorſque la Maiſon ſe verra obligée de faire des emprunts, ſoit en rentes viagères, foncières, ou pour un tems déterminé; le ſieur Tréſorier ne pourra décider ſans l'avis du Bureau, ſur l'engagement qu'il conviendra de prendre, & ſur les conditions.

Le peu d'exactitude de certains débiteurs, jettant quelquefois la Maiſon dans la dure néceſſité d'uſer de pourſuites, le ſieur Tréſorier n'en fera aucune, que de l'avis de M. l'Avocat, & pour qu'on ne néglige pas de les conduire juſqu'au recouvrement de la ſomme düë, il obligera les Agens, à paſſer au moins une fois la ſemaine chez lui, pour recevoir ſes ordres, tant ſur leſdites procédures, que pour ſolliciter & exiger certaines ſommes, dont il leur délivrera les quitances ſignées de lui, ne leur étant pas permis de recevoir ſur leur ſignature.

Aucun de MM. les Recteurs, ne pourra demander au ſieur Tréſorier le rembourſement par mandats, des ſommes qu'il auroit avancées, ſi ce n'eſt à la fin du mois, tems auquel chacun d'eux doit produire la feüille de ſon compte, en recette & dépenſe, ſignée & certifiée par celui qui la préſente, vérifiée & arrêtée par un de ſes Confreres, pour plus d'exactitude; à la réſerve toutefois des mandats tirés ſur lui par le Recteur chargé de la Boucherie; par celui qui paye la nourriture des Enfans à la Campagne, & par celui ayant la direction des bléds, avec lequel il doit s'entendre, attendu la conſéquence de cette fourniture.

Ledit ſieur Tréſorier aura la ſeconde clef de la porte des Archives, qu'il apportera en venant au Bureau, & veillera ſoigneuſement, à ce que les papiers qu'on eſt obligé d'en ſortir, ſoient inſcrits par l'Archiviſte dans le régiſtre à ce deſtiné, & que ceux à qui on les remet les rapportent fidélement

& bâtonnent leur chargé; il n'y laiſſera jamais entrer l'Archiviſte, les Agens, les Officiers de la Maiſon, ou les étrangers, ſans être accompagnés de quelqu'un de MM. les Recteurs.

Comme les Pauvres de la Maiſon ſe trouvent quelquefois héritiers par moitié avec ceux de l'Hôtel-Dieu, il prendra avec le ſieur Tréſorier de ladite Maiſon, les arrangemens convenables pour la liquidation de l'Hoirie, afin que l'un des deux exige & puiſſe compter avec l'autre; la bonne intelligence entr'eux, eſt d'autant plus eſſentielle, que les intérêts de ces deux Hôpitaux, quoique ſeparés, ſe doivent toûjours réünir pour le bien commun.

A la fin de ſes deux années d'exercice, ledit ſieur Tréſorier, fera dreſſer ſon compte par chapitres, & dans la meilleure forme qu'il ſera poſſible, pour qu'on voye d'un coup d'œil, le produit de la recette, & le montant de la dépenſe, avec un détail qui puiſſe mettre dans un grand jour l'emploi des revenus & leur application particulière; il fera faire une copie dudit compte, par lui ſignée & certifiée, & le préſentera au Bureau trois mois après ſa ſortie, pour qu'on lui nomme des Commiſſaires qui l'examineront en ſa préſence; après quoi l'arrêté en ſera ſigné par tous MM. les Recteurs; une des copies reſtera entre ſes mains pour ſa parfaite décharge, & l'original ſera dépoſé en ſon rang dans les Archives de la Maiſon, avec les piéces juſtificatives dudit compte.

Au cas qu'il reſtât entre ſes mains quelques Titres, Contrats, Mémoires, ou papiers concernant la Charité, il les rapportera, afin qu'on les remette aux Archives; à moins qu'il ne fût néceſſaire de les laiſſer à ſon Succeſſeur, pour l'intelligence des pourſuites commencées; auquel cas, il l'en fera charger dans le régiſtre deſdites Archives, en faiſant rayer ſon *récépiſſé.*

Il donnera à son Successeur, toutes les instructions dont il peut avoir besoin, pour pouvoir en entrant, recevoir & payer à propos, & éviter les inconvéniens que le défaut d'éclaircissement est capable d'occasionner; il est de la sagesse de celui qui quitte, de ne rien laisser ignorer à celui qui lui succede dans un emploi de cette conséquence.

CHAPITRE VI.

Du Recteur qui a la direction des Bléds, des Moulins & de la Boulangerie.

LA direction des Bléds ayant toûjours été regardée comme un employ des plus importans de la Maison; le Recteur qui en est chargé, doit y aporter autant d'attention que de zèle, & puisque le malheur des tems occasionne une augmentation considérable dans une dépense immense, il faut au moins qu'il prévienne avec sagesse les inconvéniens que l'on peut craindre.

Ses soins consistent particulièrement, à ne jamais laisser les Gréniers au dépourvû, à faire les marchés dans un tems, & à un prix convenable.

Il est aisé de comprendre qu'une consommation dont on ne sçauroit prévoir l'étenduë, exige des provisions qui puissent y subvenir; il est encore plus facile d'appercevoir quelle différence la variation du prix dans les blèds est capable de causer dans la dépense que la Maison fait tous les ans, & combien il est intéressant pour elle de profiter des années d'abondance, pour se garentir de celles qui sont fâcheuses.

C ij

Achats des bléds.   Pour parvenir à faire ſes achats à propos, le Recteur doit donc avoir des rélations avec les Marchands & Commiſſionnaires de bléd des différens endroits, d'où on eſt en uſage de les tirer, afin d'être toûjours exactement informé des prix, & pouvoir en faire part au Bureau, auquel il demandera l'avis avant de conclure ſes marchés.

Par les obſervations faites en différens tems, on a reconnu que quand la recolte a été médiocre, & particulièrement en Bourgogne, il eſt à propos de ſe pourvoir le plûtôt qu'il eſt poſſible, au prix courant ; lorſqu'on différe par l'eſpérance du meilleur marché, il arrive ſouvent qu'on y eſt trompé.

Choix des bléds.   Le Recteur, ſuivant ce qui s'eſt de tout tems pratiqué, doit toûjours prendre le plus beau bléd qui puiſſe ſe trouver, quoiqu'il ſoit plus cher, & l'expérience fait voir tous les jours, que c'eſt une Economie de l'acheter ainſi ; étant plus beau & plus peſant, il fait de plus beau pain, meilleur, plus nourriſſant, plus ſain pour les Pauvres, & en plus grande quantité ; communément, les bléds de Franche-Comté, ſont meilleurs que ceux du Duché de Bourgogne, & ces derniers ſont encore au-deſſus de ceux de Breſſe & de Dombes, quand le Printems a été pluvieux.

Dans les marchés qu'il conclut, il doit retenir qu'on lui fera le don ordinaire d'un pour cent, & du voyage rompu qui ſe trouve ſur la quantité de bléd qu'il achete, enſorte que comme chaque voyage eſt de trois bichets, s'il manque quelque choſe au dernier voyage, il ſoit acquis aux Pauvres, & ne ſe compte pas.

Déchargement & méſurage.   Quand on décharge le bléd, il doit avoir ſoin d'envoyer au Port un homme entendu, connoiſſeur & fidéle, pour voir s'il ne change point de qualité au milieu ou au fond du bateau ; ce même homme le fera méſurer devant lui, prendra garde qu'il ne s'en répande point en le vuidant dans les ſacs,

& tiendra notte de chaque voiture que les Charretiers feront à la Maiſon, de même que des voyages des Porte-faix, pour qu'on puiſſe enſuite régler compte avec eux.

Il eſt auſſi à propos qu'il y ait quelqu'un aux gréniers, pour recevoir le bléd & le faire ranger aux endroits déſignés; celui qui aura ce ſoin, donnera aux Charretiers une marque pour chaque voiture qu'ils feront, laquelle ils auront ſoin de rendre; & par-là le ſieur Recteur verra ſi les marques données ſe raportent pour le nombre des charretées au Régiſtre de celui qui aura été ſur les bateaux. *Gréniers.*

Le bléd étant déchargé, M. l'Econome ſe fera donner la note de la quantité de ſacs & de charretées, & après en avoir fait mention ſur ſon Régiſtre, il donnera trois certificats de réception; ſçavoir, un au Marchand de bléd, un aux Char-retiers, & le troiſiéme aux Porte-faix; leſdits certificats ſeront préſentés enſuite au Recteur, qui en conſéquence réglera compte avec le vendeur, & lui donnera un Mandat ſur le Tréſorier des Deniers, avec lequel ledit ſieur Recteur chargé des bléds, aura ſoin de s'entendre pour qu'il ait en caiſſe l'argent néceſſaire, ce qui pourroit manquer dans des envois conſidérables, s'il ne ne le tenoit d'avance ſur les avis pour les bateaux qui doivent arriver. *Obſervations après le dé-chargement.*

Pour ce qui eſt des Charretiers & Porte-faix, le Recteur les paye lui-même au prix réglé pour chaque charretée, & ils rendent leurs certificats de réception qui ſervent de quitance. *Payement des Charretiers.*

Comme les grains (de même que les autres denrées deſtinées pour l'uſage de la Maiſon,) ſont exempts de tous droits, en vertu des Priviléges qu'il a plu aux Rois d'accorder aux Pauvres de cet Hôpital, ledit Recteur doit après avoir fait ſes marchés, fournir les paſſe-ports néceſſaires, afin que les bléds puiſſent paſſer librement; & après leur réception, faire ſigner au Bureau les certificats, qu'il ne délivrera néanmoins aux Marchands, *Certificats pour les exem-ptions des droits perçûs ſur les bléds.*

qu’après y avoir énoncé la quantité de bléds qui fera entrée dans les gréniers; & ce, pour éviter les malverfations des Marchands, & les plaintes des Seigneurs Péagiftes. Il aura foin auffi après avoir donné les certificats fufdits, de les faire enrégiftrer dans le Livre deftiné à cet effet, afin qu’au cas qu’on foit obligé d’en donner par *duplicata*, ils fe trouvent conformes en tout aux prémiers qui auront éte délivrés.

Vifites fré-quentes aux gréniers. Le fieur Recteur doit avoir grande attention de vifiter fouvent les bléds, & de prendre un nombre fuffifant d’hommes de la Maifon ou étrangers, pour les cribler & les remüer continuellement, de peur qu’ils ne s’échauffent, ou qu’il ne s’y engendre des infectes; ce qui arrive plus ordinairement depuis le mois d’Avril jufqu’à la fin d’Octobre, & peut porter beaucoup de préjudice à la Maifon.

Travaux dans les gréniers. Les hommes employés aux gréniers, doivent y aller auffi-tôt après la prémière Meffe pour y faire le travail néceffaire, affiduëment & de fuite, excepté les heures du repas qu’ils prennent tous enfemble, & après lefquels ils doivent y retourner promptement & fans s’amufer.

Il eft à propos qu’il y ait toûjours aux gréniers un furveillant, qu’on pourra choifir entre les hommes de la Maifon; il aura foin d’avertir le Recteur, des Ouvriers qui ne travailleront pas affiduëment, & de tout ce qui fe paffera parmi eux contre les régles, à quoi le Recteur remédiera en puniffant les coupables, fuivant le cas, ou en les congédiant.

Farines. Le bléd étant bien criblé & bien net, doit être porté au Moulin; pour cet effet on pefe ordinairement quatre-vingt **Leur poids.** ânées de bléd à la fois, on écrit fur un Régiftre le poids de chaque fac, compofé de quatre bichets; & quand le bléd eft moulu, on emporte la farine dans les farinières après l’avoir pefée pour fçavoir le déchet qu’il y a eu: ce déchet va quelquefois beaucoup au de-là des deux livres, que l’on compte ordinairement par ânée, & c'est pourquoi le Recteur doit veiller soigneusement à ce qu'il ne vienne point de la négligence ou de l'infidélité des Meuniers.

Comme il arrive souvent en Hyver, que les glaces, les débordemens des Rivières ou d'autres accidens, empêchent les moulins d'aller; le Recteur doit prévenir ces contre-tems, en faisant moudre dès le mois de Septembre, tout autant de bléd qu'il pourra, afin que les farinières soient toûjours pleines en Hyver, d'autant plus que la farine reposée fait le pain plus beau, & profite mieux que quand elle est fraîche; mais en Eté il doit éviter d'en avoir beaucoup à la fois, de peur qu'elle ne s'échauffe, ce qui arrive souvent dans les chaleurs; sur-tout si le bléd n'a pas été bien conditionné : il faut donc que le Recteur visite souvent les farinières, & prenne toutes les mesures convenables pour que cela n'arrive point. *Tems propre à faire moudre.*

Les farines étant vuidées dans les farinières, la Sœur de la boulangerie les fera passer au moulin par des hommes de la Maison, pour en ôter le gros son, qu'elle vendra; elle écrira sur son Livre tout l'argent en provenant, dont elle rendra ensuite compte au Recteur à la fin de chaque mois. *Du son.*

Elle aura aussi inspection sur les Garçons Boulangers, & aura soin que les pains, tant pour la Maison que pour les distributions, soient bien faits & bien cuits à propos; elle veillera encore sur tous ceux qui travaillent aux fours & aux farines, & prendra garde que rien ne se perde par sa faute, ou celle de ceux qui sont employés sous elle; s'il arrivoit quelque chose contre le bien de la Maison ou contre la régle, elle aura soin d'en avertir promptement le Recteur. *Boulangers.*

Comme la Maison n'est pas seulement chargée de nourrir les Pauvres qu'elle contient, mais que pour subvenir aux besoins du Peuple, elle fait encore distribuer toutes les semaines une quantité de pains très-considérable aux Pauvres Citoyens; le *Observations sur les distributions de pain.*

Recteur aura soin d'en commander chaque semaine ce qu'il en faudra; il remettra ensuite à la Sœur des billets imprimés, dans lesquels sera énoncé le nombre de pains & le poids qu'elle doit envoyer à chacune des cinq distributions qui se font dans la Ville; MM. les Recteurs chargés desdites distributions, auront soin de reconnoître si le nombre de pains qu'ils ont reçûs, est conforme à celui porté par les susdits billets; ils en feront leur déclaration au bas, & en demanderont pour le Dimanche suivant la quantité dont-ils croyent avoir besoin; & au cas qu'il y en ait quelques-uns de reste, ils en feront mention.

La Sœur doit aussi envoyer deux fois la semaine aux Prisons, & à la Maison des Recluses, la quantité de pains qui lui est indiquée pour les distributions qu'on est en usage de faire à ceux & à celles qui y sont enfermés; elle doit prendre garde que les pains pour les distributions ayent bien le poids; quant à ceux qui se consomment dans la Maison, leur grosseur est indifférente.

Magasin du pain.Après qu'on a tiré les pains du four, ils doivent être entreposés dans le magasin pour quelque tems, suivant la saison, afin que les Pauvres ne le mangent ni trop frais, ni trop sec; la Sœur en délivre chaque jour la quantité nécessaire pour la consommation de la Maison, aux hommes de la panéterie, lesquels le partagent ensuite à chaque Communauté, en tenant un Régistre exact, jour par jour, du poids qu'ils leur distribuent; ils doivent aussi tous les Samedis dresser un état éxact contenant le nombre des personnes qui composent chaque Corps, & la quantité de pain qui s'y est mangé dans la semaine, de même que de celui qui a été distribué, tant aux cinq distributions de la Ville, qu'aux Prisonniers, aux Récluses, & aux Pauvres Passagers; cet état ou feüille, est présentée le Dimanche ensuite au Bureau, arrêtée & signée par M. l'Econome,

pour

pour qu’on puisse la vérifier, & que M. le Préfident la figne.

Il est à propos que le Recteur fasse faire tous les trois mois une épreuve de quelques ânées de bléd, qu’il fera pefer, moudre, tamifer, & boulanger féparément, pour fçavoir combien il a rendu de farine, de pain, la quantité de fon qu’il a produit & fon poids; cette connoissance peut être très-utile, & les moindres obfervations fur cet article deviennent quelquefois très-intéref-fantes pour la Maifon, par la connoissance qu’elles procurent au Recteur, des différentes qualités de bléd, au moyen de quoi il fe trouve en état de n’acheter que celles qui font les plus convenables & qui profitent le mieux.

Le Recteur aura foin chaque année, de faire une provifion fuffifante de fagots de faules ou de vernes pour les fours; à cet effet, il doit avoir des conventions par écrit avec un Marchand de bois, par lefquelles il s’oblige d’en fournir la quantité dont on a befoin dans le tems & au prix déterminé.

La Maifon étant obligée d’avoir deux moulins fur le Rhône, pour y moudre fes bléds; le Recteur qui en a la direction, est chargé d’y faire faire les réparations néceffaires folidement, & cependant avec économie, attendu qu’elles montent fouvent à de groffes fommes; il doit fur tout avoir foin de les faire bien affurer, afin qu’ils ne foient pas expofés à être entraînés par la violence de l’eau, quand le Rhône vient à fe déborder; il peut choifir l’endroit de la Rivière qui lui est le plus commode pour y faire placer fes moulins; le Confulat le lui accorde toû-jours par préférence en faveur des Pauvres, de même que MM. les Tréforiers de France, fi c’est hors la Ville.

Comme les moulins ne font pas toûjours occupés par la Maifon, quand il y a une quantité fuffifante de farine, on fait alors moudre les bléds que les Bourgeois envoyent; & celui qui a foin de les faire prendre chez eux, de les pefer, de les

D

faire porter au moulin, d'en faire paſſer la farine quand on le ſouhaite, & de les renvoyer enſuite aux particuliers à qui ils appartiennent; doit tenir un régiſtre exact de tous les bléds qu'il fait moudre, de l'argent qu'il reçoit des moutures, pour en rendre compte tous les mois au ſieur Recteur, qui aura ſoin que ſes livres ſoient bien en régle. Comme il y a ſouvent beaucoup de bléds Bourgeois, leſquels peuvent ſe mêler; pour éviter la confuſion, il faut que ledit Commis faſſe numeroter tous les ſacs, afin de rendre à chacun ce qui lui appartient : C'eſt à lui à faire porter au moulin le bléd de la Maiſon pour le faire moudre; il doit auſſi avoir ſoin de retirer les étapes pour les vendre & en tenir compte au Recteur.

Comme il a inſpection ſur les Meuniers & leurs Pages, les Charretiers & Porte-ſacs, les Vieux qui paſſent les farines Bourgeoiſes, & ceux qui accompagnent les charretes; il doit les contenir dans le devoir, & veiller à ce qu'il ne ſe paſſe rien parmi eux contre la régle, ni contre le bien de la Maiſon, non plus qu'aux greniers à bléd, dans l'ouvrage qu'il eſt à propos d'y faire.

Des charretiers Des chevaux. Il doit avoir ſoin que les chevaux ſoient tenus & panſés comme il faut, que les moulins, les charretes & les tombereaux ſoient bien entretenus, & avertir le Recteur des réparations qu'il croit néceſſaires, afin qu'il puiſſe, après les avoir éxaminées, prendre des meſures pour les faire faire avec le moins de frais qu'il ſe pourra.

Du foin & des charrois. Le Recteur doit encore avoir ſoin de faire à propos des proviſions de foin, de paille & d'avoine, pour les Chevaux qu'on eſt obligé d'entretenir, pour conduire aux cinq diſtributions les pains que l'on y donne; il eſt à propos lorſqu'ils ne ſont pas occupés pour les moulins ou à la conduite deſdits pains, de les employer aux différens charrois néceſſaires à la Maiſon.

Rendement de ſes comptes. Enfin, le Recteur ſortant de charge, doit rendre ſes comptes par chapitres, dans lesquels il aura soin de détailler la quantité de bléds qui est entrée aux greniers, leur sortie, pour être portés aux moulins, la réception des farines, la quantité de pains qu'elles ont fait, la recette des deniers provenans des moutures des bléds Bourgeois, de la vente du son, des miettes & des étapes, la dépense qu'il aura faite pour faire porter les bléds aux greniers, pour les faire remüer & cribler, de même que celles pour les moulins & les fours, & celles pour les chevaux, charretes, harnois, &c. Son Livre de compte étant dressé il le remettra au Bureau pour être vérifié, ensuite de quoi on lui en donnera une décharge.

CHAPITRE VII.

Du Recteur chargé de la Boucherie, Bois, Charbons, & autres Provisions.

C'Est dans une épargne quelquefois peu sensible en apparence, qu'on trouve des ressources considérables, & si la moindre augmentation dans les denrées qui se consomment par un peuple nombreux, devient intéressante, le choix dans leur qualité, le tems convenable pour s'en pourvoir, & l'attention à les distribuer, font capables d'en établir la différence ; c'est donc à ces trois objets que doit s'attacher le sieur Recteur à qui l'on confie cet Employ ; un détail scrupuleux en est la bâse, une raisonnable économie en fait tout le mérite.

Bouchers.

Pour ce qui concerne la Boucherie, on trouve un avantage confidérable à l'avoir dans la Maifon, & fi elle exige quelque attention, on en eft récompenfé par la bonté de la viande & le contentement des Pauvres qui la mangent.

Achat du bétail.

Le fieur Recteur ne doit confier le foin des achats de bétail, qu'à celui des Garçons Bouchers, qu'il croit le plus fidéle & le plus connoiffeur, afin que les fommes qu'on lui remet, foient en sûreté, & qu'il choififfe toûjours par préférence la plus belle marchandife, à un prix raifonnable.

Nourriture des Beftiaux & dé-pécement des viandes.

Il doit veiller à ce que lefdits Bouchers s'acquittent de leurs devoirs exactement & avec tranquillité, qu'ils nourriffent comme il faut les beftiaux renfermés dans les écuries, afin qu'ils ne fouffrent pas, qu'ils n'en tuënt que ce qui eft néceffaire, qu'ils tiennent leur boutique propre & bien lavée, de même que le charnier, qu'ils ne dépécent pas la viande en trop petits morceaux, ni long-tems avant de la délivrer, fur-tout dans les chaleurs.

Comme il eft de l'intérêt de la Maifon de mettre à profit jufqu'aux moindres chofes; ils doivent nétoyer, dégraiffer, & bien faire cuire les tripes, blanchir comme il faut les pieds & têtes de Bœufs, Veaux & Moutons; le fieur Recteur aura foin de tems à autre, de voir s'ils ne fe négligent point fur cet article.

Diftribution des viandes, & obfervation à ce fujet.

Lorfqu'on fonne la cloche de la diftribution, lefdits Bouchers doivent fe tenir prêts pour donner à chaque Sœur, la quantité de viande néceffaire pour nourrir fa Communauté; l'expérience de bien des années, a fait voir que 40. liv. pour cent perfonnes, étoient fuffifantes, & rien ne peut fervir de meilleure preuve pour le juftifier, que le rétabliffement de ceux qui entrent dans la Maifon avec une fanté chancellante, & l'âge avancé de ceux qui l'habitent depuis leur enfance à caufe de leurs infirmités; ils donneront donc à raifon de 2. liv. de viande par jour pour cinq perſonnes, & ce, au prorata du nombre qui leur ſera déclaré par chaque Sœur.

Lorſqu'on donne des tripes, pieds, têtes & autres fricaſſées, ils ne délivreront que la moitié du poids ordinaire de viande, attendu qu'elles doivent ſupléer à ce qu'on retranche pour ce jour-là; leſdits Bouchers ne pourront de leur autorité augmenter le poids fixé ci-deſſus dans les Communautés, s'ils n'en ont reçû l'ordre précis par le Bureau, à qui le ſieur Recteur fera part des raiſons qui peuvent y engager, ſoit maladie ou autre cauſe légitime.

Comme il peut arriver qu'on leur déclare quelquefois un plus grand nombre de perſonnes que les Communautés n'en contiennent; ils écriront régulièrement dans leur Livre la quantité déclarée, & le poids délivré en conſéquence, afin que le ſieur Econome, qui ſe trouvera le plus ſouvent à cette diſtribution, puiſſe le vérifier de même que le ſieur Recteur, qui en fera la comparaiſon avec l'état de la viſite des Commiſſaires nommés pour compter les perſonnes de chaque Corps tous les deux mois.

Leſdits Garçons étant chargés de la vente des cuirs, peaux de Veaux & Moutons, ſuifs, cornes, boyaux, nerfs, os, & autres ſuites de la boucherie; chercheront à en tirer le plus qu'il ſe pourra, & le ſieur Recteur s'étant mis au fait du prix courant de ces ſortes de marchandiſes, ne les laiſſera délivrer qu'en payant comptant, ou à courts termes, aux perſonnes qu'il reconnoîtra bien ſolvables. Vente des cuirs peaux, &c.

Il ſera pris ſur les ſuifs une quantité ſuffiſante pour faire dans la Maiſon les chandelles qui s'y conſomment, & attendu qu'il eſt des années où l'on en trouve difficilement la débite, on pourra en profiter pour doubler la proviſion, & ſe mettre en état par cette précaution, de profiter d'un tems plus favorable; Suifs & chandelles.

le fieur Recteur tiendra un compte exact des fommes provenantes defdites ventes, de même que de celles reçûës par le fieur Tréforier des deniers, fur qui il tirera des mandats pour l'achat des beftiaux ; & afin d'en juftifier l'emploi, il aura foin d'avoir une feüille à plufieurs colonnes, dans lefquelles il mettra les frais de voyages, le nombre de Bœufs, Veaux & Moutons, leur prix, leur poids, l'argent reçû, qui doit faire la balance avec celui dépenfé : ledit fieur Recteur aura encore attention de faire dans un tems convenable, la provifion de fourrages néceffaires pour nourrir les beftiaux lorfqu'on les amene dans l'écurie à ce deftinée, de même que le Cheval fervant aux Bouchers pour aller aux achats.

Fagots & faix liés. & Comme il y auroit trop à rifquer de prendre les bois qui fe confomment dans la Maifon, au prix courant de la Ville, à mefure de befoin ; le fieur Recteur doit paffer des conventions par écrit avec quelque Marchand de bois du Rhône, par lefquelles il s'engage de fournir pour l'année, environ 14. ou 15. mille fagots, & 16. ou 17. mille faix-liés, moyennant la fomme fixée ; il faut auffi qu'il obferve de ne pas attendre l'échéance defdites conventions pour les renouveller, afin d'être en état de s'adreffer à d'autres Marchands, s'il ne pouvoit s'accorder avec celui qui en étoit chargé, ou pour le prix, ou pour la qualité des bois ; il eft à propos de faire ces marchés dans les tems où les bois font à meilleur compte.

Bois de moule. Il doit de même convenir avec un Marchand fur la Saône de la quantité d'environ cent moules de bois, & expliquer dans la convention, qu'il y aura au moins 80. branches au moule, il eft à propos de lui faire exécuter cette condition, attendu que le nombre de branches qu'on diftribuë à chaque Communauté eft fixé ; que le bois étant gros, il feroit difficile de le faire brûler, & que les 100. moules ne fuffiroient pas ; ce bois n'eft employé que pour la cuifine des Officiers, & pour le chauffage dans les différens Corps où il n'y a point de poële.

On voit tant de variation fur le prix du charbon, qu'il eft difficile de défigner un tems favorable pour traiter avec ceux qui doivent le fournir; on fe détermine cependant affez communément à en conclurre les marchés, depuis le carême jufqu'au mois de Juin, afin que les Marchands puiffent profiter des eaux en Septembre ou Octobre, pour les amener; on s'expoferoit au danger d'en manquer fi l'on différoit trop tard de prendre leur engagement, il faut prévenir les inondations, la féchereffe ou la gelée; la provifion de l'année, va ordinairement à 2400. voyages.

A l'égard des charbons de terre, il eft difficile de déterminer combien il en faut; mais la provifion doit fuffire pour les leffives, pour la forge du Serrurier, pour les poëles & autres endroits où on l'emploie; ainfi c'eft au Recteur à en voir la confommation, à s'y conformer, à faire fes marchés à un prix convenable, & à prendre garde qu'on ne les diffipe pas.

Il eft effentiel pour tous ces marchés, de ne s'adreffer qu'à des Marchands de bonne réputation, & qui foient en état de fervir fidélement la Maifon; le fieur Recteur doit être attentif à ce que les bois & charbons qu'ils fourniffent, foient bons & bien fecs; pour cet effet il aura foin de commettre quelqu'un d'entendu pour compter, mefurer, examiner leur qualité, & lui en rendre raifon, afin qu'il diminuë fur le payement, au cas que les Marchands foient contrevenus à leurs engagemens.

Le fieur Econome écrira fur fon régiftre exactement à mefure qu'on amenera lefdits bois ou charbons dans la Maifon, fournira aux Marchands des déclarations ou mandats, que ledit fieur Recteur payera, & dont il paffera le montant dans fes comptes de mois.

Les faifons plus ou moins rigoureufes, occafionnent quelquefois une moindre confommation; le fieur Recteur ne doit commettre la quantité dont-il aura befoin pour l'année fuivante, qu'après avoir vérifié fur le régiftre du fieur Econome, ce qui eft entré dans la précédente, ce qu'on a brûlé, & ce qui refte encore dans les buchers & charbonniers, à moins que des prix avantageux ne le déterminent.

Diftribution des bois & charbons. On partage communément la diftribution des bois & charbons en deux tems de l'année; l'un eft celui d'hyver, qui commence quelques jours avant la Touffaints, jufques au 25. Mars, & pendant lequel on délivre à chaque Communauté tous les huit jours le bois & charbons néceffaires pour la cuifine & pour fon chauffage, fuivant le nombre de perfonnes qui la compofent; ainfi c'eft au fieur Recteur à fuivre ce qui s'eft toûjours pratiqué fur cet article, & à voir ce qu'il convient de faire dans les Hyvers plus longs ou rigoureux; il eft de fa prudence d'examiner auffi les retranchemens ou augmentations, qu'il doit faire pour mettre les chofes dans le bon ordre, & pour éviter la diffipation; depuis le 25. Mars, jufques à la Touffaints, on ne donne en quinze jours que la même quantité qu'on diftribuoit en huit dans l'autre tems, & pour les Communautés qui ont des poëles, on ne varie point.

Pour éviter toutes conteftations & furprifes dans ladite diftribution; le fieur Recteur doit remettre au diftribuant une lifte, où foit infcrit le nombre de fagots, faix-liés, buches, voyages de charbons, mefures de charbons de terre que chaque Communauté doit prendre; ladite lifte doit même être affichée, afin qu'on n'en ignore, & il eft à propos qu'il s'y trouve quelquefois, afin que toute chofe fe paffe en régle; le fieur Econome doit y être le plus fouvent qu'il eft poffible, afin de veiller fur la conduite de celui à qui cet emploi eft confié.

Menuës dépenfes. Dans ce qu'on appelle menuë dépenfe de la Maifon, il fe trouve encore des articles affez confidérables, & qui n'exigent pas moins d'attention & de prudence que les précédens.

Pour

Pour ce qui concerne les huiles d'olives, il doit les tirer de Les huiles. Provence de la prémière main ; celles de noix pour les lampes de l'Eglise & des Dortoirs pendant l'Hyver, du Dauphiné ; il doit profiter des années abondántes, afin d'en faire une provifion plus confidérable, & pour qu'elles reviennent à meilleur compte, il faut avoir foin d'envoyer, avant qu'on les amene, des paffeports, au moyen defquels elles font exemptes de tous Droits.

C'eft auffi de Provence, qu'il doit faire venir les merluches, Merluches, figues & rai-
fins. figues & raifins pour le Carême, en envoyant de même des paffeports ; fi cependant après s'être informé des prix, il voyoit qu'en y ajoûtant les frais de voiture, il eft plus avantageux de les acheter dans la Ville, c'eft à fa prudence à lui infpirer le parti qu'il doit prendre ; mais il faut toûjours préférer la bonne marchandife à la médiocre, à un prix même plus fort.

Quant au fromage, on a reconnu par expérience, qu'il Fromage. falloit s'en tenir à celui de Gruyere, comme le plus profitable à la Maifon & le plus nourriffant ; d'ailleurs, comme il fe conferve long-tems fans qu'il y ait beaucoup de déchet, le Sr. Recteur peut dans l'occafion favorable en faire des provifions confidé-rables ; c'eft encore dans cette occafion qu'il doit fupputer, s'il convient mieux de le tirer en droiture des Païs où on le fait, en envoyant des paffeports, ou fi les Marchands en gros de la Ville lui en font un prix affez raifonnable pour s'adreffer à eux.

Pour ce qui eft du beurre & des œufs, il doit avoir des con- Beurre, œufs. ventions par écrit avec quelque Marchand de la Campagne, qui s'engage, au prix fixé à la livre pour le beurre, & au cent pour les œufs, d'en fournir la Maifon toute l'année, & d'en apporter la provifion néceffaire les jours qui précedent les jours maigres ; c'eft dans un tems où ces fortes de Marchandifes font à un prix médiocre, qu'il eft à propos d'en conclurre les marchés.

E

Lorſqu'on les a conduit dans le lieu deſtiné à les fermer, qu'on a compté les œufs & peſé le beurre, le ſieur Econome en fait note dans ſon Livre, pour donner aux Pourvoyeurs des mandats que le ſieur Recteur acquitte à la fin de chaque mois; le Dépenſier doit examiner avec attention, s'ils rempliſſent leurs engagemens, & leur faire reprendre ce qui ne ſeroit pas de bonne qualité, en avertir le ſieur Recteur, pour qu'il les y oblige.

Le marché fait avec le Pourvoyeur pour les œufs, n'a jamais lieu dans le Carême, attendu que celui à qui on adjuge la Rôtiſſerie pour ce tems-là, eſt tenu par les conditions de ſa Ferme, d'en fournir les deux Hôpitaux au prix fixé par le Bref.

Le ſel. Comme la Maiſon eſt augmentée, & que les cent minots de ſel, que le Roy lui avoit accordé en franchiſe, ne ſont pas ſuffiſants, ledit ſieur Recteur doit y ſupléer, en achetant ce qu'il en faut de ſurplus pour ſa conſommation.

Légumes. Pour ce qui eſt des autres denrées, comme ris, harangs, pois, fêves; aricots, poivre, lait, &c. il eſt inutile d'en parler; c'eſt toûjours à lui d'y pourvoir, & à ſes ſoins d'en faire l'emplette à propos.

Dépenſier ou Sœur dépen-ſière. Toutes ces proviſions de bouche dont on vient de faire mention, ſont confiées à la garde d'un Dépenſier ou d'une Sœur, qui doit veiller à ce que rien ne ſe perde ou ſe gâte, & qui les ayant en compte, doit tenir un régiſtre exact par jour, de la quantité qui ſe diſtribuë de chaque eſpéce aux Sœurs de toutes les Communautés; c'eſt ſur ce régiſtre vérifié par le ſieur Econome, que le ſieur Recteur doit confronter tous les deux mois la revûë faite dans les différens Corps par les Commiſſaires; c'eſt auſſi par ſon moyen qu'il peut rendre un compte détaillé en finiſſant ſon Rectorat.

Il ſeroit difficile de fixer ici cette même quantité, & quoi qu'elle ſoit déterminée par le nombre de bouches, l'uſage ſur cet article n'étant pas abſolument invariable, le ſieur Recteur doit, en se conformant aux anciennes pratiques, se rappeller toûjours que la Maison doit à ses Pauvres le nécessaire & rien de superflu.

Le Réfectoir des Eccléfiaftiques, Officiers, Sœurs & Freres de l'Hôpital, étant une suite de l'Emploi du sieur Recteur, il doit avoir une lifte de ceux qui ont droit d'y manger, & d'y prendre leur portion; ce qui ne s'accorde qu'en conséquence d'une délibération par écrit du Bureau.

Il lui eft très-expressément défendu d'y en introduire aucun de sa propre autorité, ni de souffrir que la Sœur y admette perfonne, sous peine d'être décroisée.

Pour fournir à la nourriture de ceux qui compofent ledit Réfectoir, le sieur Recteur doit au commencement de chaque mois, remettre à la Sœur qui a foin de cette cuifine, une fomme pour acheter les herbages, fruits, ou autres menus frais, elle en fera mention dans son Livre pour juftifier enfuite de la dépenfe; fi elle se trouve en avoir de refte, ledit sieur Recteur la portera débitrice pour le mois fuivant en arrêtant fon compte; & veillera encore, à ce qu'elle nourriffe comme il faut, proprement & fans diffipation, tous ceux qui y mangent, & fi quelqu'un se plaignoit, il approfondira leurs raifons pour y mettre ordre s'il eft poffible, ou pour en informer le Bureau.

Enfin, comme on ne sçauroit avoir trop d'attention pour maintenir la propreté dans une Maifon auffi vafte, le fieur Recteur étendra fes foins jufqu'aux balais néceffaires pour la procurer, il en fera des provifions, de même que de la prêle, fervant à tenir la vaiffelle nette, & l'on diftribuera de l'un & de l'autre dans chaque Communauté, à mefure de befoin, en obfervant toutefois de ne remettre les balais neufs, que lorfqu'on rapportera les vieux, dont on se fert communément dans la Triperie à faire boüillir l'eau qui doit blanchir les têtes ou pieds; cette économie quoique médiocre devient un objet.

E ij

CHAPITRE VIII.

Du Recteur chargé de la provision des Vins.

UNe dépenfe autrefois médiocre, devient à préfent un objet des plus intéreffans de l'Adminiftration ; nos Prédé-cesseurs dans l'établiffement de la Maifon, ne fournirent du vin qu'à un très-petit nombre de ceux qui la compofoient alors ; mais on s'eft vû contraint dans la fuite d'en faire boire à tous les Pauvres ; leur fanté y étoit intéreffée, & d'ailleurs il paroiffoit dangereux de rompre dans la caducité une habitude contractée dès l'enfance ; ainfi leur augmentation, & celle dans le prix même des vins, forme la différence dont on s'apperçoit aujourd'hui.

Il faut donc que le fieur Recteur chargé de ces achats, les proportionne à la confommation, & qu'il trouve à la faveur des marchés qu'il peut arrêter dans des tems convenables, d'une provifion faite d'avance, confervée avec foin, & d'une exacte diftribution, cette économie qu'il doit regarder comme le but de fes attentions.

Tems de la provifion.

C'eft ordinairement depuis la Saint Martin jufqu'à Noël, qu'il doit chercher à fe pourvoir de tous les vins néceffaires à la Maifon à un prix raifonnable ; en différant plus tard, ils peuvent augmenter, & fur 4000. ânées qu'il en faut, ce feroit dès-lors une perte confidérable.

Obfervations lors des conditions.

Il doit retenir dans fes conventions avec les Vendeurs, qu'en leur envoyant des paffeports, ils fe chargeront des billets de remüage, de la voiture, de rendre les tonneaux oüillés fur le marchon, avec le bénéfice des cinq femaifes de bonne mefure fur les grandes piéces, qu'on ne les payera que fur la jauge faite dans les caves de la Maifon, & que s'il y avoit quelque piéce fufpecte, ils feront tenus de la reprendre.

Il eft difficile d'affigner les Cantons qu'il doit préferer pour la qualité des vins, le choix en varie à proportion des prix, on les prend fouvent dans les Paroiffes autour de Lyon ou dans la Montagne; quelquefois à Cluny en Maconnois, d'autrefois en Languedoc ou en Bugey; mais comme il en faut une partie pour boire d'abord, & les autres pour conferver; c'eft au fieur Recteur à préferer toûjours ceux de cette dernière efpèce dans les années abondantes, à s'arrêter dans les endroits où ils font à meilleur prix, & à ne fe pourvoir que de vins un peu chargés en couleur, pour qu'ils fupportent mieux l'eau. *Qualités des vins & cantons d'où on les tire.*

Avant d'aller fur les lieux pour les choifir & marquer, il confultera le Bureau fur le prix qu'on en demande, afin que fi quelqu'un de MM. les Recteurs en fçavoit à meilleur marché, il puiffe le lui indiquer. **

Ledit fieur Recteur, aura foin de faire mettre fur chaque tonneau les noms des Vendeurs, afin que lorfqu'on les fortira de la cave étant vuides, débarraffés de la lie & bien bouchés, on puiffe les ranger à couvert, les reconnoître quand ils les enverront prendre, & ne les point changer.

Vifitera auffi les caves deux ou trois fois la femaine, pour voir fi tout eft tenu avec ordre & propreté; fi le Sommelier qui en eft chargé s'acquite fidélement de fon devoir, s'il tient les tonneaux pleins & oüillés, crainte qu'ils ne s'éventent; s'il n'en laiffe point en vuidange, s'il a foin de mettre des cercles de fer à la tête des piéces qui menacent ruine, s'il diftribue exactement à chaque Communauté aux heures fixées *Vifites aux caves.*

deux fois par jour, la quantité de vin qu'elles doivent avoir, s'il ne le tire point dans les baquets trop long-tems à l'avance, & s'il ne l'y laiſſe pas aigrir d'une diſtribution à l'autre.

Enfin, quelqu'aſſuré qu'il ſoit de ſa bonne foi, il veillera ſur ſa conduite, prendra garde qu'il ne diſſipe rien, qu'il vende toutes les lies; & pour qu'il rende un compte exact des vins dont-il eſt chargé, il vérifiera tous les mois ſon Livre, où le nombre des piéces & leur jauge doit être énoncé avec la délivrance journalière, ſur laquelle ſe dreſſe chaque ſemaine la feuille détaillée, certifiée par le ſieur Econome, & préſentée au Bureau les Dimanches, pour y être ſignée par M. le Préſident.

** Comme il eſt des qualités de fuſtes ſujettes à beaucoup de déchet, ou des vins qui en ſont plus ſuſceptibles; qu'il en eſt d'autres qui menaceroient de changer ſi on differoit de les boire; c'eſt à la prudence du Sr. Recteur de les goûter, d'en faire fréquemment la revûë, & de déſigner les piéces qu'il deſtine pour la conſommation de la ſemaine.

Enfin, il doit faire enſorte de ſe trouver quelquefois à la diſtribution, pour voir ſi on ne trompe point ſur la quantité de perſonnes déclarées par chaque Communauté, & confronter l'état qu'on en donne, avec celui des ſieurs Recteurs nommés tous les deux mois Commiſſaires par le Bureau, pour faire la vérification du nombre qui ſe trouve dans toutes les Communautés.

Cabaret dans la Maiſon, Les Adminiſtrateurs s'étant vû contraints, pour éviter les ſorties, de tolérer à la Charité même, une eſpéce de cabaret ou cave, dans laquelle les Gens de la Maiſon ſeulement, puiſſent venir acheter du vin pour de certains beſoins; c'eſt audit ſieur Recteur à y mettre un prix raiſonnable, & à ſe faire rendre compte par la perſonne chargée de ladite vente, du produit de chaque mois, afin qu'il puiſſe deux fois l'année en informer le Bureau, de même que de la confommation de toute la Maifon.

Attendu que MM. les Recteurs, donnent en entrant au fervice des Pauvres, une fomme de 50. liv. afin d'avoir la liberté de fe rafraichir les jours de Bureau ou de vifite, il eft de l'attention du fieur Recteur de fe pourvoir dans fes achats, de quelque piéce de vin de bonne qualité, qu'il fera tirer en bouteilles & réferver pour eux.

Il doit encore dans la revûë de fes caves, marquer les meilleures piéces pour le Réfectoir des Officiers, & fur-tout dans le tems de Carême.

Comme les Receveurs des Droits d'entrées de vin, attribués à la Maifon, de-même que leurs Controlleurs, font fous fa direction; le fieur Recteur veillera fur leur conduite, & en cas de prévarication, ou de négligence de leur part, il en avertira le Bureau pour y mettre ordre; & attendu qu'il délivre lui-même les billets pour les vins qui paffent de bout, il en tiendra un Régiftre particulier, dans lequel il infcrira les fommes reçûës à cet effet, afin d'en faire mention lors de la reddition de fes comptes, ainfi que des autres fommes reçûës ou payées.

Receveurs & Controlleurs des entrées de vin.

CHAPITRE IX.

Du Recteur chargé des Livres.

Omme la multitude d'affaires différentes, dont la Maifon de la Charité fe trouve aujourd'hui chargée, n'a pas permis de maintenir l'ufage établi dans fon origine, de faire tenir les Livres de Comptes par un des Adminiftrateurs; on s'eſt vû contraint d'y ſuppléer par une perſonne entenduë, qui n'eût d'autre occupation, & qui pût avec l'aide de quelques Commis, mettre l'ordre & la clarté que l'on doit obſerver dans un détail auſſi immenſe.

L'augmentation des dépenſes journalières, les emprunts pour y ſubvenir, les rembourſemens, les rentes, les hoiries, les maiſons, les effets des Adoptifs, ont groſſi les écritures & multiplié les ſoins du Recteur à qui on confie cette partie de l'Adminiſtration; il doit donc, ſans y travailler lui-même, veiller à ce qui ſe paſſe avec encore plus d'exactitude. Voici ſes obligations:

C'eſt à lui à avoir inſpection ſur le Teneur de Livres, payé par ledit Hôpital, & ſur les Commis qu'il employe, afin qu'ils s'acquitent fidélement de leurs devoirs, que le grand Livre ſoit tenu en partie double, ſans omiſſion d'aucun article, & ſans différer d'y rapporter ceux qui ſurviennent journellement; pour cet effet, il doit prendre connoiſſance des affaires de la Maiſon autant qu'il eſt poſſible, & ſacrifier quelques jours de la ſemaine pour parcourir leſdits Livres, voir les changemens qu'on y fait, & ſi on a été exact à ſolder ſur le grand Livre les dettes acquitées, les penſions viagères éteintes, & les comptes des Adoptifs décédés, ou parvenus à majorité; il faut auſſi qu'il ait ſoin de prendre exactement la feüille que le ſieur Aumônier met ſur le Bureau, contenant le nom de tous ceux & celles qui ſont décédés chaque mois, afin de ne pas laiſſer en arrière l'arrangement de leurs comptes, ſuppoſé qu'ils en ayent d'ouverts.

 Comme il peut arriver quelquefois, de négliger certaines dettes douteuſes ou de peu de conſéquence, qu'on s'expoſe à perdre faute d'en pourſuivre le payement; pour remédier à cet inconvénient, le ſieur Recteur doit avoir un extrait du grand Livre, afin de rappeller au moins tous les trois mois

au

au Bureau le nom de ces petits Débiteurs qu'on oublie, & qu'on puisse charger un des Agens de la Maison de faire les diligences nécessaires, ou quelqu'un de MM. les Recteurs de solliciter la rentrée de ce qui est dû.

Il doit aussi tenir devant lui tous les jours de Bureau un petit Livre, dans lequel sont notées, années par années, les dettes dudit Hôpital, afin que si l'on propose de prêter une somme remboursable dans une année déja trop chargée, il soit en état de le réprésenter & de faire avancer ou retarder l'échéance ; cette précaution est d'autant plus utile, qu'elle garantit les Tréforiers des Deniers, de l'embarras dans lequel des remboursemens considérables, mal ménagés pour les payemens, font capables de jetter la Maison. *Livre ou bilan des dettes actives & passives.*

Lorsque le nouvel Exconsul entre en service, il doit lui faire remettre un cayer, contenant l'Inventaire de toutes les maisons appartenantes audit Hôpital ou à ses Adoptifs, le nom de la ruë où elles sont situées, celui des Locataires qui les occupent, le prix & l'échéance de leur Bail : Et au Tréforier des Deniers à la Saint Jean-Baptiste & à Noël, chaque année un extrait du Bilan, contenant toutes les dettes, tant actives que passives de la Maison, avec la date de leur échéance, pour qu'il puisse exiger ou payer au tems déterminé. *Feüille des maisons à M. l'Exconsul.* *Extrait du bilan pour les loüages, au Sr. Tréforier.*

Pour éviter les abus qui arrivent quelquefois dans les passe-ports, par l'infidélité des Voituriers chargés d'amener les denrées de l'Hôpital, ou les marchandises dont-il a besoin, le sieur Recteur doit avoir un petit Livre, uniquement destiné à inscrire ceux qu'on délivre, leur date, la qualité & quantité qu'ils contiennent : cet ordre est d'autant plus nécessaire, qu'il afsûre les exemptions accordées, dont on peut par-là justifier le bon usage. *Cayer pour inscrire les passeports.*

Le Teneur de Livres, étant chargé de tenir exactement un Régistre, pour inscrire les Mendians qu'on arrête ; le *Régistre des Mendians.*

fieur Recteur doit veiller à ce qu'il foit en règle dans cette partie; il doit auffi faire attention à ce qu'il ne fe confomme pas du papier ou des Livres de Compte, plus qu'il ne faut, & comme c'eft à lui à les payer, ainfi que l'encre, les plumes & autres dépenfes concernant les écritures, il paffe fes avances à ce fujet dans fon compte de mois, pour en être rembourfé par le fieur Tréforier des Deniers, ainfi que les autres Recteurs.

Attendu que le Teneur de Livres, fort ordinairement du Sécrétariat pendant l'Affemblée du Bureau; il convient que ledit fieur Recteur en ait une double clef, afin de pouvoir pendant fon abfence avoir recours aux Livres qu'on feroit dans le cas de confulter pour quelques délibérations, ou afin d'y prendre des paffeports, remifes, ou autres papiers imprimés qui y font en dépôt.

CHAPITRE X.

Du Recteur Drapier.

PLus le détail augmente les fonctions d'un Adminiftrateur, plus il doit s'attacher à l'Emploi qui les lui procure; ce feroit peu d'en connoître l'importance, s'il ne faifoit fes efforts pour les remplir, & même pour enchérir, s'il eft poffible, fur la vigilance de ceux qui l'ont précédé; l'habillement de plufieurs milliers de perfonnes, mérite les foins du Recteur Drapier, & exige beaucoup d'économie; mais la confervation d'une Fabrique de bas avantageufe à la Maifon; par l'occupation

qu’elle donne à l’oifiveté, devient un objet encore plus intéref-
fant; le bon ordre fut toûjours la bâfe de pareils établiffemens,
leurs progrès font ordinairement le fruit de l’exactitude de
ceux qui les gouvernent.

Le fieur Recteur ne fçauroit donc avoir trop d’attention ___Fabrique de bas.___
fur ceux que l’on y occupe, pour que l’ouvrage foit bien fait;
fur les laines qu’on y employe, afin que la qualité de la
marchandife en procure un prompt débit, & que fa perfection
maintienne à cette Fabrique, la réputation de fidélité qu’elle
s’eft acquife; fes fréquentes vifites dans les Communautés où
on travaille à brocher les bas, font capables d’y introduire
plus d’émulation & d’en bannir la pareffe, pourvu qu’en invitant
MM. les Recteurs chargés de ces mêmes Communautés, à y
veiller de leur côté, il informe le Bureau de ceux ou celles
qui refufent de faire leur devoir, ou qui s’occupent à des
ouvrages pour le dehors, afin qu’on leur impofe des pénitences;
il doit pour cet effet, repréfenter tous les mois le Régiftre,
contenant le nom des perfonnes à qui la Sœur du magafin
délivre de la laine, & la quantité de bas rendus.

Le tems de la toifon étant le plus favorable de toute l’année, ___Achats des laines & leur choix.___
pour faire les achats de laines; il eft à propos que le fieur
Recteur en profite pour l’avoir de la prémière main, pourvu
cependant qu’elle foit à un prix raifonnable, & qu’il puiffe
en faire aifément le lavage.

Au cas qu’il juge plus à propos de les prendre chez les
Marchands, il doit après être convenu avec eux, faire l’épreuve
de les paffer au pagnier, afin de connoître fi elles font nettes
ou chargées de fables; auquel cas fi le déchet eft confidérable,
il pourra fe régler pour le prix plus fûrement; les laines du
Valentinois & des environs, étant les plus belles & les plus
propres à l’ufage de ladite Fabrique, doivent être préférées,
& le fieur Recteur enverra des certificats ou paffeports, pour

épargner les Droits à la Maison; il aura soin aussi d'en faire peser les balles devant lui, ou en présence du sieur Econome.

Le Frere chargé de la clef du magasin, où lesdites laines sont fermées, doit en sortir à mesure qu'on en a besoin; la faire escoter, c'est-à-dire, trier, pour séparer la bonne de l'ordinaire, la faire battre & éplucher, pour en ôter les pailles & autres bouchons étrangers, équarrasser ou dégager avec la grosse carde, après quoi il la pese, pour voir si on lui rend la même quantité qu'il a livré : ces différentes façons achevées , on l'engraisse d'huile, on la remet aux briseurs, on la fait ensuite carder, filer, doubler, mouliner sur l'ovale, & plotonner ; de-là elle est portée à la Sœur chargée du magasin, pour la distribuer après aux Tricoteurs & Tricoteuses des Communautés, à qui on donne par préférence les filages plus fournis & plus tordus, qu'à ceux qui travaillent aux métiers.

Lorsque les bas sont achevés, soit au métier, soit dans les Communautés, on les rapporte à ladite Sœur, qui les inscrit sur son Régistre, & les fait préparer pour le foulon, où on les envoye quand il y en a une voiture suffisante, ensuite on les fait teindre, & on les remet aux Tondeurs & Aprêteurs, pour y donner la dernière façon avant de les vendre aux Marchands , ou dans le magasin de la Maison à ceux qui se présentent, en fixant le prix par un billet sur chaque paire.

Le nombre de personnes employées à ces différentes fonctions, mérite d'être veillé, & le sieur Recteur ne sçauroit faire de trop fréquentes visites, pour voir si on fait son devoir, & si on obéit à ceux qui sont préposés pour conduire l'ouvrage.

Il doit sur tout, prendre garde que ceux qui préparent les laines, soient assez robustes & entendus, pour ne point les gâter, que les Briseurs & les Cardeurs soient en assez grand nombre pour fournir aux Fileuses, aux Tordeuses & Dévideuſes; & comme la régle de la Maiſon preſcrit l'âge de quatorze ans pour être mis en apprentiſſage, le ſieur Recteur tiendra un catalogue de tous les Enfans qu'il employe, avec leur âge, pour qu'on ne puiſſe pas les lui ôter, ſans qu'il ſçache ſi le Bureau a donné des ordres particuliers pour s'éloigner de l'uſage.

Il aura auſſi ſoin d'engager MM. les Recteurs des différentes ✳ Communautés, à lui fournir toûjours ceux qui ſont les plus formés, afin qu'ils ſoutiennent plus aiſément la fatigue, & qu'on puiſſe facilement les inſtruire.

Quant à ceux qui travaillent ſur le métier, à la tonderie & aprêtage, celles qui font les cardes, les rentreuſes & autres emplois qui exigent de la perfection, & dans leſquels le changement eſt pernicieux; il convient de choiſir des perſonnes dont la Maiſon ſera toûjours chargée, à cauſe de certaines infirmités, qui ne les empêchent cependant pas de travailler, quoiqu'on n'ait pû par cette raiſon les mettre à Maître. Choix de ceux qui travaillent au métier, tonderie, &c.

Le ſieur Recteur doit encore obſerver, de ne laiſſer dans ✳ les endroits où travaillent les Garçons aucune Fille, ſous prétexte de dévider ou autre choſe; un ſeul enfant peut ſuffire pour porter les laines cardées aux Fileuſes lorſqu'elles en ont beſoin, & un pour porter les bas ou bonnets de chez les Aprêteurs aux Filles Rentreuſes, lorſqu'il y a quelque choſe à faire; chacun doit être dans ſa place & à ſon ouvrage; la différence dans les occupations, demande des endroits ſéparés, & le mélange des ſexes, ne peut cauſer que du déſordre.

Ceux & celles des différentes Communautés qui ſont employés dans ladite Fabrique, s'y rendront immédiatement après le déjeûner, conformément à leur Réglement, pour y commencer l'ouvrage tous enſemble, à ſix heures préciſes; à dix heures trois quarts le travail ceſſera, & chacun retournera dans ſa Communauté pour y dîner; à midi on reviendra ſe mettre au Tems de ſe mettre au travail & de le ceſſer.

travail, à trois heures on goûtera, & à sept heures la journée finira pour aller souper : Quant aux Compagnons faiseurs de bas au métier, ils pourront continuer jusqu'à neuf heures moins un quart, qu'ils se retireront dans leur chambre, pour être couchés en même-tems que toute la Maison.

Attention du Frere qui conduit les Fileuses. Lorsque les Cardeurs, Briseurs & Fileuses, seront sortis, le Frere, avec la Fille qui conduit lesdites Fileuses, examineront & péseront l'ouvrage qui aura été fait dans la journée, afin d'informer le sieur Recteur de ce qui se passe, & qu'il puisse punir les désobéïssances; le même Frere aura soin de faire sa ronde exactement, pour sçavoir s'il ne reste point de feu, & emportera les clefs lorsqu'il s'en ira; aura pareillement attention de ne laisser, pendant que dure l'ouvrage, aucune autre porte ouverte dans les sales du travail, que celle qui donne sur la grande cour des gréniers, afin que personne ne sorte sans qu'il s'en apperçoive; quant à ceux & celles, qui sous prétexte d'aller aux lieux communs, vont courir dans la Maison, il les mettra en pénitence à leur retour.

De la Sœur chargée de la vente desdits ouvrages. La Sœur chargée de la vente des ouvrages qui se font dans ladite Fabrique, tiendra un Régistre exact des sommes qu'elle reçoit, & de celles qu'elle paye pour le salaire des différens Ouvriers, suivant le prix fixé, afin d'en rendre compte au sieur Recteur régulièrement tous les mois, & lui remettre l'argent qu'elle peut avoir entre les mains, dont-il fera note dans son compte particulier.

Inventaire annuel du produit de ladite Fabrique. Comme il est à propos de sçavoir tous les ans, à quoi peut monter le produit de ladite Fabrique; le Sr. Recteur fera, pour y parvenir, un Inventaire des laines ouvrées & non ouvrées, drogues, métiers & ustenciles, propres pour lesdits ouvrages qui se trouvent en nature; ce qui a été vendu, ce qui reste en marchandise; & fera part du tout au Bureau, de même que des raisons qui peuvent avoir occasionné de la diminution.

Enfin, comme on ne peut introduire trop de régularité dans ladite Fabrique, & affez de facilité pour la gouvetner, le fieur Recteur doit avoir fous fes ordres une perfonne entenduë, fur qui roule l'infpection générale des différentes parties qui la compofent, qui puiffe avoir l'œil également fur les Ouvriers, fur les Freres & Sœurs qui les dirigent, & rétablir cette intelligence qui régneroit, fi l'autorité dont-ils fe croyent révêtus chacun dans leur diftrict, étoit fubordonnée à quelqu'un qui veillât fans ceffe à ce qui fe paffe.

Infpecteur général fur les différentes parties.

L'obligation où l'on eft de faire teindre au dehors les différens ouvrages qui fe fabriquent, ayant fait connoitre combien il étoit avantageux d'établir dans la Maifon une teinture pour les couleurs fines, le Sr. Recteur doit faire fon poffible afin de l'augmenter & la mettre en état d'épargner chaque année ce qu'il en coûte pour les autres couleurs & pour teindre toutes les étoffes fervant à l'habillement des Communautés de la Charité.

Utilité d'une teinture dans la Maifou.

Le fieur Recteur étant chargé d'habiller toutes les perfonnes de la Maifon, doit obliger le Frere Tailleur, à tenir exactement les Livres où font infcrites par numero les piéces d'étoffe contenuës dans le magafin dudit Hôpital, avec leur aunage, & de l'autre côté leur emploi; il doit auffi avoir un Régiftre divifé par Communauté, & des chapitres particuliers pour ceux & celles qui font en apprentiffage & à la Campagne, avec un compte ouvert pour chaque perfonne qui les compofent, par lequel il foit facile de connoitre les hardes fournies, leur qualité & le tems auquel on les a donné ; ce Régiftre fera fouvent vérifié, pour que ledit Frere Tailleur ne donne rien de fon autorité & fans les ordres dudit fieur Recteur, qui fuivra dans cette partie l'ufage établi pour la quantité d'années que chaque habit doit être porté, & la couleur prefcrite dans chaque Corps; quant à l'efpèce de l'étoffe, c'eft à lui de choifir celles

Habillemens.

dont on connoît le bon ufage, & de préférer toûjours la folidité à la fineffe, afin qu'elles durent long-tems; il doit auffi faire fon poffible, pour que les habits neufs fe donnent aux approches de la Proceffion qui fe fait après Pâques à Fourvière.

Habillemens des enfans de la Chanal.

On donne ordinairement aux Garçons Adoptifs de la Chanal un jufte-au-corps, des culotes & bas d'étoffe bleuë de Roi, tous les deux ans; une camifole fervant de vefte même couleur & étoffe, tous les trois ans; quant aux Enfans du même Corps, qui portent des robes ou fimarres; comme ils ufent davantage, on les habille fuivant leurs befoins, & de la même couleur que deffus: on fournit à chacun tous les deux ans, un bonnet de laine bleuë de la Fabrique; les Etudians de la même Communauté, font vêtus chacun fuivant l'uniforme de leur Fondation, ainfi qu'il eft dit dans les obfervations fur les Enfans Adoptifs, un jufte-au-corps & culote tous les ans, une vefte tous les deux ans, des bas de la Fabrique tous les fix mois, un chapeau & un bonnet carré par an.

Des petits Garçons.

Aux petits Garçons, la même quantité d'habits que ci-deffus, de couleur brune, à l'exception de la culote & bas, qui doivent être bleus, un bonnet de laine brun; lorfque les uns & les autres font en apprentiffage, on les habille pareillement, & dans le même tems.

A la fin de leur apprentif-fage.

A la fin de leur apprentiffage, on donne aux Adoptifs un habit complet, drap de Lodêve, de la couleur dont-ils le demandent; aux Bâtards, deux aunes & demi même drap, à leur choix pour la couleur, lefquels derniers habits doivent être exactement enrégiftrés, crainte qu'ils ne viennent le redemander, la Maifon n'étant plus chargée de les habiller lorfqu'ils font Compagnons.

Habillemens des Vieux.

Les Vieux font vêtus d'un jufte-au-corps & vefte, couleur brune, culote & bas d'étoffe bleuë de Roi; il n'eft aucun tems

fixé

fixé pour eux, on les habille fuivant leurs befoins, & l'on fait fervir les hardes de ceux qui meurent, à ceux qui viennent remplir leur place; on donne l'Eté aufdits Vieux, aux Bâtards & Adoptifs, même à ceux qui font en apprentiffage, une culote & une paire de bas de toile, que l'on change tous les quinze jours.

Les petits Paffants, font vêtus d'une robe ou fimarre gris naturel, paremens & boutons bleus, camifole, culote, bas & bonnet, même étoffe que la robe, culote de toile en Eté, point de bas.

Des petits Paffans.

Les Filles Adoptives, dites Catherines, ont un jufte - au-corps tous les trois ans, une jupe tous les deux ans, un tablier tous les ans, le tout de couleur bleuë, une camifole d'étoffe brune, tous les cinq ans, & un corps tous les fix ans.

Des Filles Adoptives.

Les Filles Bâtardes, dites Thérefes, ont la même quantité d'habits, & dans les mêmes-tems que les Adoptives, à la referve de la couleur qui eft mufc: on donne aux unes & aux autres, une paire de bas d'étoffe blanche tous les ans, & l'Eté des bas de toile, qu'on change tous les quinze jours; quant à celles defdites Communautés qui font en apprentiffage, on les habille auffi de même; & pour dernier habit, on donne aufdites Filles Bâtardes & Adoptives, fept aunes & demi de cadix, de la couleur qui leur convient, qui doivent être enrégiftrés comme ceux des Adoptifs & Bâtards, ainfi qu'il eft dit ci-deffus; & au cas que les uns & les autres euffent befoin d'une plus grande quantité d'étoffe, ils en payeront l'excédant au Frere, fuivant le prix fixé, & il l'écrira pour en rendre compte au fieur Recteur.

Des Filles Bâtardes.

A la fin de leur apprentiffage.

Quant à l'habit qui fe donne lors du Mariage defdites Filles, le prix en eft fixé à 22. liv. pour les Catherines, 18. liv. pour les Therefes, & le fieur Recteur le leur délivrera en nature ou en argent, à leur choix.

Lors de leur mariage.

G

A l'égard des Enfans dans lesdites deux Communautés, on leur fournit des robes, lorsqu'il est nécessaire, sans fixer aucun tems.

Habillemens des Vieilles. Les Vieilles, sont vêtuës selon leurs besoins, d'une robe à deux plis en brun, camisole de même couleur, bas d'étoffe blanche, & de toile en Eté, tous les quinze jours; on fait servir les hardes de celles qui meurent à celles qui les remplacent.

Des petites Passantes. Les petites Passantes, sont vêtuës d'une robe couleur gris naturel, paremens bleus, camisole & bas même étoffe que la robe; on leur en fournit lorsqu'il est nécessaire.

Des Chirurgiens. Les Garçons Chirurgiens, ont un surtout de drap gris-de-fer, tous les deux ans.

Des Freres. Les Freres ont un habit de drap gris-de-maure, veste & culote noire de drap, tous les quatre ans, un habit de serge gris-de-maure, veste & culote même étoffe en noir, pour l'Eté, aussi tous les quatre ans, des bas de la Fabrique.

Des Sœurs. Les Sœurs, ont une robe pour l'Hyver, tous les six ans, d'une bonne étoffe, couleur gris-de-maure, & une d'Eté plus légere, de même couleur, tous les cinq ans, une camisole suivant leurs besoins, & des bas de la Fabrique.

Des Suisses. Les Suisses, sont habillés l'Hyver d'un juste-au-corps de drap gris-de-fer, doublé de bleu, boutons d'étain, veste, culote & bas bleus; l'Eté, l'habit d'une étoffe plus légère, la veste, la culote & les bas de toile, qu'ils font laver.

Du Capitaine & des Portiers. Le Capitaine des Suisses, & les deux Portiers de la Maison, sont habillés de bleu, paremens rouges, veste, culote & bas même couleur, boutons de cuivre.

Tel est l'uniforme de tous ceux qui composent la Maison, auquel le sieur Recteur est obligé de se conformer; quant aux tems fixés pour les fournitures, c'est à sa prudence à décider, & les besoins deviennent la meilleure régle; il doit sur tout s'attacher à faire racommoder, autant qu'il le peut, les habits, pour en tirer parti, & comme les Enfans de la Campagne ne font vêtus que de ces racommodages, il doit y veiller avec foin, & faire de fréquentes vifites dans la Boutique des Tailleurs, des Tailleufes, aux endroits où l'on racommode, afin que l'on s'y acquite fidélement de fon devoir, & qu'on ne prenne pas un plus grand nombre de perfonnes qu'il ne faut; il mettra dehors ceux dont on fera mécontent, ou qui font inutiles, & recommandera au Frere de l'avertir de ceux qui jurent, ou tiennent de mauvais propos, afin qu'on les puniffe.

Des Enfans à la Campagne.

Comme le Frere Tailleur eft chargé de payer les façons à ceux qui travaillent fous lui, il en tiendra un compte exact, de même que la Sœur de la Taillerie pour les Couturières, & ils le rendront régulièrement tous les mois l'un & l'autre, au fieur Recteur, pour qu'il l'arrête, & qu'il fçache à combien monte cette dépenfe, & le produit des retailles ou habits des Vieux & Vieilles, qu'on vendra lorfque le magafin où on les tient en dépôt, fera trop rempli.

Reglemens particuliers dans les boutiques des Tailleurs.

Ledit Frere devant être exact à fe tenir dans fa Boutique, pour y diftribuer à chacun l'ouvrage, & le couper luimême, il aura foin de faire dire de tems en tems à fes Ouvriers quelques priéres, & tiendra tout dans le bon ordre & la modeftie convenable.

Ledit fieur Recteur aura foin de s'informer du Frere, fi on lui rend exactement les hardes & habits des Enfans de la Maifon, qui meurent chez leurs Maîtres ou Maîtreffes, de même que des Vieux, & autres perfonnes dudit Hôpital, qui décédent à l'Hôtel-Dieu, & vérifiera la feüille que donne le fieur Aumônier tous les mois, contenant leur nom, avec le régiftre, pour voir fi on y a fait les changemens: il ne fçauroit employer affez d'attention, pour conferver dans un

G ij

détail de cette importance, la régle qui eſt néceſſaire, pour y trouver quelque épargne.

Tentures de Deüil. La Maiſon de la Charité, joüiſſant du privilége de fournir ſeule les tentures de deüil néceſſaires aux obſéques, on a chargé le ſieur Recteur Drapier de cet Emploi : c'eſt à lui à recevoir l'argent qui peut en revenir aux Pauvres, à le paſſer dans ſes comptes, & à fournir toûjours le magaſin des draps néceſſaires à cet effet.

Régiſtre pour les Obſéques. Comme il ne peut entrer dans aucun détail ſur cet article, il doit veiller ſur le Frere, à qui la fonction de Mandeur eſt confiée, qui doit avoir un régiſtre, ſur lequel ſera couché par lui, le nom du défunt pour les obſéques de qui il ſera mandé, les piéces de draps tenduës, leur aunage, le nombre de Mandeurs, de robes ou manteaux employés, la quantité de billets fournis & diſtribués, afin qu'on puiſſe en tirer le compte ſuivant le prix fixé.

Obſervations particuliéres pour le Frere Mandeur. Chaque piéce deſdites tentures, noires ou blanches, ſera étiquettée d'un parchemin, ſur lequel ſera marqué la quantité d'aunes qu'elle contient, & lorſque ledit Frere en enverra par les Sous-Mandeurs, pour tapiſſer l'Egliſe deſtinée à la Cérémonie ; il prendra note du numero des piéces qu'il envoye, s'informera ſi elles ont toutes été employées, & ſe les fera repréſenter au retour, ainſi que les robes & manteaux, & pour n'être pas trompé, il fera mention du tout dans un petit carnet qu'il portera avec lui, & leur donnera un état de ce qu'il a remis.

Ledit Frere, tâchera d'accompagner, autant qu'il le pourra, leſdites tentures, de les voir poſer devant lui, afin qu'on les ménage, & les fera fermer dans les armoires à ce deſtinées, auſſi-tôt qu'on les aura rapportées, ſans les laiſſer traîner ſur les tables du magaſin ; ledit Frere veillera auſſi, à ce que les

Vieux qui font chargés de porter les billets d'invitation, s'en acquitent avec exactitude.

Si lefdites tentures ont befoin d'être nétoyées & rapiécées, de même que les robes & manteaux; le Frere Mandeur y fera travailler après la Proceſſion de Fourvière, les Tailleurs étant alors moins occupés, & s'il eſt befoin de renouveller quelque chofe, il en inftruira le fieur Recteur, pour qu'il y mette ordre.

Ledit Frere Mandeur, étant chargé d'aller toucher le montant des états quittancés par le fieur Recteur, des tentures fournies, lui rendra un compte fidéle de la recette à la fin de chaque mois, afin qu'il la paſſe dans fa feüille.

Enfin, ledit fieur Recteur fera à la fin de fes deux années d'Adminiſtration, un Inventaire de l'aunage de toutes les piéces de tentures, noires ou blanches, des manteaux & robes qui feront dans le magafin: autre Inventaire des étoffes qu'il laiſſe pour les habillemens, leur qualité & l'aunage : autre Inventaire des laines brutes ou employées, de bas, marchandifes & uftenciles de la Fabrique, & fera du tout la reconnoiſſance en préfence de fon Succeſſeur, à qui il remettra ledit Inventaire, dont le double fera dans le Cabinet des Ecritures du magafin defdites draperies; après quoi il rendra fon compte général, par lequel on verra la dépenfe des habillemens, le produit des tentures & de la Fabrique.

CHAPITRE XI.

Du Recteur chargé de la Lingerie.

LA multitude de Pauvres renfermés dans la Maison, pré-senteroit déja un détail assez considérable aux yeux de celui qui est chargé de cette Administration, quand même on n'y auroit pas ajoûté les Enfans de la Campagne, ceux qui sont en apprentissage & tous les Prisonniers; on ne peut donc disconvenir que des soins si étendus, dont l'objet consiste à procurer à tant de monde, cette propreté nécessaire à la vie, doivent être accompagnés d'un grand ordre, de beaucoup d'économie, & que le zèle n'est pas moins essentiel dans cet emploi, pour en approfondir les obligations, que pour les suivre.

Inventaire du linge de la Maison. — Le sieur Recteur, doit avoir un Livre, contenant Inventaire par Chapitres, de tout le linge qui se trouve dans la Maison, draps, napes, servietes, chemises d'homme & de femme de différentes grandeurs, chemises d'Enfant, coëffes, mouchoirs de col, de poche, tabliers, &c. & vérifier tous les trois mois si le même nombre se trouve; y ajoûter ce qui peut dans cette intervale de tems avoir été fait de neuf, ou retrancher ce qui s'est emporté, soit par les Prisonniers, soit par les Mandians, soit par les Enfans de la Campagne, ce qui est hors de service, ou ce qui s'est perdu en lavant au bateau appellé Platte.

Achat des toiles. — Comme c'est à lui de fournir toutes les toiles nécessaires pour renouveller continuellement le linge ci-dessus, il doit les acheter d'une bonne qualité, & telles qu'elles conviennent à des Pauvres ; les prendre fur les lieux même où elles fe fabriquent, déclarer par un paffeport, qu'elles font pour la Maifon, afin d'éviter les droits, fi aucuns font dûs, & n'en faire de groffes provifions, que lorfqu'elles font à un prix raifonnable.

La facilité de les avoir de cette manière, ne doit pas empêcher le fieur Recteur, de maintenir la Fabrique des Tifferans établie depuis long-tems ; il faut même qu'il s'attache à l'augmenter s'il eft poffible, par l'occupation qu'elle procure à quelques Vieux, qui feroient oififs, aux Vieilles qui peuvent encore filer, & par l'avantage qu'en retire la Maifon, ayant les toiles à meilleur compte que chez le Marchand.

Pour cet effet, il doit fournir à la Sœur chargée de ce détail, le chanvre ou œuvre néceffaire, afin qu'elle faffe filer dans les différentes Communautés, les Femmes ou Filles qui ne font propres qu'à ce travail, & attendu qu'elles ne pourroient peut-être fuffire à la quantité qu'il en faut ; le fieur Recteur doit encore acheter du fil roux, lorfqu'il trouve l'occafion de l'avoir à un bon prix, & le remettre à ladite Sœur, qui le délivre enfuite, après l'avoir pefé & infcrit dans le Régiftre à ce deftiné, aux Tifferans lorfqu'ils montent une piéce fur le métier.

Comme la boutique defdits Tifferans roule fur les foins du fieur Recteur, il doit y faire de fréquentes vifites, afin de les rendre plus exacts ; d'examiner fi leur ouvrage eft bien fait, & de fçavoir fi le Maître, fous les yeux de qui ils travaillent tous, n'a aucun reproche à faire fur leur conduite pour qu'il puiffe les corriger : le même Maître doit auffi veiller fur le fil, fur la graiffe & autres chofes néceffaires qu'on lui remet, fur les réparations aux métiers, empêcher les infidélités, tenir les Dimanches & Fêtes, les portes de la Fabrique fermées, & répondre au fieur Recteur de tout ce qui peut fe paffer contre le bon ordre, & au préjudice de l'autorité qu'il lui laiffe dans cette partie.

La Sœur chargée de l'œuvre & du fil, recevra les piéces achevées, après en avoir reconnu le poids fur le Régiftre ci-deffus; elle en payera la façon fur le mandat du fieur Econome, conformément à l'aunage, & fuivant ce qui fe pratique ordinairement, de même que le. falaire de celles qui filent; & tiendra du tout un compte fidéle, qu'elle rendra tous les mois au fieur Recteur, pour qu'il voye en l'arrêtant, l'emploi de l'argent qu'il lui a confié; au cas que lefdites toiles foient mal fabriquées, ou l'œuvre mal filée, ou trop gros, elle fuf-pendra le payement, jufqu'à ce que ledit fieur Recteur en ait décidé.

Emmagafine-
ment des toiles Lefd. toiles ainfi fabriquées, & celles que l'on achete, doivent être portées dans le grénier à linge, infcrites avec l'aunage dans le Livre de la Sœur qui en a la direction, de même que dans celui du fieur Recteur, pour qu'il puiffe fçavoir quelle en a été la deftination; il en ufera de même pour les toiles confifquées, que l'on envoye quelquefois aux Pauvres de la Maifon, en forme d'Aumône.

Comme la Sœur du grénier à linge, eft chargée de les employer, le fieur Recteur conviendra avec elle de leur defti-nation, pour qu'elle puiffe couper l'ouvrage, infcrire dans fon Régiftre le nombre de piéces, & la qualité qu'elle diftribuë dans la Maifon à celles qui doivent les coudre; il examinera lorfqu'on le rendra, fi l'on coût avec folidité, & préférera toûjours les meilleures Couturières pour travailler aux toiles fines, telles que font les Cambrais larges d'Allemagne, ou autres qualités convenables, pour les voiles & tabliers du jour de la Proceffion; les coëffes & mouchoirs de col, des Sœurs Cathérines & Thérefes, ou aux bafins fervant pour les bonnets des Enfans defdits Corps.

On verroit bien-tôt la fin d'une quantité de linge auffi confidérable, fervant journellement; fi le fieur Recteur ne
veilloit

veilloit à maintenir un nombre de perſonnes pour le rapiécer ; c'eſt donc à cet uſage que ſont deſtinées pluſieurs femmes du Corps des Vieilles ; & ſi les petites Filles de différentes Communautés qu'on envoye à la coûture, commencent par-là à s'y exercer, ledit ſieur Recteur donnera ſes ſoins pour que celles qui leur montrent, y apportent toute leur attention, afin de les mettre bien-tôt en état de travailler au linge neuf.

Ladite Sœur étant obligée, ſur l'argent que le ſieur Recteur lui remet, de payer les petits ſalaires, que la Maiſon veut bien donner à toutes celles qui travaillent à faire ou à rapiécer ledit linge, de même que les journées des Lavandières, Lavandiers, & autres ſervants aux leſſives, avec le vin qu'on diſtribue la nuit à ces derniers, lorſqu'ils travaillent, & qui ſe prend dans le cabaret de la Maiſon ; elle fera du tout un compte vérifié par M. l'Econome, que ledit Sr. Recteur arrêtera auſſi chaque mois.

Comme leſdites leſſives ſe font toutes les ſemaines, ledit ſieur Recteur aura ſoin de faire des proviſions ſuffiſantes de ſavon dans les tems convenables : lorſqu'il eſt à un prix raiſonnable, il ne craindra pas d'en avoir pour une couple d'années ; & au cas qu'il crût plus avantageux de le tirer en droiture des lieux où on le fabrique, il enverra des paſſeports pour éviter les droits ; la Sœur aura la clef du magaſin où l'on doit le fermer, le diſtribuëra à meſure de beſoin, ſe fera rendre les morceaux après chaque leſſive, & prendra garde qu'on ne le diſſipe pas ; & attendu le meilleur profit qu'on en retire lorſqu'il eſt extrêmement ſec, le ſieur Recteur le fera couper en piéces, auſſi-tôt qu'il l'aura reçû, placer ſur des rayons dans les gréniers bien ouverts ; l'on uſera toûjours le plus ancien acheté.

Outre les cendres qui ſe font à la Boulangerie & dans toutes les Communautés, que le Sr. Recteur doit faire ſoigneuſement

Des leſſives & ſavons.

Des cendres.

H

ramaſſer, il eſt encore obligé d'en acheter une groſſe quantité; il fera de ſon mieux pour les avoir à bon marché, & pour s'en pourvoir dans le tems propre, qui eſt depuis Pâques, juſqu'à la ſaint Jean; à moins qu'il ne lui convienne mieux de faire quelque marché pour l'année avec ceux qui les fourniſſent.

Lorſqu'elles auront ſervi aux leſſives, il les fera mettre à part, afin qu'on puiſſe les envoyer dans la terre de Chavagnieux, ou dans les autres domaines de la Maiſon, pour y bonifier les fonds.

Il en uſera de même, à l'égard des cendres du charbon de terre, ſervant à faire boüillir les chaudières deſdites leſſives; après toutefois les avoir fait cribler, pour en tirer les petits charbons, non-conſommés, qui peuvent encore être mis au feu dans la Maiſon, ou être vendus aux Chapeliers, qui les achetent.

Ledit ſieur Recteur aura ſoin de faire quelquefois la viſite dans la Lavanderie, pour voir ſi tout y eſt en bon ordre, ſi l'on s'y acquite de ſon devoir, s'il n'y a aucune réparation à faire aux chaudières, cuves, pompes, de même qu'au bateau où l'on lave, appellé Platte, & y mettre ordre auſſi-tôt.

Diſtribution du linge.

Le linge étant lavé & porté par les Suiſſes dans les gréniers pour l'étendre; après qu'il eſt ſec, la Sœur le fait ranger dans les endroits à ce deſtinés, pour en faire enſuite la diſtribution dans chaque Communauté, où elle envoye, ſuivant l'uſage ordinaire, des draps tous les mois, des napes aux réfectoirs chaque ſemaine, une chemiſe pour chaque perſonne, auſſi par ſemaine; une de plus aux Freres, Sœurs, grandes Filles, & à tous ceux & celles, que leurs emplois mettent dans le cas de les ſalir plus vîte. Quant aux malades, il eſt difficile d'en fixer le nombre, non-plus que de la quantité de linge qu'il faut dans les cuiſines, pour les coëffes, mouchoirs de col &

de poche, tabliers, &c. c’eſt à la prudence du Sr. Recteur à en connoître la néceſſité, ainſi que du linge ci-deſſus, & à s’éloigner des pratiques ordinaires, lorſque le beſoin y détermine; tous les Pauvres de la Maiſon ſont ſes enfans, peu de choſe décide de cette propreté qu’il doit leur procurer.

Lorſqu’on a porté dans chaque Communauté le linge blanc néceſſaire, les perſonnes qui en ſont chargées, auront ſoin de reprendre le ſale, de ne rien laiſſer égarer, & de rapporter le tout à la Sœur, pour qu’elle le vérifie, l’avertir même au cas qu’on eût refuſé de tout rendre, pour qu’elle en informe le ſieur Recteur.

Lorſqu’on porte le linge aux Priſonniers de Roanne ou de l’Archevêché, il n’eſt pas à propos de leur donner des chemiſes neuves, attendu que d’une ſemaine à l’autre ils peuvent ſortir, & ce ſeroit une perte pour la Maiſon ; cette attention quoique médiocre eſt néceſſaire, & on doit en uſer de même pour les Mendians & les Malades qu’on envoye à l’Hôtel-Dieu, dont on rend cependant les hardes, en cas de décès.

Il eſt impoſſible que la quantité de linge qui s’uſe continuellement, ne parviennent enfin à être hors de ſervice, on le met alors dans le grénier des pates; le ſieur Recteur doit les vendre le plus avantageuſement qu’il eſt poſſible ; les Rivières abondantes ſont le tems propre pour s’en défaire, parce que les moulins à papier ſont en état de travailler.

Parmi les toiles que le ſieur Recteur doit fournir, celle pour enſévelir les Morts eſt du nombre; on y employe communément de la toile rouſſe, dite féruë; & comme la Maiſon envoye un homme exprès pour rendre ce dernier devoir à ceux de ſes Pauvres qui décedent à l’Hôtel-Dieu, on a ſoin d’y en porter ce qui eſt néceſſaire.

Enfin, ledit ſieur Recteur doit tenir toûjours ſes Magaſins de linge ſuffiſamment garnis, pour pouvoir fournir à ceux &

H ij

celles qu'on met en apprentiſſage, les ſix chemiſes neuves que la Maiſon leur donne; ſçavoir, trois lorſque leur engagement eſt paſſé, & les trois autres, après qu'il eſt fini; trois chemiſes neuves aux Garçons en les envoyant en campagne, après que l'Hôtel-Dieu les a rendus; autant aux Filles avec trois coëffes, trois mouchoirs & un tablier; à l'égard des Cathérines & Théreſes qui ſe marient, il doit leur donner ſix aunes de toile à chacune, & faire de tout ce que deſſus une note particulière dans le Livre qu'il tient, ſur tout pour les Apprentifs, afin d'éviter les demandes qu'ils pourroient faire dans la ſuite: en un mot, il ne ſçauroit établir trop d'ordre & d'économie dans un emploi, où l'un & l'autre ſont également utiles.

CHAPITRE XII.

Du Recteur chargé de la Cordonnerie.

SI les ſoins de l'Adminiſtrateur chargé de cet Emploi, ne s'étendoient qu'à fournir des ſouliers à ceux que renferme l'Hôpital de la Charité, on le regarderoit peut-être comme un objet peu conſidérable; mais une multitude d'Enfans Adoptifs ou Bâtards placés en apprentiſſage dans la Ville, & répandus dans la Campagne, accoûtumés à ne connoître d'autre reſſource que cette Mere commune, venans augmenter ſes dépenſes, & leurs beſoins ſur cet article lui deviendroient bien-tôt à charge, s'ils n'étoient déterminés par la règle, modérés par la vigilance & le grand ordre que doit obſerver le ſieur Recteur dans le détail de ces fonctions.

Il faut donc, pour parvenir à avoir la quantité de fouliers nécessaire, qu'il fasse dans la Foire des Saints, comme la plus abondante en ce genre, des achats de cuirs considérables dans toutes les espèces; qu'il prenne, pour les choisir bien apprêtées & de bonne qualité, des gens entendus & connoisseurs, qui puissent en sçavoir le prix; il ne doit pas craindre d'en avoir de trop grosses provisions, pourveu que ceux qui en sont chargés, sçachent les tenir dans des magasins convenables, pour les conserver & les ménager avec économie; c'est ordinairement un Frere, ou celui qui est à la tête des Cordonniers, qui a la clef de ces magasins. *Achat des cuirs.*

Le Sr. Recteur doit obliger ledit Frere à se tenir exactement dans sa boutique, pour veiller sur ceux qu'il occupe, leur débiter de l'ouvrage, soit pour le neuf, soit pour le racommodage, voir s'ils employent bien leur tems, si leur ouvrage est cousu solidement, si les souliers ne sont point plus délicats qu'il ne faut, les empêcher de jurer ou de se quereller, leur faire dire à chaque heure de la journée, quelques prières, sans interrompre le travail. *Reglemens dans la Cordonnerie.*

Comme ledit Frere est obligé de prendre souvent dans la Ville des Ouvriers, pour avancer la besogne, il doit toutefois préférer ceux d'entre les Vieux de la Maison, qui sont encore en état de lui aider, afin de les retirer de l'oisiveté.

Ce Frere doit avoir un Livre, où soient inscrits lesdits Ouvriers, avec le nombre de paires de souliers ou de racommodage, qu'ils ont fait dans le mois, afin que le sieur Recteur puisse à la fin en arrêter le compte, les payer au prix convenu, & qu'il sçache ce qu'il en faut porter dans son grand Livre de la Cordonnerie, & de combien le magasin est accru.

Ce même grand Livre, doit contenir exactement le nom & surnom, de tous ceux & celles qui composent les différentes *Grand Livre pour la distribution des souliers.*

Communautés de la Maison ; le sieur Recteur doit leur ouvrir à chacun un compte particulier, & y énoncer les souliers neufs ou resemelés qu'il leur a donnés, dont le nombre est fixé, sçavoir ; par année, au Sr. Econome, deux paires de souliers neufs ; au Chirurgien Major, *idem ;* au Garçon du Bureau, *idem ;* à chacun des Freres & Sœurs, *idem ;* à tous les Vieux & Vieilles, une paire de souliers neufs à Pâques, & une de resemelés à la Toussaints ; au cas qu'ils ayent des Emplois pénibles, deux paires de neufs par an.

Aux Cathérines & Thérèses, comme aux deux Communautés précédentes ; & lorsqu'elles se marient, une paire de souliers neufs.

Aux Enfans de la Chanal & petits-Garçons, deux paires de souliers neufs, & deux de racommodage par année.

Ledit sieur Recteur doit aussi avoir dans le même Régistre, le nom des Apprentifs ou Apprentisses des différentes Communautés, celui de leurs Maîtres ou Maîtresses, avec leur demeure, la date du commencement, & de la durée de leur apprentissage, afin de donner à chacun la paire de souliers neufs, & celle de racommodage, que la Maison leur fournit dans l'année, & rien de plus.

Il faut encore qu'il inscrive dans le même Régistre, les Enfans qui sont à la Campagne, afin de fournir pour eux à leurs Nourriciers, lorsqu'ils viennent, une paire de souliers racommodés par an.

Des sabots.   Quant aux sabots, que portent les petits-Passants & petites-Passantes, quoique ce soit audit sieur Recteur à les fournir, il est impossible de fixer la quantité qu'ils doivent en user ; les besoins sur cet article deviennent la seule régle, & le choix sur cette qualité de chaussure paroît assez douteux.

Enfin, la Maison étant dans l'usage de fournir, l'Hyver seulement, aux Galériens & Soldats qui passent avec un congé en bonne forme, une paire de souliers racommodés; le Frere Cordonnier ne leur en doit donner, qu'au cas qu'ils en ayent besoin, & après avoir fait appliquer sur leurs dits congés, la marque de la Maison, pour empêcher qu'ils n'en redemandent.

Comme les racommodages ne laissent pas de faire une épargne considérable, le sieur Recteur doit avoir un soin particulier de prendre à la fin de chaque mois la feüille, contenant les noms de ceux qui sont décédés dans la Maison, à l'Hôpital, ou chez les Maîtres, afin de se faire rendre leurs souliers, pour les remettre en état, de même que les vieux, qu'on doit rendre en prenant les neufs. *Des racommodages.*

Enfin, il ne sçauroit agir avec trop d'économie dans cette partie, pour qu'on ne gâte pas mal à propos les cuirs, & qu'on profite des rognures pour faire les talons: il doit laisser à la fin des deux années de son Administration, un Inventaire de la quantité de souliers neufs ou resemelés, qu'il laisse à son Successeur, avec le nombre des différens cuirs, qui doit être suffisant pour la consommation de six mois au moins.

CHAPITRE XIII.

Du Recteur chargé de la Manufacture des Soyes.

L'Etablissement de cette Manufacture est aussi ancien que la Maison; on a compris dès son origine, de quelle conséquence il étoit pour ses Enfans, d'apprendre de bonne heure à manier la soye, à la préparer, à la connoître, & de quelle utilité ceux qu'on y éleve dans le travail, pourroient être un jour dans une Ville recommandable par ſes Fabriques; le ſieur Recteur chargé de cette Adminiſtration, doit donc donner tous ſes ſoins pour la maintenir, l'augmenter même s'il eſt poſſible, & y établir un ordre néceſſaire pour le dedans, & dont les avantages ſe faſſent auſſi connoître au dehors, par la perfection de l'ouvrage.

Viſites à la Manufacture des ſoyes. Cet ordre conſiſte, à faire ſouvent la viſite dans les différentes Communautés où l'on dévuide la ſoye, pour voir ſi on y travaille comme il faut & aſſiduëment; ſi les Enfans ne gâtent point l'ouvrage, ne font point trop de déchet, faute d'être veillés & inſtruits par les perſonnes à ce deſtinées, s'ils ménagent les outils dont-ils ſe ſervent, afin de les faire punir s'ils rompent par leur faute les campanes, ou s'ils égarent & brûlent les roquets.

Aux moulins à ſoye. A l'égard des moulins, il doit auſſi y entrer fréquemment, afin d'examiner ſi le Maître Moulinier tient en ordre le Régiſtre des ſoyes qu'on lui remet, & qu'il doit rendre aux différens Marchands; ſi celles qui ont été travaillées ſont rangées avec propreté, & ſi les autres ne ſont point négligées, & s'il ne laiſſe point à l'abandon le magaſin deſtiné à les renfermer; ſi les moulins, faute d'y faire les réparations preſſantes, ne dépériſſent point; ſi les Filles qui viennent des Communautés pour y travailler, ou pour émoucheter les ſoyes, ſont exactes à s'y rendre aux heures fixées par leur Réglement, ſi elles rempliſſent fidélement leur tems, ſi elles ne s'amuſent point à courir dans la Maiſon, ſi elles ne s'occupent pas à d'autres ouvrages, & ſi elles ne ſortent pas avant l'heure déterminée pour finir le travail; au cas qu'on lui faſſe des plaintes ſur leur compte, il les privera du ſalaire qu'il eſt d'uſage de donner à tous ceux qui travaillent à la ſoye; il engagera les ſieurs Recteurs des Communautés à les mettre en pénitence, ou bien

il

il leur en demandera d'autres plus affiduës, & qui s'acquitent plus fidélement de leurs devoirs, foit en qualité de Moulineufes, foit comme Emouchetteufes ; & attendu qu'il eft effentiel de conferver dans cet établiffement des perfonnes entenduës, fur lefquels on puiffe compter; perfonne ne pourra changer & fortir celles qui y font employées, fans en avoir conferé avec ledit fieur Recteur.

Mais attendu que ladite Manufacture ne fe foûtient que par la quantité de foyes qu'on y apporte du dehors pour y être préparées, ledit fieur Recteur fera fon poffible afin d'en procurer; il conviendra du prix pour la façon avec les Marchands avant de s'en charger, il les fera pefer devant eux, & reconnoîtra lui-même la qualité, pour qu'on ne les change pas; & après les avoir infcrites dans fon Régiftre, il les fera auffi infcrire dans celui du Moulinier, qui les diftribuëra fuivant le befoin dans les Communautés, en obfervant toutes-fois, de faire mention dans un Livre particulier, de la quantité qu'il délivre à chacune, du nom du Marchand; & pour plus de fûreté, ledit Moulinier donnera à la perfonne qui s'en charge, un billet, contenant ce qu'il a écrit dans ledit Livre; afin que lorfqu'on lui rendra lefdites foyes dévuidées fur les roquets avec ledit billet, il puiffe voir fi le poids s'y trouve en y ajoûtant la bourre qu'on en a ôté, & qu'on lui apportera auffi.

Au cas que ledit Moulinier s'aperçût qu'il y a erreur dans le poids; foit dans le dévuidage, foit dans le moulinage, il en inftruira le fieur Recteur, pour qu'il fçache de qui vient la faute, & qu'il faffe punir ceux ou celles dont il aura reconnu l'infidélité.

Ledit Sr: Recteur fe trouvera toûjours préfent à la reddition des foyes appartenantes aux Marchands, ainfi qu'il s'y eft trouvé lorfqu'ils les ont remis, afin de régler compte avec

Attention à procurer des foyes pour les travailler.

Reddition des foyes.

I

eux, de peſer en leur préſence leſdites ſoyes & la bourre, de reconnoître le déchet, de ſe faire rendre autant de roquets vuides qu'il en délivre de couverts, de prendre leur récépiſſé, & de rayer de ſon Régiſtre & de celui du Moulinier, l'article qu'il vient de rendre, & d'éviter par là les difficultés que ſon abſence pourroit peut-être occaſionner.

Enfin, ledit Sr. Recteur aura attention de ne ſe point charger des ſoyes qui ſont d'un travail trop long & trop difficilê; & comme on ne remet cet emploi qu'à celui du Bureau qui a une connoiſſance plus étenduë en ce genre; il eſt de ſa prudence de prévoir les inconvéniens, & de les éviter, en choiſiſſant, s'il eſt poſſible, ce qui convient le mieux à des mains encore novices.

Mémoire des ſalaires. Il doit tenir un mémoire fidéle des différens ſalaires qu'il paye à ce ſujet, afin qu'en les déduiſant de ſa recette, on puiſſe voir tous les ans dans la reddition de ſon compte, l'avantage que la Maiſon a pû retirer de cette Fabrique.

C H A P I T R E XIV.

Du Recteur chargé de la Chirurgie & Pharmacie.

CET Emploi qui dans ſon origine étoit peu conſidérable, devient chaque jour un des plus eſſentiels de la Maiſon, & l'augmentation qu'il cauſe dans ſa dépenſe, ne permet pas à celui qui en a l'Adminiſtration d'y rien négliger : à un ſeul Chirurgien qui ſuffiſoit autrefois, à quelques médicamens donnés pour lors dans la Ville à cet Hôpital, par forme d'Aumône, ſuccéde aujourd'hui une Pharmacie proportionnée à la multitude d'infirmes, & un nombre de Garçons pour les penfer avec exactitude; il faut donc que le fieur Recteur s'attache à maintenir l'un & l'autre dans les bornes que doit avoir un établiffement dont l'objet ne fût jamais que de procurer à une Maifon deftinée pour les Pauvres en fanté, un fecours aifé dans les cas preffants.

Pour cet effet, il doit être attentif à voir fi on envoye de chaque Communauté les malades à l'Hôtel-Dieu, & fi on n'attend point trop tard à les y faire porter; fe trouver au moins tous les mois à la vifite avec M. le Médecin, pour l'engager à fe conformer fur cet article aux Conventions faites entre les deux Maifons, & à ne pas ordonner trop facilement des remédes pour des gens, dont le mal confifte à fe méfier de leur fanté.

Attention à envoyer les malades à l'Hôtel-Dieu.

Il doit auffi fouvent s'informer de lui, fi le Chirurgien Major & fes Garçons chacun à leur tour, la Sœur de la Pharmacie & fon éleve, affiftent régulièrement à la ronde qu'il fait dans toutes les chambres.

Vifites dans les Chambres.

Il faut auffi qu'il fçache, fi lefdits Chirurgiens fuivent comme il faut le Réglement qui les concerne, principalement pour l'exactitude à la prémière Meffe & au Réfectoir, pour les forties àux jours fixés, & avec l'habit de la Maifon, les penfemens aux heures deftinées dans chaque Communauté; s'ils ne traitent point les malades avec dureté, & s'ils ne vivent point dans le défordre, au cas qu'on lui faffe des plaintes fur quelqu'un des articles ci-deffus, ou de quelqu'autre, il les engagera à remplir fidélement leurs devoirs, ou à fe retirer après en avoir fait part au Bureau.

Obfervation du Réglement.

Ledit fieut Recteur aura foin de faire fournir au Chirurgien Major, tous les inftrumens dont il peut avoir befoin, tant pour les opérations, que dans les démonftrations, de les faire remettre en état lorfqu'il fera néceffaire, & verra s'il eft

Inftrumens de Chirurgie.

exact à donner les Leçons d'Anatomie à ſes Garçons, & s'ils en profitent.

Drogues pour la Pharmacie.

Pour la Pharmacie, il y fournira toutes les drogues nécef-ſaires, ſuivant le mémoire que la Sœur lui en donnera; comme il eſt à préſumer qu'elle doit en avoir une connoiſſance parfaite, elles les choiſira ſur la montre que le Sr. Recteur en demandera aux Marchands, pour n'en avoir jamais que de bonnes; lorſ-qu'il en faudra une groſſe quantité de celles dont on fait plus d'uſage, il les fera venir en droiture, en envoyant des paſſeports afin d'éviter les droits; il en uſera de même pour les Eaux-de-Vie.

De la Sœur de la Pharma-cie.

Ledit ſieur Recteur aura ſoin de voir ſi la Sœur, qui doit être expérimentée dans ſon métier, fait dans les tems conve-nables les différentes compoſitions néceſſaires dans la Pharmacie; ſi elle apprend à les faire, ainſi que les autres remédes, aux Filles de la Maiſon qu'on lui donne pour éleves, & qui doivent parfaitement ſçavoir lire & écrire; ſi elle ſuit fidélement les ordonnances qu'elle écrit dans chaque viſite de M. le Médecin, dans un Livre à ce deſtiné, ſi le laboratoire, les appartemens, les vaſes & uſtenciles de ladite Pharmacie, ſont tenus avec propreté; ſi elle ne laiſſe point gâter les drogues, faute de ſoin, & ſi elle ne les diſſipe pas mal-à-propos; pour s'en aſſurer, il engagera M. le Médecin à y faire tous les deux mois une viſite avec lui.

Les remédes ne ſe diſtribuent point ſans les ordres du Mé-decin.

Ledit Sr. Recteur doit empêcher avec la ſcrupuleuſe attention, qu'il ne s'y délivre d'autres remedes que ceux ordonnés par M. le Médecin & par le Chirurgien Major, en l'abſence du prémier, pour les cas preſſants, & comme il arrive ſouvent que les Garçons Chirurgiens demandent une quantité d'onguents & emplâtres conſidérable, il ordonnera à la Sœur de ne les leur délivrer que ſur la déclaration qu'ils feront des perſonnes à qui ils les deſtinent, pour qu'on puiſſe s'informer 'sils leur ont été remis.

Ledit sieur Recteur ne permettra à aucune personne du dehors, de venir prendre des remedes, ni par charité, ni même en les payant, & en cas de contravention de la part de la Sœur sur cet article, elle sera renvoyée de son Emploi; pareille peine lui sera imposée, si elle en fournit quelques-uns au Chirurgien Major ou à ses Garçons, pour les Malades qu'ils pourroient voir dans la Ville, malgré les défenses qui leur sont faites sur cet article.

Les remèdes ne se distri-buent point au dehors.

Il ne souffrira point que les personnes étrangères viennent apprendre à raser dans la Maison, prendre des Leçons de Chirurgie & Pharmacie, sans en avoir demandé la permission au Bureau; il aura soin de faire enrégistrer dans le Livre des Délibérations, ceux qui se présentent pour avoir des places de Garçons Chirurgiens, & n'en laissera entrer aucun pour occuper celles qui seront vacantes, qu'après l'examen qui se doit faire des Aspirans par M. le Médecin en présence du Bureau qui délibérera sur le choix; il signera & donnera le certificat ou billet de congé, à ceux des Garçons Chirurgiens qui sortiront à la fin de leur deux ans de service, & signera les billets d'invitation aux Maîtres de la Ville, lorsqu'on fait une Opération.

Enfin, le sieur Recteur ne négligera rien, pour que ses fonctions, par beaucoup d'économie, deviennent avantageuses à la Maison, & qu'elle ne ressente jamais le pernicieux effet des abus qui peuvent aisément s'introduire.

CHAPITRE XV.

Du Recteur chargé des Meubles.

LOrſque le ſuperflu ſe trouve banni, comme il doit l'être d'une Maiſon deſtinée à renfermer les Pauvres; le ſoin de la fournir de meubles, ſemble devenir un objet peu conſidérable; mais le ſimple néceſſaire multiplié dans un Peuple nombreux, demande un entretien qui puiſſe prévenir des inconvéniens toûjours diſpendieux, & le ſieur Recteur chargé de cette Adminiſtration ne ſçauroit y employer aſſez d'exactitude, ni entrer dans de trop grands détails.

Inventaire des meubles de la Maiſon. Il doit donc avoir un Régiſtre contenant Inventaire de tous les meubles de la Maiſon, diviſé par chapitres, par chambres & par matières pour chaque Communauté, le double dudit Inventaire ſera entre les mains du ſieur Econome, & chacun des Recteurs ayant la direction deſdites Communautés ou autres Emplois, de même que les Freres ou Sœurs qui les gouvernent, auront un double du chapitre qui les concerne.

Vérification de l'Inventaire tous les ſix mois. Ledit ſieur Recteur aura ſoin de faire tous les ſix mois la vérification deſdits Inventaires, en préſence des perſonnes qui en ſont chargées, afin d'empêcher que rien ne s'égare, de retrancher ce qui peut être hors de ſervice & inutile, d'ajoûter ce qu'il auroit fourni de nouveau, & fera mention des changemens d'une chambre à l'autre.

Ledit examen fait avec attention, & les corrections y étant inférées, il ſignera le Régiſtre du Sr. Econome, les feüilles des

Srs. Recteurs, enſemble celles des Freres ou Sœurs, après quoi il fera ſigner leſdits ſieurs Recteurs dans ſon Régiſtre, au bas du chapitre dont ils ſont chargés, afin que par cette eſpéce de réconnoiſſance, il puiſſe répéter les meubles qu'il leur a remis, & que ceux-ci obligent les Sœurs ou Freres à leur en rendre un compte fidéle.

Il faut que ledit ſieur Recteur ait ſoin de ſe pourvoir des choſes néceſſaires pour les meubles dudit Hôpital, toiles pour les gardes-paille & pour les matelats, coutils pour les traverſins, couvertures, ſerges ou toiles, pour les tours de lit; & comme il eſt plus avantageux de prendre ces ſortes de marchandiſes dans les lieux où elles ſe fabriquent, il ne ſçauroit y en faire de trop groſſes proviſions, pourvû que la qualité & le prix l'y déterminent. *Achats des choſes néceſfaires dans les meubles.*

Il doit faire changer, lorſqu'il eſt néceſſaire, la paille des lits, en refaire les matelats, au moins tous les deux ans, tant pour les conſerver, qu'afin que les Pauvres ſoient mieux couchés; leſſiver les toiles qui peuvent être mal propres, en ſubſtituer de neuves lorſqu'elles ſont hors d'état d'être rapiécées, & afin que les laines & plumes d'oreillers qui ont ſervi long-tems puiſſent encore être employées, il doit en avoir dans ſes magaſins, & expoſer à l'air les anciennes dans des gréniers à ce deſtiné. *Changement des pailles dans les lits.*

C'eſt auſſi de la prémière main qu'il doit tirer les balles de laines néceſſaires, & envoyer des paſſeports pour en affranchir les droits; les riſques que l'on court à les garder, doivent l'engager à n'en pas prendre des proviſions trop conſidérables, ou du moins à veiller qu'elles ne ſe gâtent point.

Comme il doit fournir tous les uſtenciles des différentes Communautés, & les faire raccommoder ou changer dans le beſoin, ſoit en étain, cuivre, fonte & fer, il eſt eſſentiel de s'attacher toûjours à ce qui eſt le meilleur, & de n'employer *Racommodages des uſtenciles pour les Communautés* que de l'étain fin, obferver que les marmites ou chaudières de cuivre, tant des Cuifines, que de la Lavanderie, Boulangerie, Triperie, Teinture des bas, & autres endroits, foient d'une bonne épaiffeur & bien battuës; la folidité étant une condition néceffaire dans le choix de ces fortes de meubles, & dans les réparations qu'il y fait faire lorfqu'ils fe rompent.

Vente des vieux meubles. Comme il eſt quelquefois plus avantageux de fe défaire de certains meubles ufés, dont les réparations font trop difpendieufes, & qu'il vaut mieux les remplacer par d'autres qui foient neufs; il aura une perfonne de confiance chargée de les vendre, ainfi que les coffres, armoires & autres uftenciles de ceux ou celles qui meurent, laquelle lui rendra l'argent du produit, pour le paffer en recette dans fon compte.

Uftenciles néceffaires pour la Maifon. Ledit fieur Recteur fournira encore tous les vafes, baffines & autres uftenciles, tant en cuivre, fayance, terre, verres ou d'autres matières fervants à la Pharmacie, les rafoirs, baffins à barbe, rechauds, & autres inftrumens pour les Opérations de Chirurgie; les outils des Menuifiers, à qui il fera faire ou racommoder fous fes yeux, les lits, tables, chaifes, bancs, en leur procurant le bois & les cloux dont ils peuvent avoir befoin; ceux du Bénier, & les bois auffi néceffaires, pour qu'il puiffe remettre des cercles, reparer les cuves de leffive, tonneaux, benots, feilles, baquets de la Maifon, & en fournir de neufs dans tous les endroits néceffaires, les couteaux & autres uftenciles de la Boucherie, les crochets, balances & mefures de la Dépenfe; achetera ou fera fabriquer toutes les balles ou corbeilles néceffaires, fuivant la forme & la grandeur dont on les demandera dans chaque Communauté.

Menuës fournitures. Il aura foin encore de fe pourvoir d'une quantité fuffifante, de peignes, broffes, éguilles de bas & à coudre, épingles, cizeaux, lacets, rubans de fil, papier, plumes, chapelets, Catéchifmes, Heures pour apprendre à lire aux Enfans; dont

&

& du tout il fournira les Communautés, fur la demande qui lui en fera faite par les fieurs Recteurs chargés de leurs directions à mefure de befoin.

Enfin, tout ce qui peut porter le nom de meuble, roulera fur les foins dudit fieur Recteur; il feroit difficile d'en faire ici l'énumération, il la trouvera dans fon Inventaire; le difcernement & la prudence doivent le guider, pour ne pas confondre l'inutile avec le befoin réel.

CHAPITRE XVI.

Du Recteur chargé de la Sacriftie.

QUoique cet Emploi paroiffe de peu de conféquence, il exige cependant quelques foins, & on doit apporter dans les fonctions qui en font la fuite, la même vigilance qu'ailleurs pour y maintenir le bon ordre, les mêmes précautions contre les abus; fes détails moins étendus font également effentiels, & le fieur Recteur doit y entrer avec autant de zéle.

Comme il eft chargé de tous les Ornemens, linges & argenterie de l'Eglife; il doit veiller à ce qu'on tienne le tout avec propreté, en faire tous les mois la vifite, pour voir fi le fieur Sacriftain & le Garçon de la Sacriftie, ont foin de les ranger dans les armoires qui leur font deftinés, avec des papiers pour en conferver la dorure, & les efpèces de couffins, pour empêcher qu'ils ne fe coupent; fi on ne leur laiffe point prendre de faux plis ou l'odeur de renfermé, faute de leur faire prendre l'air quelquefois; fi l'argenterie eft pareillement

Soin des ornemens de la Sacriftie.

K

nettoyée, si elle n'est point bossuée, si chaque piéce est dans son étui ou fourreau, & si on la tient fermée dans les armoires où elle doit être.

Inventaire des Ornemens.

Attendu que ledit sieur Recteur est obligé d'avoir un double de l'Inventaire desdits Ornemens & Argenterie, il doit au moins tous les ans en faire la vérification avec celui du Sacristain & en sa présence.

On n'en prête aucuns sans l'ordre du Bureau.

Il doit sur-tout, expressément lui défendre de rien prêter à d'autres Eglises, sous quelque prétexte que ce soit, sans un Billet signé de sa main; que ledit sieur Recteur ne délivrera qu'après en avoir fait part au Bureau, auquel il demandera aussi la permission pour les changemens ou augmentations qu'il croira convenables ausdits Ornemens, Linges, & Argenterie.

Propreté de l'Eglise.

Il aura pareillement attention, à ce qu'on balaye, au moins deux fois la semaine, l'Eglise & la Sacristie; deux fois par an, la voute & les corniches; les sculptures du retable, du Maître-Autel & des Chapelles, tous les deux mois.

Tableau pour les heures des Messes.

Etant absolument nécessaire, pour l'édification du Public, d'établir de l'exactitude parmi les Prêtres qui viennent dire la Messe dans l'Eglise; le sieur Recteur aura soin de faire dresser tous les mois un Tableau, contenant leur nom, & l'heure à laquelle ils doivent se trouver à la Sacristie, afin que les Messes se succédent toûjours par demi-heure, depuis huit heures jusqu'à midi; & comme il seroit difficile d'introduire sur cet article un arrangement bien juste; le sieur Recteur obligera le Sacristain, de ne laisser jamais qu'un seul Calice dehors, pour qu'il ne puisse y avoir deux Messes à la fois.

Messes dans l'intérieur de la Maison.

Indépendamment des Messes de l'Eglise, il doit encore en procurer quelques-unes dans l'intérieur de la Maison, sur-tout les Dimanches & Fêtes, aux Mandians & Mandiantes, & dans différentes Chapelles, pour les Infirmes; les

Eccléſiaſtiques de la Maiſon & douze Etrangers, peuvent ſuffire pour le tout.

Comme le Sacriſtain tient un Livre des Meſſes qui ſe diſent chaque jour, en l'acquit de la Sacriſtie dudit Hôpital, le ſieur Recteur l'arrêtera tous les mois, lui remettra le montant des honoraires, pour en faire la répartition, & gardera par devers lui un double dudit arrêté, pour la reddition de ſes comptes. *Régiſtre des Meſſes & de leur diſtribution.*

Ledit ſieur Recteur évitera avec toute l'attention poſſible, de donner au dehors des Meſſes à acquitter, à moins que le Bureau ne le décide & qu'il n'en fixe le nombre, ſans quoi on ne les lui alloüeroit pas dans ſa feüille.

Les Meſſes de Fondations ne ſuffiſant pas pour remplir la Sacriſtie, il doit tous les trois mois ſe faire informer de l'état où en eſt le Livre, afin de ne tomber dans aucun inconvénient ſur cet article, & ne pas être en avance ou en arrière, au cas qu'on en donne à dire par Teſtament ou Dévotion.

Il veillera pareillement à ce que le Cirier fourniſſe les cierges & flambeaux d'une bonne qualité, qu'il y ait le poids porté dans ſon mémoire, qu'il arrêtera & payera tous les mois; il prendra garde qu'on ne la diſſipe pas mal-à-propos, & s'en fera rendre un compte fidéle. *De la cire.*

Ledit Sr. Recteur donnera ſes ordres la veille des Services, auſquels le Sr. Procureur du Bureau invite les Parens ou Héritiers; à ce qu'on ſonne aux heures ordinaires, que l'Egliſe ſoit tendüe de noir & ornée comme il eſt d'uſage; que les Officiers ſoient prêts à l'heure fixée par le Bureau, & les cierges allumés; il en uſera de même la veille des grandes Fêtes, au ſujet des tentures qu'on employe pour décorer ladite Egliſe, & quelquefois les Chapelles de la Maiſon, lors du Patron des différentes Communautés. *Attention lors des Services.*

Comme le produit des chaiſes eſt encore une dépendance dudit Emploi; ledit ſieur Recteur veillera ſur la fidélité *Des chaiſes de l'Egliſe.*

des perſonnes deſtinées à en recevoir l'argent ; une ſeule ſera chargée d'en compter & de retirer chaque ſoir, d'entre les mains des autres, le montant de la recette, pour le porter dans ſon Livre avec la date du jour ; il arrêtera tous les mois au moins, ledit compte, qu'il ſignera en recevant les deniers, qui ſeront employés par lui en déduction des dépenſes de la Sacriſtie.

Renouvelle-
ment des In-
dulgences.Enfin, comme les Indulgences accordées pour certains jours de l'année, par les Souverains Pontifes, à l'Egliſe de la Charité, ne ſont que pour un tems fixé, ledit Sr. Recteur aura ſoin de les faire renouveller avant leur échéance.

CHAPITRE XVII.

OBSERVATIONS GENERALES, *pour Messieurs les Recteurs, ayant la direction des Communautés de la Chanal, des Cathérines, des Thérefes & des Petits Garçons.*

LEs Sieurs Recteurs doivent veiller avec exactitude, à ce que les Maîtres & les Sœurs, chacun dans le Corps dont il a la Direction, fe conduife avec douceur & charité, & qu'il n'employe dans le nombre des Filles qui font néceffaires pour l'aider, que celles qui en font les plus capables par leur pieté & leur obéïffance; ils feront exécuter le Réglement dans toute fon étenduë, fans y rien changer, & principalement celui des exercices de la journée aux heures fixées, attendu le défordre qui en réfulteroit, & ils le feront lire une fois tous les mois pendant le dîner.

Ils examineront le plus fouvent que faire fe pourra, fi les grandes perfonnes travaillent autant qu'elles le doivent, & fi les Enfans profitent dans les Ouvrages, à la Lecture, à l'Ecriture, au Catéchifme, & à tout ce qu'on leur apprend; s'ils font tenus avec propreté, fur eux, dans leurs chambres & au Réfectoir; afin que ceux ou celles qui font prépofés pour les inftruire & pour en avoir foin, ne fe négligent pas.

Ils veilleront auffi, à ce qu'on faffe acquiter dans chaque Corps, les Prières de Fondation dont il eft chargé fuivant le Tableau, fans y en ajoûter de furérogation qui pourroient interrompre l'ordre établi; & ils examineront fi les Maîtres & les Sœurs les élevent dans la crainte de Dieu.

Ils auront attention d'obliger ceux & celles qui en ont foin, de ne jamais les abandonner, lorfqu'ils les menent promener deux à deux, ainfi qu'il eft dit par le Réglement; & pour éviter qu'ils ne s'échapent pour fe fauver, les Maîtres ou les Sœurs, affocieront les nouveaux venus, ou ceux dont ils fe méfient, avec les plus raifonnables qui puiffent y prendre garde.

Les fieurs Recteurs des Garçons, deftineront à la carderie de la laine, ceux d'entr'eux qui font les plus robuftes, & quelque bien qu'ils réüffiffent dans ce travail, ce ne pourra être un prétexte pour différer de les mettre en apprentiffage, lorfqu'ils auront atteint l'âge fixé, ni pour les garder dans la Maifon; il eft même convenable de deftiner à cet ouvrage, ceux que leurs infirmités rendent incapables d'apprendre un Métier, afin qu'ils foient moins à charge à la Maifon.

Les fieurs Recteurs des Filles doivent en agir de même pour celles qu'on occupe à filer la laine; il eft pareillement de leur devoir, d'empêcher abfolument qu'aucune defdites Filles ne travaillent pour les perfonnes du dehors, ni même pour elles; tous leurs ouvrages doivent être au profit de la Maifon qui leur fournit le néceffaire.

La différence dans les habillemens, occafionne une bigarure toûjours contraire au bon ordre; & les fieurs Recteurs ne peuvent apporter trop d'attention pour obliger tous ceux ou celles qui compofent leur Corps, à être vêtus fuivant l'uniforme que la Maifon fournit; le relâchement fur cet article, peu confidérable en apparence, eft bien-tôt fuivi d'un autre plus effentiel, & c'eft introduire, tout au moins, entre des perfonnes dont la condition doit être égale, les femences d'une jaloufie qu'il faut éviter avec foin.

Le parement jaune, & le bonnet de même couleur, que doivent porter, fuivant le Réglement, ceux & celles qui rentrent dans la Maifon dans un tems de ceffation de travail, ou pour autre légitime caufe, eft d'autant plus néceffaire, qu'il indique d'un coup d'œil, ceux ou celles qui ne doivent refter dans la Maifon que pour le tems fixé par le Bureau, & que l'empreffement qu'on témoigne ordinairement pour y entrer, eft un peu ralenti par la crainte qu'on a de porter une marque auffi diftinctive; les fieurs Recteurs ne doivent donc accorder à qui que ce foit, & fous aucun prétexte, la difpenfe fur cet article, même lorfqu'il s'agit de fortir pour fe promener.

L'expérience ayant fait connoître combien il eft pernicieux aux Enfans de la Maifon, d'entrer de trop bonne heure en apprentiffage, tant à caufe de la foibleffe de leur tempérament, que parce que n'étant pas encore fuffifamment inftruits, ils ne trouvent plus les moyens de l'être; il eft à propos de ne leur faire faire la prémière Communion qu'après 13. ans accomplis, & de ne paffer aucun Acte d'apprentiffage, qu'après 14. ans auffi accomplis.

Les fieurs Recteurs conformément à l'article ci-deffus, veilleront à ce que les Maîtres & les Sœurs, apportent au Notaire de la Maifon, les Régiftres des prémières Communions, ou un Certificat du fieur Aumonier, qui juftifie de la vérité, fans quoi l'Acte d'apprentiffage ne fera pas dreffé; & en cas de contravention à cet article, le Bureau remerciera les Maîtres & Sœurs de leurs Emplois.

Lefdits fieurs Recteurs veilleront auffi, à ce que ceux & celles chez qui on met lefdits Enfans en apprentiffage, foient de la Religion Catholique, de bonnes mœurs, honnêtes gens, & capables de les bien élever.

Comme la négligence des Maîtres, Ouvriers, ou des

Maîtreffes, à faire enrégiftrer fur le Livre de la Communauté de leur Art, les Actes d'Apprentiffage, ou de Compagnonage paffés avec eux, occafionne quelquefois des difficultés au fujet des Enfans de la Maifon; les fieurs Recteurs ne les laifferont aller chez lefdits Maîtres, qu'après qu'on leur aura raporté l'enrégiftrement bien en forme; ils exigeront auffi d'eux une déclaration des hardes qu'on leur donne, pour qu'on puiffe les répéter en cas de changement ou de mort, & que les Enfans ne les mettent pas en gage.

Quant aux gages dont on convient pour leurs fervices, ils feront reçûs par lefdits fieurs Recteurs, pour leur en rendre compte, à l'exception du tiers, qui fera laiffé aux Maîtres ou Maîtreffes, qu'ils fervent pour leur fournir les petites néceffités que la Maifon ne fournit pas.

Au cas qu'après ledit âge de quatorze ans accomplis, & la prémière Communion faite, il fe trouve quelqu'un defdits Enfans, que les infirmités mettent hors d'état d'apprendre aucune forte de Métier, les fieurs Recteurs, chacun dans leurs Corps, feront examiner la vérité par M. le Médecin & Chirurgien Major de la Maifon, pour enfuite en faire le rapport au Bureau; que s'il eft dans le cas de refter pour toûjours dans la Maifon, il le fera enrégiftrer fur un Livre à ce deftiné, avec fon nom, fon âge & fes maladies: Quant à ceux qui font en fanté; les Maîtres ou les Sœurs ne pourront fe fervir d'aucun prétexte pour les garder; s'ils y contreviennent, le Bureau les remerciera.

Il leur eft pareillement défendu, fous les mêmes peines, de donner place dans la Maifon, fans l'ordre par écrit des fieurs Recteurs, ayant la Direction defdits Corps, à aucun de ceux ou celles qui pendant le tems de leur apprentiffage, & même après, feroient dans le cas de revenir, pour caufes de langueurs, défaut de travail, mauvais traitement,

conduite

conduite déréglée, & autres prétextes prévus ou non-prévus; les sieurs Recteurs feront avant de le donner, l'information sur les faits allegués pour en découvrir la vérité, & en conséquence remédier au désordre, par des pénitences, corrections, changemens de Maître, ou un tems fixé pour rentrer dans le Corps, soit afin d'y prendre du repos ou attendre du travail; bien entendu qu'on ne les laissera pas durant ce tems-là sans occupation.

Quant à ceux & celles qui auroient fini le tems de leur apprentissage, ou qui seroient Compagnons, les Maîtres & les Sœurs de chaque Corps, ni même les sieurs Recteurs, ne pourront les introduire dans la Maison, qu'après que le Bureau en aura donné la permission, sur le rapport qui sera fait de la situation où ils se trouvent; & pour plus d'exactitude, on leur délivrera un billet, signé par le sieur Procureur, où le tems du séjour sera énoncé, les sieurs Recteurs auront soin de s'y conformer, en les mettant dehors à l'échéance.

Les sieurs Recteurs auront aussi le soin de s'informer avec attention de la vérité des plaintes que pourroient faire les Maîtres, Ouvriers ou Maîtresses, contre ceux qui sont en apprentissage ou Compagnons chez eux, avant de décider sur la pénitence & sur le changement qu'il convient de faire : quelques défauts essentiels que l'on suppose dans ces Enfans, il arrive souvent que leurs Maîtres sont brutaux, déraisonnables, & plus capables de leur inspirer de mauvaises inclinations, que de les corriger de celles dont ils se plaignent, ainsi c'est à la prudence à distinguer la vérité.

Pour veiller avec encore plus d'exactitude, sur la conduite de tous ceux ou celles qui sont en apprentissage dans la Ville; les sieurs Recteurs les obligeront à venir une fois l'anneé au moins, faire leurs dévotions dans la Maison, & chacun pour son Corps, fera avertir une semaine à l'avance du jour qu'il

L

aura choifi pour s'y trouver, on leur donnera à déjeûner, & après une petite exhortation, que le fieur Aumônier leur fera, à laquelle le fieur Recteur affiftera, ils feront renvoyés: on pourroit auffi engager les Compagnons à s'y rendre.

Les Maîtres & les Sœurs tiendront chacun pour leur Corps, un Catalogue général, par ordre alphabetique, contenant le nom, furnom, & âge de tous ceux & celles qui le compofent, tant à la Maifon, que dans la Ville & à la Campagne, avec le nom de ceux chez qui ils logent, leur demeure, & le Métier qu'ils exercent, foit qu'ils foient en apprentiffage, ou qu'ils l'ayent fini, les conditions aufquelles on les leur a donnés, les hardes & linges qu'ils ont reçû, & ils obferveront que ceux ou celles chez qui on les aura mis pour l'apprentiffage, ne les remettent pas à d'autres fans les avertir.

Tiendront en outre un Catalogue particulier, uniquement pour ceux & celles qui font dans la Maifon, dans lequel fera fait mention de leur âge & du travail qui les occupe, avec le nom de la chambre, & le numero du lit où ils couchent, auquel fe rapportera celui de l'armoire, pour les Cathérines & Thérefes feulement : Quant à ceux ou celles qui font employés en différens endroits de la Maifon, & que leurs infirmités reduifent à y refter toûjours; on les infcrira en outre dans une lifte qui fera affichée, pour qu'on puiffe fçavoir leur deftination.

Les fieurs Recteurs defdits Corps, auront un double de ces Régiftres, dont ils feront tous les mois la vérification, pour y marquer les changemens, & mettre en marge les notes qu'ils font tenus d'avoir fur leur conduite, pour y recourir dans l'occafion.

Pour veiller à ce que deffus avec encore plus d'exactitude, le Bureau nommera tous les trois mois, trois Commiffaires pour chacun defdits Corps, lefquels avec le fieur Recteur qui en a la direction, feront la revûë de tous ceux qui font infcrits au Catalogue, & qui habitent dans la Maifon; examineront fi on ne confomme point les denrées au-delà de ce qui eft prefcrit; fi le nombre déclaré eft égal à celui des portions que l'on prend, & rendront compte du tout au Bureau.

Au cas que les fieurs Recteurs foient obligés de faire entrer dans la Maifon, quelques perfonnes de leur Corps pour y être corrigées & punies pendant quelques jours, comme il a été dit ci-deffus; les Maîtres & les Sœurs ne pourront rien décider de leur chef fur la pénitence, non-plus que lorfqu'il s'agira de quelque faute grave, commife dans la Maifon; les Srs. Recteurs prononceront feuls fur la peine, ou le Bureau affemblé, fi le cas l'exige.

Il eft à propos d'avoir une chambre dans chaque Corps, deftinée pour la correction, afin qu'on puiffe y fermer ceux ou celles, dont la vie peu réglée mérite punition, & qu'il feroit trop dangereux de laiffer communiquer avec les autres; cette chambre ne doit fervir que dans les cas où le cachot feroit une peine trop rigoureufe.

Les Srs. Recteurs ayant la direction defdits Corps, vifiteront au moins tous les trois mois, ceux & celles qui font en fervice, en apprentiffage, ou qui l'ont fini; s'informeront de leur conduite, s'ils profitent, s'ils ne perdent point leur tems, s'ils font bien traités chez leurs Maîtres, & s'ils ne donnent point dans le défordre, afin de les changer, fi l'occafion les y porte, ou les faire corriger s'ils y perfiftent.

Comme les Infirmeries n'ont été établies dans la Maifon, que pour y placer ceux ou celles, qui ont le malheur d'être attaqués de certaines maladies incurables; il eft de l'attention des fieurs Recteurs, de n'y admettre perfonne qu'avec connoif-fance de caufe, & après une vifite; d'autant mieux qu'elles

L ij

font souvent un prétexte pour vivre dans la pareſſe, ou pour travailler aux ouvrages du dehors, attendu qu'elles ſont éloignées & plus exemptes des viſites; il faut donc que celles qui ſont chargées du ſoin deſdites Infirmeries, ayent un Régiſtre particulier, ſur lequel le ſieur Recteur inſcrira lui-même le nom de la perſonne qu'il y place, avec ſa maladie, & il ſignera.

Au cas que quelque perſonne deſdits Corps, vienne à décéder à l'Hôtel-Dieu, & même chez les Maîtres & Maîtreſſes, où il travaille en qualité d'Apprentif ou de Compagnon; leſdits ſieurs Recteurs auront ſoin de faire apporter à la Maiſon toutes ſes nipes & hardes, pour les rendre aux ſieurs Recteurs de la Draperie, Lingerie & Cordonnerie, & qu'ils puiſſent en faire note ſur leur Régiſtre.

Leſdits ſieurs Recteurs auront ſoin d'envoyer de tems en tems quelqu'un à l'Hôpital, pour voir ſi les Malades de leurs Communautés ſont tenus avec attention, & ils iront eux-mêmes les conſoler lorſque leurs affaires le permettront; c'eſt dans ces occaſions que la tendreſſe paternelle doit paroître.

CHAPITRE XVIII.

Observations pour Messieurs les Recteurs, chargés de la direction des Adoptifs & Adoptives.

DAns le nombre des Priviléges accordés par nos Rois à cet Hôpital, celui d'adopter les Enfans des Citoyens, semble mériter la préférence; il renouvelle de nos jours, par compassion, un usage que les Romains ne suivirent que par amour propre; chez eux le desir de perpétuer un nom prêt à tomber dans l'oubli, avoit inspiré cette Loi, tandis que l'envie de conserver à l'Orphelin les foibles restes d'une fortune mal-établie, a dicté celle-ci.

Pourroit - on rien trouver de plus avantageux au nombre infini d'Ouvriers différens, qui forment la richesse de cette Ville florissante, que d'écarter de leur esprit les idées fâcheuses qu'une famille inspire, par la crainte de l'instant fatal où elle doit perdre ceux qui lui ont donné le jour.

Quoi de plus consolant pour un Pere, dans le moment terrible qui va le séparer à jamais des Enfans qu'il chérit, que de les voir passer entre les mains d'un nombre choisi d'Administrateurs, dont les soins empressés, n'ont d'autre objet que de le remplacer?

Quoi de plus favorable pour ces mêmes Enfans, après une mort qui sembloit les livrer à tous les malheurs, de retrouver la même tendresse qu'une Mere attentive auroit pû mettre en œuvre pour guider les pas de leur enfance; les principes d'une éducation Chrétienne & laborieuse, des secours plus certains pour leur établissement, & des défenseurs zélés pour des droits, qui malgré leur modicité, ne sont pas encore à l'abri de l'envie; tels sont les avantages que présente aux Citoyens l'autorité du Prince Chrétien qui nous gouverne; mais tandis qu'il assure leur tranquillité, ceux à qui la Maison remet cette partie de son Administration, doivent chercher à augmenter leur confiance, en suppléant par le zéle aux sentimens que le sang ne peut inspirer.

On ne peut recevoir, ni adopter aucun Enfant, qu'après le décès de ses Pere & Mere, & le terme de l'adoption est fixé, depuis l'âge de sept ans accomplis, jusqu'à quatorze achevés, passé lequel tems ils ne peuvent y être admis.

Lorsque lesdits Enfans veulent être adoptés, ils doivent être présentés au Bureau par leurs Parens, tant Paternels que Maternels; & pour piéces justificatives de leur état, ils doivent apporter le Contrat ou Acte de célébration de Mariage de leurs Pere & Mere, avec l'Extrait Mortuaire de l'un & de l'autre, signé par les Curés ou Vicaires des Paroisses où ils ont été inhumés; ils doivent y joindre leurs Actes Baptistaires, pour qu'on puisse connoître s'ils sont de l'âge requis: faute de rapporter les Titres ci-dessus, on ne pourra procéder à l'information.

Ces piéces doivent être remises au sieur Recteur ayant la direction dudit Corps, afin qu'il examine si les Extraits Mortuaires & Baptistaires ne sont pas falsifiés, & s'ils sont signés par les Curés ou Vicaires qui les ont délivrés; ils s'informeront encore exactement, si les Pere & Mere desdits Enfans étoient de la Ville, s'ils y logeoient, & non hors des murs, ou si étant étrangers, ils ont eu leur domicile au dedans de ladite Ville, au moins l'espace de sept ans; au cas qu'on ne puisse justifier de leur demeure pendant ce tems, par baux à loyer ou quittances, & que l'on découvre qu'ils sont nouvellement arrivés, ou qu'ils ont toûjours habité dans les Fauxbourgs, l'adoption ne pourra avoir lieu.

On ne peut adopter que les Enfans nés dans la Ville de Lyon, des pauvres Habitans; fans que la qualité de Citoyen des Pere & Mere defdits Enfans, puiffe fervir pour favorifer leur Adoption, lorfque ces Enfans feront nés hors la Ville, ou dans les Fauxbourgs: excepté néanmoins le feul cas, où il feroit établi que les Enfans font nés accidentellement à la Campagne, dans un tems ou leurs Pere & Mere avoient un domicile en cette Ville.

Lorfque l'information fera achevée, les fieurs Recteurs en feront leur rapport au Bureau affemblé, qui décidera fi lefdits Enfans font dans le cas d'être adoptés; après quoi les papiers ci-deffus expliqués, feront remis à l'Agent, pour dreffer fuivant la forme ordinaire l'Acte d'Adoption, contenant la demande faite par les Parens, leur confentement, & la renonciation à leur fucceeffion; & en cas d'abfence de leur part, une procuration pour y fuppléer; tous lefdits Parens figneront audit Acte, dont fera fait lecture le Bureau affemblé en leur préfence, & des Enfans qu'on adopte, après quoi les fieurs Recteurs y mettront leur fignature.

L'Adoption ainfi faite, les Enfans feront introduits dans la maifon, & infcrits fur le Régiftre de la Sœur, & du fieur Recteur ayant cette direction, qui vendra lüi-même à l'enchère avec l'Agent, les meubles & effets délaiffés, fans aucuns fraix de Juftice, après en avoir toutefois dreffé un Inventaire; il ramaffera auffi les titres & papiers avec attention, pour être remis à M. l'Avocat, & dépofés avec les piéces juftificatives de l'Adoption, dans les Archives de la Maifon; & quant à l'argent provenant de la vente defdits meubles, ou payé par quelques débiteurs des défunts, ou trouvé chez eux, il fera remis au fieur Tréforier des deniers, qui le fera coucher fur le grand

Livre, pour qu'on puisse leur tenir compte de ce qui restera, les dettes payées, si aucunes sont; soit lors de leur établissement par Mariage, ou entrée en Religion, soit à leur majorité. Le même jour de leur entrée dans la Maison, ils seront visités par le Chirurgien Major, pour sçavoir s'ils n'ont aucune maladie qui puisse se communiquer; auquel cas on les fera coucher en particulier, & on leur donnera les remédes nécessaires pour les guerir.

Si parmi les biens qui doivent leur appartenir, il se trouve quelque Maison à la Ville, ou en Campagne, elle sera affermée à ceux qui en donneront le plus, & le produit en demeurera acquis à la Maison de la Charité, sans qu'elle soit tenuë d'en rendre compte ausdits Enfans.

Au cas que les immeubles appartenans ausdits Enfans, fussent en mauvais état, & qu'il fût plus convenable de les vendre que de les reparer, ils seront criés à l'enchère, le Bureau assemblé, après avoir été préalablement affichés; & le prix de l'adjudication délivré au sieur Trésorier & porté dans leur compte.

Comme il arrive souvent qu'après l'apprentissage desdits Enfans, ils demandent à la Maison quelque argent pour satisfaire leur vanité ou leurs plaisirs, & que ce qu'on leur accorderoit, se trouve en déduction de leurs capitaux, on ne pourra leur faire aucune avance, que le Bureau n'ait décidé des raisons qu'ils alléguent, & qu'ils n'ayent donné caution solvable pour les deniers qu'on pourroit leur compter, si on trouvoit l'emploi qu'ils proposent avantageux pour eux.

Au cas que lesdits Enfans viennent à décéder avant l'âge de majorité, leurs biens restent acquis à la charité, à l'exclusion de leurs Parens; & comme elle leur a tenu lieu de Pere, elle doit joüir du privilége que cette qualité lui donne, conformément à ses Lettres Patentes.

Si

Si aucun defdits Enfans vouloit fe marier avant l'âge de majorité, ce ne pourra être que du confentement des fieurs Recteurs ayant la direction defdits Corps, lefquels examineront fi le parti qui fe propofe eft recevable, tant par raport aux mœurs, qu'au bien & au métier; s'ils ne trouvent pas que l'établiffement foit convenable, ils en refuferont la permiffion; ils uferont auffi de précaution lorfque lefdits Enfans auront la vocation d'entrer en Religion, afin que leur état foit affuré.

Comme il pourroit arriver, que malgré le refus de confentement, lefdits Enfans pafferoient outre, en ce cas leur nom fera biffé du Catalogue, & les Filles feront encore privées du préfent de la Maifon, des avantages qu'elle leur procure, de l'honneur des Fiançailles, & de la célébration; l'on en ufera de même, pour celles que l'on fe verroit obligé de marier aux Garçons avec lefquels elles feront tombées en faute.

Si au contraire, le fieur Recteur approuve le mariage propofé, l'on en paffera le Contrat; dans lequel ladite Fille adoptive fe conftituera le bien de famille qu'elle peut avoir, les foixante livres que la Maifon leur donne, & ce qu'elle pourroit avoir gagné chez les Maîtres où elle a travaillé, & après en avoir fait lecture Bureau tenant, tous MM. les Adminiftrateurs y figneront, & lui donneront les étrênes ordinaires; on y fera la Cérémonie des promeffes entre les mains du fieur Econome, qui s'y rendra en furplis; & le jour de la célébration, la nouvelle Mariée fera conduite à la Bénédiction Nuptiale par deux de MM. les Adminiftrateurs en habit Rectoral, qui la rameneront chez elle; le fieur Recteur chargé des habillemens, lui fournira un habit évalué vingt-deux livres, ou le lui donnera en argent, à fon choix : Elle fera en habit bleu le jour des Fiançailles.

M

Comme parmi les Enfans appellés de la Chanal, il est plusieurs places fondées pour des Etudians; le sieur Recteur dudit Corps, observera de n'en pas augmenter le nombre au-delà de neuf; sçavoir, six appellés Athiaud, & vêtus d'un drap tanné, sans teinture, qui sont à la nomination du Bureau & choisis par lui pour faire leurs études; ils ne peuvent rester dans la Maison que cinq ans; c'est parmi eux que les RR. PP. Minimes doivent en recevoir un, tous les quatre ans, dans leur Ordre.

Deux appellés Arthaud, vêtus de noir, qui doivent être natifs de la Grave en Dauphiné, & rester dans la Maison, jusqu'à ce qu'ils ayent atteint l'âge d'être promus à la Prêtrise; ils sont présentés par MM. Arthaud.

Un appellé de Saint Joire, habillé de gris cendré, doublé de noir, & un crêpe à son chapeau, qui doit aussi être promu aux Ordres, & que le Bureau choisit.

Tous lesdits Etudians doivent porter un bonnet carré dans la Maison, étudier comme il faut, montrer l'exemple aux autres Enfans avec lesquels ils se trouvent, suivre exactement le Réglement particulier qui les concerne, assister modestement en surplis aux Offices; & le sieur Recteur doit faire quelquefois des visites à leurs Régens, afin de les recommander, ou sçavoir s'ils sont contens d'eux; & pour veiller avec encore plus d'attention, à ce qu'ils ne se dérangent pas en allant au Collége, il doit toûjours les faire sortir, soit pour la classe, soit les jours de congé, avec leur sous-Maître.

Il faut aussi que le sieur Recteur empêche avec soin, le Maître des Enfans dudit Corps, d'enseigner le Latin à d'autres que ces neuf, sous prétexte de les préparer à remplir la place de ceux qui sont sur le point d'avoir fini leur tems, à moins que le Bureau n'eût décidé autrement par déliberation.

La Maison étant encore obligée de recevoir six Enfans orphelins, que lui présente l'Hôpital de Belleville, trois Garçons & trois Filles, qui doivent être vêtus de couleur de feüille-morte ; les sieurs Recteurs ne permettront pas que pour ceux-ci, ainsi que pour les autres dont on vient de parler, on s'éloigne de la couleur de la Fondation.

Il est d'usage de donner quelque augmentation de vin aux Etudians le jour des Services, ou autres Offices extraordinaires; ainsi le sieur Recteur aura soin d'y pourvoir avec économie, & en laissera la distribution au Maître desdits Enfans.

Enfin, lesdits sieurs Recteurs conduiront la Famille qui leur est confiée, avec cette bonté, qui ne permet cependant pas de souffrir aucun abus.

CHAPITRE XIX.

Observations pour Messieurs les Recteurs, chargés de la direction des Bâtards & Bâtardes.

RIen n'est plus ordinaire, que de voir régner le désordre dans les Villes les plus considérables, & quelqu'attention qu'apportent pour y remédier ceux qui les gouvernent, leurs soins deviendroient inutiles, si la compassion n'inspiroit les sentimens que mérite le rebut infortuné du déréglement & de l'inhumanité.

On se persuade difficilement, qu'une Mere puisse étouffer des principes dictés par la nature; mais l'honneur & le besoin les lui font méconnoître, la rendent sourde à leur voix; & la plus triste expérience ne nous prouve que trop, combien la honte ou le defefpoir font peu fenfibles aux cris de l'innocence abandonnée.

Il étoit donc effentiel de fupléer par Chriftianifme, à ce que le fang refufe avec barbarie, & l'on crut en accomplir les préceptes en arrachant à la mort les victimes qu'on lui deftinoit.

Pour lors on vit les Adminiftrateurs des Hôpitaux remédier par leurs foins à de pareils malheurs; les uns s'aproprierent ces infortunés dès le berceau, pour les confier enfuite à ceux qui devoient les mettre en état de gagner leur vie; ceux-là fe chargerent de les faire Chrétiens, & de fournir aux befoins de leur tendre enfance, tandis que ceux-ci les inftruiroient dans les pratiques de leur Religion, dans les devoirs d'une vie laborieufe & dans la néceffité d'acquerir des talens; en un mot ils mirent en œuvre les moyens de fe difputer entr'eux le titre de Pere.

Comme il ne s'agit ici que des derniers, & que les obfervations fuivantes les regardent uniquement, on ne peut trop leur faire appercevoir combien il eft avantageux de mériter cette qualité, en fe conformant avec exactitude à la fageffe des Loix & des principes qu'ils doivent fuivre, dans la conduite d'une Famille auffi nombreufe que celle qui leur eft confiée.

Ces deux Corps ne doivent être compofés que des Enfans qui font véritablement Bâtards, ou expofés par leur Pere & Mere, fans aucune indication pour les découvrir.

L'on ne doit jamais y introduire ceux qu'on préfente à la Maifon en vertu d'un Extrait mortuaire de Pere ou Mere, & Procès verbal d'abfence de l'un ou de l'autre, comme il arrivoit autrefois; & il eft néceffaire de fe conformer en cela à la différence qu'en font MM. de l'Hôtel - Dieu dans leur Régiftre lors de la délivrance des Enfans trouvés.

Comme lefdits Enfans font quelquefois reclamés par gens qui donnent leur fignalement, ou des marques, par lefquelles il eft aifé de les diftinguer, MM. les Recteurs après en avoir informé le Bureau, & obtenu fon confentement, ne doivent cependant les livrer à ceux qui les demandent, qu'après s'être affurés qu'ils font en état de leur procurer un établiffement, & qu'ils s'y engagent, ils doivent en outre exiger un répondant connu, avec qui on puiffe paffer un Acte, par lequel en fe chargeant de l'Enfant, il s'oblige de le repréfenter à la prémière réquifition; & outre toutes ces précautions, on exigera une fomme de foixante livres par an, pour indemnifer la Maifon des dépenfes qu'elles a faites pour leur éducation; faute de quoi, les Enfans refteront & ne feront pas rendus.

Les fieurs Recteurs doivent avoir une attention particulière d'envoyer à la Campagne tous les Enfans que MM. de l'Hô-pital rendent à la Charité, & d'empêcher qu'on n'en cache aucun, foit en les amenant, foit en les laiffant malades à l'Hôtel-Dieu, ou même dans la Maifon.

Il convient de ne les livrer aux Païfans qui les demandent que fur des certificats donnés par les fieurs Curés, comme ils font de bonnes mœurs & capables d'en avoir foin; les lettres des perfonnes connuës, qui rendent de bons témoignages fur le compte de ceux qui fe préfentent, peuvent fupléer aux certificats.

Il eft effentiel lorfqu'on les leur délivre, d'infcrire dans le Régiftre à ce deftiné, leur nom, & celui de la Paroiffe où ils demeurent, le nombre d'Enfans dont-ils fe font chargés, leur nom, le numero fous lequel ils étoient dans le Livre de l'Hôtel-Dieu, & le nouveau numero du plomb de la Maifon qu'on leur aura attaché au col.

Comme il arrive quelquefois, malgré les foins qu'on fe donne, de confier lefdits Enfans à gens qui les négligent, ou les maltraitent; MM. les Recteurs doivent faire chaque année, ou au moins tous les deux ans, la tournée dans les Paroisses où ils sont, afin de voir comment on les nourrit, si on les couche, & si on les tient avec propreté, si on les instruit dans la pieté & dans la Religion, & si on ne les néglige point dans quelque maladie dont un prompt secours peut arrêter les suites fâcheuses.

Au cas que lesdits sieurs Recteurs ne puissent pas y aller, ils doivent y engager quelqu'un de leurs Confrères, ou envoyer un des Prêtres de la Maison avec un Frere, munis d'un pouvoir du Bureau, pour faire les changemens convenables; ces sortes de voyages se font communément dans la belle saison, & les faux-fraix en sont supportés par la Maison.

Les sieurs Recteurs doivent porter avec eux le Régistre où sont inscrits lesdits Enfans, avec des cordons, des plombs, & la presse, pour numéroter de nouveau ceux dont le cordon seroit prêt à rompre, ou qui auroient perdu leur marque.

Comme il s'en trouve fort souvent dans le nombre, qui ont passé, & bien au-delà, l'âge de dix ans, auquel on doit les ramener à la Charité, pour qui les Nourriciers ont pris quelque attachement, & qui se font une espèce de honte de reporter ladite marque; on pourra se contenter de mettre leur signalement en marge du Régistre; mais on ne dispensera point de porter le numero, ceux ou celles qui sont infirmes, ou estropiés, à quelque âge qu'ils soient, d'autant mieux qu'ils ont toûjours droit d'avoir l'azile dans la Maison, & qu'il est bon de les reconnoître par-là.

Les sieurs Recteurs doivent faire attention lors de leurs visites, à vérifier bien exactement sur le Régistre, le nom & le numero des Enfans délivrés, avec le nom de ceux qui s'en font chargés, afin de voir si ce sont bien les mêmes qui les repréſentent ; cette précaution eſt néceſſaire pour empêcher l'uſage pernicieux où ſont quelques Païſans, d'emmener de la Maiſon un certain nombre d'Enfans, qu'ils remettent enſuite à ceux qui leur donnent une ſomme dont-ils conviennent, au moyen de cette eſpèce de commerce, il eſt impoſſible de ſçavoir la deſtination des Enfans, ce qui n'eſt pas dans la régle.

L'on priera MM. les Curés des Villages où ſont leſdits Enfans, de donner leur ſignature & l'empreinte de leur cachet ſur une feüille, qui ſera inſerée dans le Régiſtre, afin de pouvoir confronter les billets & certificats que les Païſans apportent de leur part, tant pour le payement des penſions, que pour la remiſe des hardes deſdits Enfans ; cette précaution eſt néceſſaire, pour éviter d'être trompé dans les ſignatures contrefaites.

On invitera leſdits ſieurs Curés & leurs Vicaires à veiller exactement, à ce que leſdits Enfans ſoient élevés dans la crainte de Dieu, & à obliger ceux qui s'en ſont chargés, de les envoyer à leurs Catéchiſme & Inſtructions ; on les engagera auſſi d'exhorter dans leurs Prônes les Paroiſſiens, qui tiennent lieu de Pere à ces Enfans, de leur donner ſur toutes choſes, une éducation chrétienne.

Les Srs. Recteurs examineront avec attention, ſi les Enfans qui ont atteint l'âge d'être ramenés dans la Maiſon, ſont aſſez robuſtes, & s'il n'eſt pas plus à propos de les laiſſer encore un an ou deux ; auquel cas, ils referont de nouveaux marchés avec les Païſans chez qui ils ſont, ou avec d'autres.

Si leſdits Enfans ſont aſſez forts pour rendre quelque ſervice à ceux chez qui on les a mis, MM. les Recteurs tâcheront pour l'avenir, de faire une diminution ſur le prix dont on étoit convenu avec eux pour s'en charger ; ſi même ils ont atteint douze ou treize ans, & qu'ils commencent à travailler, il fera à propos d'obliger les Païfans à les garder deux ou trois ans, aux conditions par eux de les nourrir & habiller, fans rien exiger de la Charité.

Quant à ceux qui auroient atteint feize ou dix-fept ans, après les avoir averti qu'il eft trop tard de revenir dans la Maifon pour apprendre un Métier; il ne feroit pas jufte de les laiffer chez lefdits Païfans pour l'entretien & la nourriture feulement; on tâchera donc de leur procurer & de convenir d'un gage; tous les Traités ci-deffus fe pafferont pardevant les Curés des Paroiffes où on les fera.

Si les fieurs Recteurs reçoivent des plaintes bien fondées de la part defdits Curés, des Habitans, & des Enfans même contre quelqu'un de ceux qui tiennent chez eux lefdits Enfans, foit qu'il leur donne une mauvaife éducation, ou qu'il les maltraite injuftement, ils les changeront de maifon, en préférant toûjours les Païfans de meilleure réputation.

Comme il arrive fouvent, que quelqu'un defdits Enfans qui n'ont pas été rendus au tems fixé, & qu'on a négligé de faire rentrer dans la Maifon, préférent le féjour & les travaux de la Campagne, aux Métiers qu'on pourroit leur faire apprendre dans la Ville, il eft naturel de ne pas combattre leur inclination, & pourveu qu'ils foient en état de gagner leur vie, on doit y donner fon confentement; en les avertiffant toutefois, de fe repréfenter à chaque vifite, pour qu'on puiffe infcrire leur changement de domicile, au cas qu'il y en ait, & que faute par eux de s'y conformer, ils feront rayés du Catalogue, privés du dernier habit qu'ils font en droit de demander lors de leur établiffement, ou quand ils ont atteint l'âge de vingt-cinq ans, & du préfent de la Maifon, fi ce font des filles.

Il eft d'autant plus effentiel de laiffer à la Campagne, ceux qui en témoignent avoir un peu d'envie, que les Fabriques

de

de la Maison sont suffisamment remplies par les Incurables qui y travaillent, que le Métier qu'on leur fait apprendre dans la Ville, ne leur donne pas fort souvent de quoi subsister, & que loin de soulager la Charité, ils en augmentent les dépenses, par le pain qu'il faut leur donner, par leurs Enfans qu'ils abandonnent quelquefois, & parce qu'ils viennent eux-mêmes pour l'ordinaire y finir leurs jours.

Si aucun desdits Enfans trouve à se marier dans la Campagne avant l'âge de majorité, il ne pourra le faire sans le consentement des sieurs Recteurs, & il viendra leur en faire part, pour avoir le billet de permission, qu'ils ne donneront qu'après s'être informé des vie, mœurs & facultés de la personne qu'ils veulent épouser, pour sçavoir si le parti convient, & ceux ou celles qui passeroient outre, sans faire mention de ce consentement dans le Contrat & sans l'avoir obtenu, seront privés des avantages de la Maison, & rayés du Catalogue.

Il en sera de même pour ceux qui s'établissent dans la Ville, & les sieurs Recteurs veilleront, à ce qu'ils ne contractent Mariage qu'avec des personnes de bonnes mœurs, un peu à leur aise, ou qui ayent un bon Métier; ils seront aussi attentifs à priver du présent de la Maison, les Filles qui seroient tombées publiquement en faute, ou qui auroient vécu d'une façon scandaleuse; soit avant d'avoir atteint l'âge de majorité, soit après: lesdits avantages consistent en 25. l. payées de la boëte, 18. l. pour l'habit, une paire souliers neufs & six aunes de toile.

Si les Srs. Recteurs lors de la visite, reçoivent des plaintes tant contre les Garçons, que contre les Filles dans les Paroisses, & que ce dont on les accuse, soit assez grave pour mériter attention, on les fera venir de gré ou de force pour subir la correction, qui sera proportionnée à la faute; bien entendu qu'ils n'auroient pas encore atteint l'âge de vingt-cinq ans.

Il arrive quelquefois, que lesdits Enfans, après avoir resté un

N

tems confidérable chez le même Païfan, ont acquis fa confiance & fon amitié, au point d'être regardés par lui comme fes enfans, principalement lorfqu'il n'en a point; ainfi c'eft à MM. les Recteurs à ménager ces fortes d'avantages, & à faire pour eux, ce qu'un Pere plein de tendreffe doit à fa famille; les Actes qui fe paffent dans ces occafions doivent être pardevant Notaire.

La dévotion ou d'autres confidérations, engagent auffi quelquefois des perfonnes fort connuës dans la Ville, à fe charger de l'éducation de quelqu'un defdits Enfans; il eft de la prudence des fieurs Recteurs, de voir s'ils y trouvent leur avantage, & fi le nombre d'années qu'ils pafferont fans être à charge à la Maifon, les mettront en état d'acquerir des talens qui puiffent leur affurer du pain le refte de leurs jours, fi ces mêmes perfonnes n'y fuppléent pas en leur laiffant quelque fecours.

Comme le Sr. Recteur ayant la direction des petits Garçons, eft chargé d'acquitter chaque année les gages dont on convient pour la nourriture des Bâtards & Bâtardes à la Campagne, & que pour faciliter à leurs Nourriciers ledit payement, il eft obligé de s'en raporter à un Frere ou autre perfonne de la Maifon, à qui il remet par mandat fur M. le Tréforier, les deniers néceffaires; il aura foin de voir s'il en tient un compte fidéle, qu'il arrêtera tous les trois mois, afin de connoître par lui-même quel en eft l'emploi.

Lefdits Srs. Recteurs auront foin, lorfqu'on ramenera lefdits Enfans de la Campagne, de vérifier chacun dans leur Communauté, fi ceux qui font revenus fe trouvent infcrits dans le Régiftre qu'en fourniffent MM. de l'Hôpital, & s'ils ne font point compris dans le Chapitre des Enfans délaiffés & abandonnés, afin qu'on les place dans le Corps des petits-Paffants ou petites-Paffantes, où ils doivent être.

CHAPITRE XX.

Observations pour Messieurs les Recteurs chargés de la direction des Enfans délaissés ou abandonnés, appellés petits-Passants ou petites-Passantes.

CEs deux Communautés qui se trouvoient autrefois confonduës avec celle des Enfans bâtards, par le mélange de ceux qui les composent aujourd'hui chacune en particulier, doivent leur origine à cet ordre si nécessaire dans une Administration, dont on ne sçauroit fixer les régles avec assez d'exactitude; il étoit dangereux de mettre dans la même classe de ceux qui ne doivent le jour qu'au crime, ou dont l'origine est ignorée, des Enfans que leurs Peres font contraints d'abandonner, dans l'espérance que des tems plus heureux, feront renaître cette tendresse qu'ils étouffent; tel a été l'objet de cette différence, la légitimité de ces victimes de l'infortune, se trouve par-là déterminée, mais les abus trop communs dans ce genre, exigent tous les soins des sieurs Recteurs pour les prévenir.

Les Communautés des petits - Passants & petites - Passantes, doivent donc être uniquement composées des Enfans qu'on amene chaque année de l'Hôtel-Dieu, en même - tems que les Bâtards & Bâtardes, sous la dénomination d'Enfans délaissés & abandonnés; ce qui fait un chapitre particulier dans le Régistre, où les noms des uns & des autres font inscrits.

L'on y reçoit aussi ceux & celles que l'on présente au Bureau, après l'âge de sept ans, jusqu'à douze accomplis, en conséquence du Procès verbal des Officiers du Quartier, par lequel il paroît que les Pere & Mere desdits Enfans ont disparu, après les avoir abandonnés, sans qu'on puisse sçavoir ce qu'ils font devenus.

On doit joindre au Procès verbal, l'Extrait Baptistaire desd. Enfans, ensemble l'Acte Mortuaire du Pere ou de la Mere, si l'un des deux est décedé; & en conséquence desdites piéces, le sieur Recteur dans la distribution de qui se trouve le Quartier où l'on a délaissé lesdits Enfans, fait l'information sur la vérité du fait raporté dans le Procès verbal, de même que des autres Actes y joints.

S'il se trouve par l'information, que lesdits Pere & Mere, se soient véritablement sauvés de la Ville, qu'on ne puisse en avoir connoissance, que le décès de l'un, ait occasionné la fuite de l'autre, & l'abandon de ses Enfans; pour lors, après avoir interrogé lesdits Enfans, & tâché de tirer d'eux quelque indication, ils seront introduits dans ladite Communauté, enrégistrés dans le Livre que les Srs. Recteurs doivent tenir à cet effet, & les piéces énoncées ci-dessus, seront remises aux Archives dans le même ordre que celles renduës sur le même fait, par MM. de l'Hôtel-Dieu.

Comme il arrive souvent que les Pere & Mere desdits Enfans, après avoir averti leurs voisins, qu'ils seront contraints de les abandonner, faute de pouvoir les nourrir, disparoissent pour aller prendre un logement dans un Quartier plus éloigné, ou dans les Fauxbourgs; les sieurs Recteurs chargés desdits Corps, feront leur possible, de concert avec MM. les Recteurs distribuans, pour découvrir le lieu de leur domicile, afin qu'on puisse les leur faire reprendre, en leur donnant du pain pour les aider à les nourrir; on les y obligera même, au cas qu'ils fissent quelque difficulté.

Comme ces fortes de délaiſſemens, ſont quelquefois la ſuite de l'intelligence de certaines perſonnes, qu'un zéle indiſcret porte à s'employer, pour charger la Maiſon de ces Enfans, ſous le faux prétexte d'une fuite ſimulée; les ſieurs Recteurs ne négligeront rien pour en éclaircir la vérité; ils feront leur poſſible, même après qu'ils feront reçûs, pour ſçavoir s'ils n'ont aucun parent en état de les ſoulager; ſi leurs Pere ou Mere ne ſont point revenus, afin de les leur rendre, ou ſi l'un & l'autre ſont décedés, afin de les faire adopter par la Maiſon, ſuppoſé qu'ils ayent les conditions requiſes.

Comme l'on envoye à la Campagne tous leſdits Enfans, ainſi que les Bâtards, lorſqu'on les ramene de l'Hôtel-Dieu, & que leurs Pere ou Mere, paroiſſent quelquefois ſans être connus, pour demander qu'on leur en laiſſe le ſoin juſques à l'âge de dix ans, qu'ils doivent revenir dans la Maiſon, les ſieurs Recteurs tâcheront d'éclaircir le fait, afin de les leur laiſſer pour toûjours, & auront ſoin dans ce cas-là, comme dans ceux énoncés ci-deſſus, de les faire rayer du Régiſtre par M. l'Avocat.

Pour diminuer autant qu'il eſt poſſible ces deux Communautés, qui deviendroient trop nombreuſes, ſi on ne s'oppoſoit avec attention aux abus qui en cauſent les progrès; il eſt à propos que leſd. Srs. Recteurs engagent leurs Confrères, lors de la viſite des Enfans de la Campagne, à y laiſſer ceux-ci, ſans les faire revenir, & à conclure des engagemens pour eux, qui puiſſent les mettre en état de ſe paſſer de la Maiſon.

Quant à ceux qui en ſont revenus, & qui avec les autres qu'on reçoit ſans les y envoyer, compoſent leſdites Communautés, les ſieurs Recteurs les inſcriront dans un Régiſtre à ce deſtiné, dont-ils feront tous les deux mois la vérification en préfence des Commiffaires nommés par le Bureau, afin qu'on en fçache le nombre; ils veilleront à ce qu'on leur faffe lire tous les mois, & obferver avec exactitude le Réglement qui les concerne; prendront garde s'ils font habillés fuivant l'uniforme prefcrit, fi on les tient avec propreté, fi on leur apprend à travailler, à lire & à écrire, fi on les inftruit comme il faut dans leur Religion, & empêcheront qu'on ne les maltraite fans caufe légitime.

Quoiqu'on ne mette, fuivant la régle, les Enfans adoptifs & Bâtards, en apprentiffage que lorfqu'ils ont quatorze ans accomplis; les fieurs Recteurs auront foin de placer ceux-ci chez les Maîtres ou Maîtreffes de la .Ville, à douze ans, pourveu toutefois qu'ils ayent fait leur prémière Communion; il eft à propos d'en ufer de la forte pour débaraffer la Maifon, & pour donner lieu à des engagemens plus longs dans l'Acte d'Apprentiffage qu'on paffe pour eux, dans lequel on peut retenir, qu'au moyen d'un an ou deux de plus fur fa durée ordinaire, les Maîtres ou Maîtreffes fe chargeront de les entretenir de tout, fans que la Maifon ait rien à fournir.

Quoiqu'ils foient en Apprentiffage, les fieurs Recteurs doivent encore par charité veiller fur leur conduite, & s'ils fe comportent mal, les faire corriger, les abandonner même tout-à-fait, s'ils ne répondent pas aux bontés qu'on a eu pour eux; la fin de leur Apprentiffage, devient celle de l'infpection defdits fieurs Recteurs, & les Enfans abandonnés ou délaiffés, font pour lors maîtres de leur conduite, la Maifon n'ayant fur eux aucun droit de fuite.

Au cas que dans le nombre defdits Enfans, il y en eût quelqu'un qui fût poffeffeur de quelque bien fond ou pour qui il y eût quelque Procès à foutenir, les fieurs Recteurs en avertiront M. l'Avocat, pour qu'on puiffe défendre fes droits & lui conferver ce qu'il perdroit, peut-être faute d'y veiller.

Si les Pere ou Mere après s'être fauvés, fe font établis dans quelqu'autre endroit, & qu'une meilleure fortune les mette en état de raffembler leur Famille difperfée, on leur rendra lefdits Enfans, pourveu qu'ils juftifient clairement qu'ils font à eux, les fieurs Recteurs tâcheront de leur faire donner, s'il eft poffible, quelque argent pour récompenfer la Maifon de la nourriture qu'elle leur a fourni.

Enfin, les fieurs Recteurs obferveront, de maintenir ces deux Communautés dans les bornes prefcrites, & de ne point y laiffer par complaifance, par refpect humain, ou faute de foins, introduire un relâchement, dont les fuites ne peuvent être que funeftes pour le bon ordre, & contraires aux intérêts de la Maifon.

CHAPITRE XXI.

Obfervations pour Meffieurs les Recteurs, chargés de la direction des Vieux & des Vieilles.

QUoique tous les Emplois de cet Hôpital femble mériter une égale attention; il en eft cependant aufquels il faut veiller avec plus d'exactitude, & l'on peut mettre dans ce nombre la direction des Vieux hommes, & des Vieilles femmes.

Ce qui n'étoit d'abord qu'une reffource, peu fouhaitée dans la plus méprifable caducité, eft devenu l'objet de l'ambition des Citoyens.

Une vie réglée, exempte de foins, a paru préférable aux

peines de leur état; la mauvaise conduite, l'éloignement pour le travail, ont fait naître l'empressement qu'ils témoignent aujourd'hui pour finir dans la Maison, des jours que le malheur des tems leur rend encore plus à charge.

Si la Charité doit à de pareils motifs, le nombre considérable d'Hommes & de Femmes âgées, qui forment plus de la moitié des Pauvres qu'elle renferme; elle leur doit aussi les Loix qu'elle s'est dictées, pour prévenir les abus, la surprise, & le désordre.

Elle a cru devoir contenir cette Populace, que l'habitude d'une vie libre, & le chagrin de l'âge rend inflexible, par une régle de conduite journalière, qui pût en l'occupant, l'instruire de sa Religion, & lui faire employer dans la Prière, le peu d'intervale qui lui reste encore à vivre.

C'est donc à l'exacte observation de cette même régle, que doivent s'attacher ceux à qui on confie le soin de ces deux Corps, & comme il est des articles particuliers, qui n'ont pour objet que le bon ordre; il est à propos d'en faire ici mention; ils serviront d'instructions.

Aucune personne ne pourra être reçûë, si elle n'a atteint l'âge de soixante & dix ans, & quoique les infirmités puissent suppléer au défaut des années, on ne sera cependant admis sous ce prétexte, que passé soixante ans.

Comme la Maison est principalement établie pour les Citoyens, il est juste de leur donner la préférence sur les Etrangers; on recevra toutefois ceux-ci, pourveu qu'ils établissent par Quittances de loyer, Certificats, Actes d'apprentissage, ou de Maîtrise, avoir habité la Ville dix ans consécutifs.

Toute personne née au dehors des murs & des portes de la Ville, sera reputée étrangère, quoique baptisée dans les Paroisses du dedans, si elle ne justifie de son domicile pendant le terme fixé ci-dessus.

Toute

Toute perſonne qui voudra être reçûë, apportera ſon Extrait Baptiſtaire, qu'elle remettra au ſieur Recteur, dans la diſtribution de qui elle ſe trouvera loger, pour qu'il s'informe de ſa ſituation & de ſes mœurs; ſi elle a atteint les ſoixante & dix ans preſcrits, & qu'elle ſoit dans le cas d'avoir beſoin de la Maiſon; le ſieur Procureur du Bureau l'inſcrira ſans autre formalité dans le Régiſtre, & fera ſigner celui qui aura informé.

Quant aux Etrangers ou ceux de la Ville, qui après ſoixante ans, expoſeroient leurs infirmités pour être reçûs, ſera pareillement faite l'information, avec toute l'exactitude poſſible, tant par raport à l'examen des papiers qui juſtifieront le domicile des prémiers; que pour les infirmités des autres; & en ſera fait le raport au Bureau aſſemblé, qui décidera ſi on doit les refuſer ou les inſcrire.

Pour ceux qui après avoir juſtifié du domicile, ne pourront rapporter d'Acte Baptiſtaire, par l'incendie, ou la perte des Régiſtres, ce qui arrive quelquefois; ils y ſupléeront par un certificat du Curé de la Paroiſſe où ils ſont nés, duëment légaliſé par le Juge des lieux; & ſera faite information par des Commiſſaires nommés par le Bureau, de la vérité du fait, & de leurs vie, mœurs, & catholicité, crainte de ſurpriſe, le tout rapporté ſera ſtatué ſur la réception.

Le ſieur Procureur chargé de l'enrégiſtrement deſdits Vieux & Vieilles, aura ſoin de leur donner le billet imprimé de leur réception, ſur lequel il mettra, pour plus d'exactitude, le folio de ſon Régiſtre, le jour, le mois & l'année.

La perſonne reçûë, ira trouver le ſieur Recteur du Corps, pour le prier de lui aſſigner une place; il préférera toujours les plus anciens de réception, & au cas qu'il y en ait de libre, il mettra ſur ledit billet, le nom de la chambre, & le numero du lit qu'il lui deſtine, & aura ſoin de l'inſcrire avec le même

O

ordre, dans le Régiftre qu'il tiendra à cet effet, où fera le nom des chambres, le numero des lits qu'elles contiennent, & le nom des deux perfonnes qui y couchent.

Pour éviter les inconveniens qui arrivent dans les retranchemens des portions, dans le changement de lits & de chambres, lorfqu'on introduit tous les jours indifféremment lefdits Vieux ou Vieilles dans la Maifon; il eft à propos de fixer dans chaque Semaine un jour à chaque Corps; ainfi le Mercredi fera pour les prémiers, & le Jeudi pour les autres, & ils fe trouveront à midi précife, dans la Sale de la Draperie, pour y attendre le fieur Econome, à qui ils préfenteront leur billet.

Après avoir vérifié la fignature, le Sr. Econome les conduira à la Sœur, pour qu'elle ait à les infcrire dans fon Catalogue, à leur faire quitter leurs habits, prendre ceux de la Maifon, & les conduire dans la chambre & lit défigné; après quoi le fieur Econome s'informera s'ils ont le pain de l'Aumône, & dans quel Quartier, pour en avertir le Recteur diftribuant; il mettra leur nom dans fon Régiftre, & gardera le billet, qu'il enliaffera ainfi que tous ceux de l'année.

Si lefdits Vieux ou Vieilles, fe trouvent être fans Enfans, les meubles ou éfets qu'ils pourroient avoir, feront tranfportés dans la Maifon, pour y être employés ou vendus au profit des Pauvres.

Les Recteurs ayant la direction defd. Corps, auront attention de ne laiffer dans les chambres, aucun lit qui ne foit à deux places, excepté dans les Infirmeries, où l'on en fouffrira un fort petit nombre, pour ceux & celles qui doivent être néceffairement feuls; ils veilleront auffi à ce qu'on les place dans les Infirmeries, lorfque les maladies habituelles les mettent hors d'état de fuivre le Réglement, & qu'il feroit difficile de les fervir ailleurs avec exactitude.

Il eſt à propos de laiſſer vaquant le lit de ceux ou celles qu'on mene à l'Hôpital, ou qui prennent un congé de quinze jours, comme c'eſt le terme le moins conſiderable, on évite par-là la confuſion ſoit dans l'arrangement des chambres, ſoit dans les portions que la Sœur doit retrancher; mais au cas que l'abſence par billet ſoit plus conſidérable, il eſt juſte de remplir ledit lit; ſauf à la perſonne qui eſt ſortie, d'attendre qu'il y en ait de libre.

Comme la propreté devient l'objet le plus intéreſſant pour la vieilleſſe, il eſt eſſentiel de veiller, à ce que la Sœur leur faſſe changer de linge toutes les Semaines, & quelquefois d'habits, les oblige à ſe peigner, ſe décraſſer; qu'elle faſſe balayer tous les deux jours leurs cour, dortoir, eſcalier & les chambres, ſur-tout ſous les lits, qu'elle les contraigne à tenir leurs fenêtres ouvertes, dans les tems où ils ſont aux exercices, pour ôter le mauvais air, & qu'elle ait la même attention dans leur réfectoir.

Lorſque quelqu'un des Vieux ou Vieilles aura été mis en pénitence, pour avoir manqué au Réglement, les Srs. Recteurs tiendront la main à ce qu'elle ſoit accomplie; ils ne pourront, & encore moins la Sœur ou l'Econome, en diſpenſer le coupable; cet article étant reſervé au Bureau aſſemblé, de même que toutes les dérogations à la Régle générale.

Ceux ou celles qui ſe feront mis dans le cas d'être chaſſés de la Maiſon, pour les cauſes expliquées dans le Réglement, ou pour autres non-prévuës, feront dénoncés au Bureau, qui fera mention dans un Régiſtre à ce deſtiné, de leur nom, du jour de leur entrée, & des motifs qui ont obligé à les mettre dehors pour toûjours, afin qu'on puiſſe y avoir recours, au cas qu'ils demandent grace à l'avenir.

Les Srs. Recteurs deſdits Corps y feront de fréquentes viſites, pour y maintenir le bon ordre & l'exactitude à la Régle, pour veiller à ce que la Sœur & le fieur Econome n'y laiffent pas introduire le relâchement, & faffent lire tous les mois le Réglement pendant le repas; ils demanderont tous les trois mois des Commiffaires au Bureau, pour faire la vérification de leur Catalogue, & le dénombrement de tous lefdits Vieux ou Vieilles, afin de connoître plus précifément, en les appellant l'un après l'autre, s'il ne s'en eft admis aucun par furprife & fans leur participation.

Lorfqu'on les recevra dans la Maifon, les fieurs Recteurs les avertiront, de fe préparer à faire dans le mois, une Confeffion générale, & le fieur Econôme donnera leur nom au Sr. Aumonier, afin qu'il les y difpofe, & qu'il leur en donne un certificat, qu'ils rapporteront au fieur Recteur; & faute par eux d'y fatisfaire dans ledit tems, ou quelques jours de plus s'il en eft befoin, ils feront chaffés fans rémiffion.

Pour leur infpirer encore plus une véritable piété, on fera faire tous les ans avant Pâques, à chacun de ces Corps, une Retraite de huit jours, pendant laquelle ils ne fortiront pas; on leur fera foir & matin une exhortation fur différens fujets de Religion; & principalement fur :

1°. Leurs devoirs envers Dieu, & la pratique d'une dévotion folide.

2°. La foûmiffion & l'obéïffance aux fieurs Recteurs & Officiers de la Maifon, & l'exactitude aux Reglemens.

3°. La paix, l'union & la charité entr'eux.

4°. La fidélité & l'affiduité au travail.

5°. L'obligation de prier pour leurs Bienfaiteurs.

6°. La néceffité indifpenfable de découvrir ce qu'ils fçavent fe paffer contre le bien fpirituel & temporel de la Maifon.

Comme ladite Retraite les aura préparé à faire leurs Pâques afin qu'on foit informé s'ils fe font préfentés pour fe confeffer; le fieur Recteur délivrera à chacun d'eux leur nom, fur un morceau de carte, qu'ils donneront au Confeſſeur à qui ils ſe feront adreſſés, & les Aumôniers auront ſoin de retirer tous leſdits billets, pour les vérifier ſur le Régiſtre du ſieur Recteur, & au cas que quelqu'un y ait manqué ſans légitime cauſe, il ſera mis dehors ſans remiſſion.

Les Ouvriers de la Maiſon & les Suiſſes, prenant leurs repas dans le réfectoir des Vieux, à des heures différentes, que ladite Communauté, le ſieur Recteur recommandera à la Sœur de veiller à ce qu'ils ne reſtent pas à table, plus d'un gros quart-d'heure à déjeuner & gouter; plus de trois quarts-d'heure à dîner & ſouper, & de l'avertir en cas de contravention, afin qu'il les empêche de perdre ainſi le tems.

CHAPITRE XXII.

Obſervations pour Meſſieurs les Recteurs, chargés de la direction des Mendians & Mendiantes.

IL eſt malheureux pour les Citoyens, que le peu d'étenduë dans les bâtimens de la Charité, ne permette pas de renfermer ceux dont les demandes importunes s'oppoſent au repos public; quelque ſoulagement que la Maiſon leur donne par le pain qu'elle diſtribuë, la mendicité ne ſçauroit diſparoître; & ſes Adminiſtrateurs ſe voient avec douleur, forcés de conſerver aux Pauvres de la Ville, ce que l'Etranger voudroit leur ravir, & tandis que leurs ſoins ne roulent que ſur celui-ci, ils négligent ce qu'ils doivent aux autres; mais les deſirs, joints à l'impoſ-ſibilité, deviennent pour cet Hôpital, une excuſe légitime; & les ſoins de MM. les Recteurs chargés de cette partie, ne sont pas différens de ceux qu'on prendroit pour un objet auffi immenfe qu'on le fouhaite.

Ils doivent donc veiller, à ce que lefdits Mendians, & Mendiantes foient nourris fuivant l'ufage, avec du pain & de l'eau, autant qu'ils en veulent, & de la foupe le foir; à la referve toutefois des Vieillards, des femmes enceintes, ou qui nourriffent leurs enfans, à qui on donne encore un peu de vin, & un morceau de viande.

Comme il entre peu d'air dans les chambres baffes, où les uns & les autres font renfermés; il eft à propos de les faire nettoyer & arrofer fouvent, de ne pas y laiffer les malades, fur-tout l'Eté, & de faire changer de chemife à tous régulie- ment chaque femaine.

On leur dit la Meffe les Fêtes & Dimanches, & MM. les Recteurs doivent être attentifs à s'informer s'ils l'entendent, & fi MM. les Aumôniers, chacun dans leur diftric, vont leur faire, au moins tous les quinze jours, quelque exhortation ou inftruction; fi les Sœurs font exactes à leur faire dire chaque jour la Prière du matin & du foir.

Les Suiffes deftinés à ramaffer lefdits Mendians dans la Ville, étant auffi fous la direction defdits fieurs Recteurs; ils doivent donner les ordres à leur Capitaine, afin qu'il prenne les Pauvres Etrangers, ceux de la Ville qui font importuns & infolents, & qu'il ne paffe pas un jour fans faire fa ronde, pour en amener quelqu'un.

Mais attendu qu'une partie defdits Suiffes font occupés le plus fouvent à porter les leffives, ou à d'autres ouvrages pénibles néceffaires à la Maifon; il eft à propos d'en avoir un nombre fuffifant, pour qu'il s'en trouve toûjours, au moins, fept ou huit avec leur Capitaine, dans la ronde qu'il doit faire matin & foir, tant pour prendre lefdits Mendians, que pour leur donner la fuite, & retenir par ces fréquentes tournées, ceux que trop de facilité rendroit plus hardis à demander.

Le Capitaine defdits Suiffes, ayant authorité fur fa Troupe,
doit les obliger à fe tenir avec propreté, les mettre dehors,
de l'avis du fieur Econome, s'ils s'enivrent, s'ils jurent, s'ils
fe batent, s'ils infultent quelqu'un, s'ils refufent de lui obéïr,
& les fieurs Recteurs doivent s'affurer de la probité dudit
Capitaine, examiner de près fa conduite, s'informer s'il ne fait
point acheter à de certains Pauvres la liberté de mendier,
s'il ne s'entend point avec eux, & s'il s'acquitte fidélement de
fon devoir.

Les chambres deftinées à contenir lefdits Mendians &
Mendiantes, étant trop petites; les fieurs Recteurs doivent
tous les jeudis, fe trouver de bonne heure au Bureau, afin
de s'y tranfporter avec M. le Tréforier de France, qui a l'infpection particulière fur cette partie, pour voir dans le Régiftre
tenu à cet effet, ceux qui font dans le cas d'être mis dehors;
foit parce que n'étant pas en habitude de demander, ils ont
été pris la prémière fois; foit parce qu'on les demande pour
les employer à quelque ouvrage; foit parce qu'ils y font depuis
long-tems, & qu'ils promettent fortir de la Ville.

Au cas qu'on leur accorde le relâche, il eft néceffaire de
faire mention de leur fortie en marge dudit Régiftre, à côté
du fignalement qu'on y infcrit, & pour arrêter autant qu'il
eft poffible, l'habitude où font la plûpart de mendier continuellement; il eft à propos de fixer un terme pour les garder,
proportionné à la quantité de fois qu'ils ont été pris; comme
deux mois la prémière; trois mois la feconde; quatre la troifiéme
& ainfi du refte; cette efpèce de loi fuivie avec un peu d'exactitude, a produit dans de certains tems, l'effet qu'on pouvoit
en efpérer, jointe à la correction du prié-Dieu, pour les enfans
de dix à quinze ans, & du cachot pour des plus âgés qui
pourroient travailler; au refte, l'on ne peut établir le bon
ordre & l'exactitude fur cet article, qu'en ôtant à qui que

ce soit, excepté au Bureau en Corps, la faculté de mettre dehors lesdits Mendians; s'il n'en a été ainsi décidé par le petit Tribunal, à qui ce détail est réservé.

Il arrive quelquefois à certains Etrangers venus dans la Ville pour y travailler, ou dans le dessein de passer outre, de se présenter au Bureau, & de demander qu'on leur permette de rester dans la Maison pendant quelques jours, soit pour se délasser, soit afin d'avoir le tems de trouver de l'ouvrage; les sieurs Recteurs peuvent les admettre parmi les Mendians ou Mendiantes, fixer le tems qu'ils y resteront, ordonner qu'on les nourrisse mieux que les autres, & les mettre dehors à l'échéance; on doit en user de même à l'égard de certaines femmes qui viennent à la Maison, pour attendre que le terme de faire leurs couches à l'Hôtel-Dieu, soit à peu près arrivé; le sieur Chirurgien Major doit les y envoyer une quinzaine de jours avant son échéance.

Comme la Maison donne à tous les Mendians passants dans la Ville, munis de passe-ports, un pain, qu'ils viennent prendre à la porte de la Charité; les sieurs Recteurs auront soin que le Frere qui le leur délivre, imprime la marque de la Maison sur ledit passe-port; afin qu'ils ne reviennent pas une seconde fois le demander, & qu'il les avertisse de ne pas rester dans Lyon plus de deux jours, passé lesquels ils seront pris & fermés.

On retire communément dans la Maison, ceux & celles qui ont la teigne, pour les y nourrir lorsqu'ils sont pauvres, pendant qu'ils vont se faire traiter à l'Hôtel-Dieu; les sieurs Recteurs obligeront lesdits teigneux à assister à la Prière qui se fait soir & matin pour les Mendians & Mendiantes, & à se conduire avec régularité, sans déranger par la liberté qu'on leur laisse de sortir, les exercices de la Maison; ils les mettront dehors si-tôt qu'ils seront guéris; & même avant s'ils causent du désordre.   Les

Les Cachots font encore une fuite des mêmes emplois; les fieurs Recteurs doivent les faire tenir propres, vifiter fouvent ceux qu'on y renferme, empêcher que le Cachotier ou la Cachotière pour les femmes, ne donnent du vin à ceux qui y font; leur faire ôter leurs couteaux, cifeaux, jartieres, & autres inftrumens dangereux, avant de les y mettre, éviter d'enfermer deux perfonnes dans le même, & faire corriger les Enfans de la Ville que leurs Parens y font mettre, lorfqu'ils le demandent, de même que ceux qui y font envoyés par jugements, ou à la prière de M. le Commandant.

CHAPITRE XXIII.

Obfervations pour Meffieurs les Recteurs chargés des Diftributions de Pain dans la Ville.

PArmi les différens objets qu'embraffe l'Adminiftration de la Charité, celui de fournir du pain aux Pauvres de la Ville, eft un des plus intéreffants; ce fecours diftribué fuivant le befoin, aide à fuporter la misère, & infpire cette patience que les tems contraires au travail, feroient peut-être perdre; la multitude de Citoyens qu'une oifiveté forcée met dans le cas d'employer cette reffource, doit être favorifée pour l'intérêt même de la Patrie; mais en même-tems MM. les Recteurs chargés d'un détail fi immenfe, doivent employer tous leurs foins pour tenir dans des bornes raifonnables, la dépenfe confidérable que cette Aumône occafionne à la Maifon, & regarder les peines & les fatigues qui font à la fuite de cet

Emploi, comme autant de moyens pour exercer leur patience
& mériter envers Dieu.

Comme on a divifé les différens Quartiers de la Ville en
cinq parties, dans chacune defquelles fe fait une diftribution
tous les Dimanches; les cinq Recteurs qui en font chargés
doivent avoir pour la partie qui les concerne, un Régiftre,
contenant par ruë, le nom, furnom, âge, profeffion, le lieu
de la demeure, le nombre d'enfans de ceux & celles à qui ils
le donnent, & la quantité de pain à laquelle ils les ont fixés;
ils y feront mention des gens mariés, Veufs ou Veuves, des
Filles orphelines; & marqueront fi ce font des infirmes, afin
que ceux qui leur fuccéderont dans lefd. Diftributions, puiffent
être informés des motifs qu'on a eu de leur donner le pain.

Lorfque quelque Pauvre viendra le demander au Bureau,
on l'adreffera à celui de MM. les Recteurs, dans la Diftribution de qui il loge, pour qu'il prenne fon nom, & fon
adreffe, après quoi il ira chez lui voir par lui-même en quel
état il eft, & s'informer de fa fituation auprès des Officiers
du Quartier, ou dans le voifinage; s'il eft dans le cas que le
befoin l'ait déterminé, & non la fénéantife; il l'infcrira avec
les autres, à moins qu'il ne fût étranger, ceux-là n'y étant
admis qu'après fept ans de domicile bien juftifiés.

Pour obvier aux abus qui peuvent arriver de la part de
ceux à qui on donne le pain; les fieurs Recteurs feront deux
fois l'année une vifite générale dans leur diftrict, & la recherche
exacte de tous les endroits où logent lefd. Pauvres, pour fçavoir
fi leur fituation eft devenuë meilleure, s'ils travaillent, s'ils
ont des Chiens, parce qu'alors ils peuvent s'en paffer; s'il leur
eft né ou mort des Enfans, afin de continuer, retrancher,
diminuer ou augmenter ladite Aumône, fuivant la néceffité.

Le tems le plus convenable pour ces deux vifites, eft
ordinairement au commencement de May, & à la fin de

Novembre ; les travaux de la belle-saison occasionnent des diminutions & retranchemens dans la première, & l'autre sert à mettre le Régistre en bon ordre, avec des notes pour celui qui doit succéder à ladite distribution.

Indépendamment de ces visites, les sieurs Recteurs doivent faire leur possible, pour avoir quelques personnes sur qui ils puissent compter, qui épient les Pauvres de leur distribution, lorsqu'ils craignent d'en être trompés ; & sur-tout ceux qui ne prennent le pain que pour s'exempter de la Capitation, en vertu du certificat qu'on leur délivre ; abus qu'on ne peut corriger avec trop d'attention : ces mêmes Espions serviront encore à les avertir fidélement de ceux qui meurent, afin qu'on les raye du Régistre ; & de tout ce qui se passeroit de contraire au bon ordre & à la régle dans cette partie.

A six heures du matin depuis Pâques jusqu'à la Toussaints , & à sept heures le reste de l'année ; lesdits cinq Recteurs doivent se trouver dans les endroits destinés à faire ladite Aumône , & après avoir compté les pains ou demi pains que l'on y range, & vérifié si le nombre en est conforme à celui énoncé dans le billet du Sr. Recteur chargé de la Boulangerie, que celui des Vieux commis à leur distribution leur apporte ; ils vont en habit rectoral entendre la Messe, où assistent les Pauvres de ladite distribution, qui prient Dieu pour leurs Bienfaiteurs ; après quoi on doit leur faire un Catéchisme ou instruction, afin de leur procurer aussi la nourriture de l'ame, comme on leur fournit celle du corps.

Tout étant achevé, le sieur Recteur entre dans l'endroit où sont les pains, avec le Vieux qui en a apporté le compte, il ferme la porte , fait tenir un des Suisses au guichet par où on les passe, afin qu'on se range & qu'on puisse s'aprocher sans confusion ; il appelle ensuite à haute voix tous les Pauvres de son Catalogue, à qui on délivre la quantité de pain y énoncée; ceux qui ne se présentent pas lors de l'appel, doivent être renvoyés à la fin, qu'on les appelle de nouveau; s'ils ne s'y trouvent pas alors, ils en sont privés; à moins que pour cause de maladie, ils n'eussent chargé quelqu'un de le prendre pour eux; & même s'ils sont en habitude de ne pas se trouver exactement à l'heure, il est à propos de le leur retrancher.

Ladite distribution étant finie, le sieur Recteur signera le billet, dont on a déja parlé, reconnoissant que le nombre de pains s'y est trouvé; au cas qu'il en ait de reste, il en fera mention, & mettra sur le même billet ce qu'il en faudra de plus ou de moins pour la distribution suivante; les jours de Pâques, Pentecôte & les Fêtes solemnelles, le pain se distribuë le Samedi, & les sieurs Recteurs en avertissent les Pauvres le Dimanche précédent.

Aucun desdits sieurs Recteurs ne pourra se dispenser de faire personnellement la distribution dont-il est chargé, si ce n'est pour cause de maladie, ou de voyage indispensable; auquel cas, il priera le Bureau, d'engager quelqu'un de MM. ses Confrères à le remplacer, n'étant pas décent, que des Commis ou personnes étrangères, remplissent cette fonction.

Indépendamment du Catalogue ci-dessus, MM. les Recteurs doivent en avoir un particulier pour ceux qui prennent le pain secrettement; il ne doit s'accorder de cette manière, qu'à gens de qui la famille est connuë, ou qui d'un état d'opulence sont tombés dans la misére; la visite qu'il est à propos de faire chez eux lorsqu'ils le demandent, exige de la part des sieurs Recteurs beaucoup de prudence & de circonspection; leur information n'en demande pas moins, afin de ne point apprendre au Public, ce que la honte les engage à lui cacher: Comme ce pain se délivre un autre jour, soit dans la Maison, soit dans les endroits indiqués pour chaque diſtribution, il eſt néceſſaire de donner à chacun une carte ſignée, pour qu'ils puiſſent l'envoyer prendre par qui il juge à propos.

Les informations qui doivent précéder la réception des Vieux & Vieilles, des petits-Paſſants & petites-Paſſantes, ſont encore une ſuite de l'emploi des ſieurs Recteurs; la connoiſ-ſance qu'ils doivent avoir des Quartiers où ils donnent le pain, les met en état de ſuivre ſur cet article les régles établies pour chacune de ces Communautés; l'ouverture des Troncs dans les Egliſes de leur diſtrict, les regarde auſſi; elle ſe fait toûjours après Pâques, & l'argent qu'ils y trouvent eſt remis au ſieur Tréſorier des Deniers, pour le paſſer en recette dans ſon compte.

Enfin, MM. les Recteurs ne ſçauroient employer dans les fonctions qui leur ſont attribuées, trop de ſageſſe & de douceur, pour contenter les Pauvres, trop de vigilance & de ſoins, pour approfondir leurs beſoins, & trop de fermeté, pour n'accorder à leurs importunités, aux ſollicitations étrangères, qu'ils mettent en œuvre, que ce qu'il faut pour leur aider à ſubſiſter avec le peu de travail qu'ils peuvent faire.

CHAPITRE XXIV.

OBSERVATIONS GENERALES,
pour Meſſieurs les Recteurs.

Quoique MM. les Adminiſtrateurs, trouvent chacun dans les Chapitres précédens, le détail circonſtancié de leurs fonctions particulières; il eſt encore des devoirs généraux, qu'il ne leur eſt pas permis d'ignorer, & dont l'obſervation n'eft pas moins effentielle pour le bien de la Maifon, qu'avan-tageufe dans le bon ordre qui doit s'y pratiquer.

Tous les Dimanches de l'année, MM. les Recteurs s'affem-blent pour tenir le Bureau; fçavoir, depuis la Touffaints jufqu'à Pâques, à trois heures après-midi, le refte du tems à huit heures du matin; tous les Jeudis, auffi à trois heures, excepté les Vacances, où il fe tient le Mercredi, & certains jours de grande Fête, où il eft renvoyé au lendemain.

Ils doivent s'y rendre avec affiduité, & à l'heure fixée, pour pouvoir travailler aux affaires de la Maifon; n'entrer qu'en habit de cérémonie dans la Sale où il fe tient, lorfque la Prière eft dite; ne pas parler ni fortir de leurs places, lorfqu'on eft aux opinions, dire leur avis l'un après l'autre, lorfque M. le Préfident recueille les voix, & ne rien propofer même fur le fait de leurs emplois, que lorfque leur tour eft venu.

Pour peu que chaque affaire qui fe décide foit intéreffante, elle doit être infcrite briévement dans un Régiftre tenu par le fieur Procureur, afin qu'on puiffe y avoir recours dans le befoin; & au cas que la réfolution que l'on a prife paroiffe importante, elle fera couchée dans le Régiftre des déliberations, & fignée par tous MM. les Recteurs, comme devant faire Loi pour l'avenir.

Chacun à fon rang doit faire exactement fa vifite en habit de cérémonie dans la Maifon, le jour indiqué par les billets que M. le Préfident diftribuë à chacun le Dimanche précédent. Ces vifites font établies pour s'informer de ce qui fe paffe, tant des Pauvres que des Officiers, pour remédier au defordre dans les cas preffants, & pour faire part à la prochaine Affemblée, de ce qu'on a remarqué ou appris de contraire aux régles; lorfqu'elle eft achevée, on juftifie de fon affiduité par fa fignature dans le Livre à ce deftiné.

Les jours que M. le Médecin vient voir les Malades, qu'on

diftribuë du pain, ou du linge aux Prifonniers; celui de MM. les Adminiftrateurs, qui fe trouve en rang, doit être préfent par charité à toutes ces bonnes œuvres, & par devoir, étant la fuite de fa vifite, puifqu'il figne le billet de la quantité de pains délivrés, où il énonce ceux qui ont manqué ou qui fe font trouvés de trop.

Indépendamment de cette vifite journalière, il en eft encore d'autres que le Bureau fait par Députés ou en Corps, & on ne peut décider lefquelles font les plus utiles; les unes doivent fe faire tous les deux mois, par trois Commiffaires nommés pour la vérification des Régiftres, de chacun de MM. les Recteurs ayant la direction d'une Communauté, & l'appel ou revuë de ceux qui la compofent ; pour voir fi leur dénombrement fe rapporte à la quantité déclarée pour la délivrance des différentes denrées, & en rendre compte à l'Affemblée.

Les autres fe font tous les mois aux gréniers, afin de connoître en quel état on fe trouve pour la quantité de bléds, & prendre des arrangemens pour s'en pourvoir à tems, la moitié des Adminiftrateurs eft chargée de cette vifite, tandis que l'autre moitié fait effayer en fa préfence les pompes pour le feu, & va voir fi toutes celles des puits de la Maifon font en bon état; cette précaution n'eft pas moins néceffaire que la précédente. Enfin, la vifite générale que font tous MM. les Recteurs deux ou trois fois l'année dans toute la Maifon, pour prévenir ou reformer les abus qui pourroient s'y introduire, eft indifpenfable.

Comme on ne peut maintenir le bon ordre, qu'en ôtant toute communication entre les différentes Communautés qui compofent la Maifon, & en empêchant aux étrangers d'y entrer; le Bureau ne fçauroit avoir trop d'attention fur les Portiers des différentes cours de la Maifon, fur les Portiers & Portières des grilles dans l'intérieur; les faire venir fouvent, pour leur recommander leur devoir, & les punir rigoureusement s'ils manquent à exécuter ce qui leur est prescrit dans chaque Réglement, dont les sieurs Recteurs leur donneront connoissance, chacun pour ce qui concerne la Communauté dont il est chargé.

Il est difficile de ne pas être quelquefois forcé de mettre dehors de la Maison, pour de bonnes & légitimes raisons, & dans la vûë de se conformer à la Régle, quelqu'un de ceux qui y sont depuis long-tems, & même dès l'enfance : l'on doit en pareil cas les inscrire dans un Régistre à ce destiné, avec les motifs qui ont décidé le Bureau, afin qu'on puisse à l'avenir répondre avec connoissance de cause à leurs importunités, lorsqu'ils cherchent à rentrer.

Les fonctions de MM. les Administrateurs quoique séparées, ont un rapport qui peut quelquefois causer entre eux du mécontentement; c'est au Bureau à décider de leurs difficultés, de même que des cas extraordinaires, qui peuvent survenir dans leurs emplois; tous sont prépolés pour maintenir la régle prescrite, & l'Assemblée seule doit décider des exceptions.

Enfin, le soin particulier qu'ils se donnent pour le service de la Maison, exige encore leur préfence aux Messes qu'on fait célébrer pour les Bienfaiteurs, & aux Quêtes qui se font pour les Pauvres; rien n'est à négliger lorsqu'il s'agit d'exprimer leur reconnoissance & de leur procurer des secours.

Fin de la prémière Partie.

REGLEMENS

DE

L'HÔPITAL GÉNÉRAL,

DE LA

CHARITÉ DE LYON.

SECONDE PARTIE.

Les Fonctions des Officiers de la Maison.

CHAPITRE PREMIER.

Du Medecin.

QUOYQU'ON reçoive uniquement dans l'Hôpital de la Charité, ceux dont la santé paroît affermie, il est impossible qu'un Peuple aussi nombreux, renfermé si long-tems, ne ressente quelquefois les tristes effets de la caducité, les dangers de l'enfance, & les maladies

Q

inféparables de l'humanité ; il falloit donc pourvoir à fes befoins fur cet article, avec autant de foin que l'on fournit aux autres : C'eft dans ces vûës que le Bureau choifit un des plus fameux Médecins de la Ville, à qui on donne des honoraires, plûtôt pour marquer la reconnoiffance des Adminiftrateurs, que comme la récompenfe des peines qu'il fe donne avec tant de zèle.

Le fieur Médecin doit faire régulièrement fes vifites de malades deux fois la femaine, les jours prefcrits & à l'heure fixée, s'il eft poffible, afin que le fieur Recteur de vifite le même jour dans la Maifon, puiffe y affifter, s'il le juge à propos : Et au cas que le nombre de malades, ou le genre de maladie, exige de fa part plus d'attention, fa charité doit le porter à régler fes foins fur les befoins.

Comme il eft accompagné par le Chirurgien Major, un de fes Garçons, la Sœur de la Pharmacie & fon Eleve ; le prémier doit le conduire aux endroits où font les malades furvenus depuis fa dernière vifite, l'informer de leur état, des remédes qu'on leur a fait prendre pendant fon abfence, afin qu'il puiffe ordonner ce qu'il convient, foit pour être tranfportés à l'Hôtel-Dieu, foit pour recevoir dans la Maifon les fecours néceffaires.

Dans ce dernier cas, la Sœur écrira fur le Régiftre à ce deftiné, le nom du Malade, la Communauté, la chambre, le numero du lit où il couche, & l'ordonnance que dictera le fieur Médecin, qui s'informera fi celles de la précedente vifite ont été exécutées, & quel en a été l'effet.

La difficulté de fervir avec exactitude ceux qui font attaqués de maladies dangereufes, de longue durée, ou qui fe communiquent, doit engager le fieur Médecin à les envoyer, fuivant le Réglement, à l'Hôtel-Dieu, où ils font fecourus & veillés avec plus d'attention : Quant à ceux qui pourroient être fujets au mal caduc, & aux écroüelles; fi-tôt qu'il s'en appercevra, il avertira le fieur Recteur dans la Communauté de qui ils font, pour qu'on les faffe placer dans les Infirmeries deftinées à ces fortes de maux; avertira pareillement le Bureau, fi quelque maladie populaire ou contagieufe commençoit à paroître.

Ledit fieur Médecin aura pareillement foin de faire prendre par le Chirurgien Major, une note particulière de ceux dont l'état languiffant, exige plûtôt de bons alimens & en plus grande quantité, que des remédes, afin que les Sœurs chargées des Communautés, puiffent leur donner fidélement l'augmentation qu'on accorde en pareilles circonftances, & que le fieur Econome y faffe attention, pour remédier aux abus qui peuvent furvenir.

La négligence des Garçons Chirurgiens dans les panfemens, qu'ils font obligés de faire tous les jours, pouvant porter préjudice aux malades, le fieur Médecin fe fera montrer de tems en tems quelques playes, pour juger par leur état, de leur exactitude, & en les faifant travailler devant lui, des progrès qu'ils font dans leur Métier; il s'informera auffi du Chirurgien Major de leur capacité dans l'Anatomie & dans les opérations dont-il leur donne des Leçons.

A l'égard de la Pharmacie, le fieur Médecin en fera auffi la vifite quelquefois, pour fçavoir fi elle eft fournie des drogues néceffaires, & de bonne qualité; fi les compofitions fe font comme il faut, & dans les tems convenables; fi on exécute fes ordonnances, & au cas qu'il s'apperçoive dans cette partie, ou dans la précedente, de quelque chofe de contraire au bon ordre, il en avertira le fieur Recteur chargé de cette direction, pour qu'il puiffe en informer le Bureau, s'il ne peut par lui-même y apporter reméde.

Q ij

CHAPITRE II.

Du Sécretaire.

LA quantité d'Actes différens que la Maison se voit tous les jours obligée de passer pardevant Notaire, soit pour elle, soit pour ses Enfans, a fait connoître à ses Administrateurs, l'indispensable nécessité d'en choisir un pour Sécretaire, & l'avantage qu'elle y trouve par l'économie, se trouve égal à la facilité qu'il procure dans l'occasion.

Le sieur Secrétaire doit se trouver régulièrement au Bureau tous les jours que MM. les Recteurs s'y assemblent, s'y rendre de bonne heure, afin d'avoir dressé les mandats dans son Régistre avant qu'on commence la Priére; & au cas qu'il y en ait quelqu'un sur lequel il eût besoin de la résolution du Bureau; il ne l'écrira qu'après l'avoir prise.

Les mandats achevés, il en fera lecture, donnera l'explication de ceux dont on n'auroit pas connoissance; & lorsqu'on les aura signés, il fera part à l'Assemblée des propositions qu'on peut lui avoir faites; soit pour ventes, acquisitions, échanges de maisons, remboursement, placemens de deniers, & des conditions, afin qu'on puisse y délibérer & le mettre en état de rendre réponse.

Ledit Sr. Secrétaire recevra tous les Contrats, Baux à loyers & autres Actes, où ledit Hôpital entrera, & aura soin pour plus de facilité d'inscrire exactement sur le Régistre qui se tient dans le Cabinet des Ecritures, un extrait abregé des Actes publics, & des clauses y inserées, auquel on puisse avoir recours dans le besoin; & comme il est nécessaire pour le bon ordre des Archives, d'y placer les expéditions de quelques-uns de ces Actes, il les fournira lorsqu'elles lui seront demandées par M. l'Avocat ou l'Archiviste.

Il fera pareillement expédier tous les Actes ou Contrats perpétuels sur le Régistre à ce destiné, qui doit rester aux Archives, & y rapportera, suivant l'usage, les Régistres des mandats.

Ledit Sr. Secrétaire aura un régistre particulier pour les Actes d'Apprentissage des Enfans de la Maison, Adoptifs, ou Bâtards que chacun des Recteurs signe pour la Communauté dont-il est chargé, & prendra garde de n'en passer aucun qu'après avoir vérifié si l'Enfant qu'on veut engager, est inscrit dans le Régistre des prémières Communions, s'il a atteint l'âge fixé de quatorze ans accomplis [excepté toutefois pour les petits-Passants & petites-Passantes, qui n'ont besoin que de douze ans,] & si une des susdites conditions manque, il en informera le Bureau, afin de sçavoir s'il y a des raisons pour s'éloigner de la régle & de l'usage.

Les Actes d'Adoption étant ordinairement dressés par l'un des Agens dans le Livre à ce destiné, le Sr. Secrétaire se le fera rapporter tous les ans après la Nôtre-Dame de Septembre, pour les faire expédier sur le Régistre, qui doit rester aux Archives, & lors que celui que tient l'Agent sera rempli, il aura soin de le retirer pour le joindre à ses minutes.

Comme on est dans l'usage d'envoyer aux Capitaines des Quartiers des billets d'invitation pour faire quêter ceux qu'ils choisissent, à la porte des Eglises où dans les maisons, qu'on en donne aussi pour le même sujet dans les principales Fêtes de l'année, aux différentes Compagnies ou à des personnes distinguées; le sieur Sécretaire aura soin de les préparer & de les remettre à ceux qui font en usage de s'en charger, pour qu'ils puissent ensuite les distribuer suivant leur ordre & leur destination.

CHAPITRE III.

Du Procureur.

IL eſt difficile que les biens poſſedés par la Maiſon, ne deviennent quelquefois la ſource de pluſieurs difficultés, & quoiqu'elle les tienne de la pieté des Citoyens, qu'ils en connoiſſent l'emploi; on cherche ſouvent à lui ravir, ce que les Tribunaux de la Juſtice lui conſervent; elle eſt donc réduite malgré elle, à mettre en œuvre les formalités que le procès exige, & comme ce ne peut être que par le miniſtère de MM. les Procureurs; elle trouve parmi eux toute l'attention qu'elle peut ſouhaiter pour ſa défenſe, & pour celle des Enfans qu'elle adopte.

MM. les Adminiſtrateurs choiſiſſent toûjours, pour remplir ces fonctions, un de ceux dont la réputation eſt la mieux établie, & qui par ſa capacité, ſon intelligence dans les affaires, ſoit le plus en état de veiller à ſes intérêts : On ne lui donne aucun ſalaire déterminé; il ſe contente de retirer le payement de ſes débourſés, ſur l'état qu'en arrête M. l'Avocat; mais le Bureau au bout d'un tems, lui fait un préſent proportionné aux peines & aux ſoins qu'il s'eſt donnés.

C'eſt audit Sr. Procureur à ſe préſenter, & à occuper dans toutes les cauſes qui concernent la Maiſon & ſes Adoptifs, tant en demandant, que défendant; à veiller exactement qu'on n'uſe de ſurpriſe contr'eux, à ſimplifier les Procedures autant qu'il eſt poſſible, afin d'éviter les longueurs, & de parvenir à un prompt jugement.

Comme il y a quelquefois des affaires importantes, ou d'une nature à exiger des précautions, il doit en conférer avec M. l'Avocat, pour qu'il puisse lui dire ensuite le parti que le Bureau aura crû devoir prendre : Quant à celles qui sont ordinaires, il lui suffit d'instruire les Agens de l'état où elles sont, afin qu'ils en rendent compte à M. l'Avocat, qui leur prescrira les démarches qu'il jugera nécessaires.

Enfin, ledit sieur Procureur doit éviter avec soin de jetter les Pauvres dans des Procès inutiles, quelqu'assuré qu'il soit de la bonté de leurs prétentions ; & pour qu'on ne puisse rien lui imputer, il aura soin d'informer M. l'Avocat de tout ce qui se passe, & se conformera à ses avis.

CHAPITRE IV.

Des Agens.

L'Augmentation dans les affaires, a multiplié les soins de ceux qui sont chargés d'y travailler ; les Agens ne sçauroient être aujourd'hui trop actifs dans les fonctions qui les concernent, & la facilité de l'Administration dépendant en quelque sorte de leur vigilance, il faut qu'ils s'attachent sans relâche à la procurer.

Pour cet effet, ils doivent au moins tous les deux jours passer chez M. l'Avocat, pour recevoir de lui les instructions nécessaires dans la poursuite des différentes instances où la Charité est intéressée, lui rendre compte de ce qu'ils ont fait précédemment à ce sujet, du succès de leurs démarches, & de l'état où sont les Procès, conféquemment à ce qu'ils en auront appris du Procureur, qu'ils verront auſſi très-ſouvent, & tous les jours ſi le cas l'exige.

Ils écriront toutes les lettres que leur dictera M. l'Avocat pour les affaires de la Maiſon, & tiendront un carnet contenant la note des différentes affaires, dont-ils auront été chargés ou dont-ils auront à parler au Bureau, afin qu'ils ne laiſſent rien en arrière; & au cas que quelqu'un de MM. les Recteurs leur eût donné des commiſſions concernant la Maiſon, ils lui en rendront compte, & pour cet effet, ne pourront leſdits Agens ſe diſpenſer de ſe trouver à chaque Bureau ſans raiſons légitimes, ni s'abſenter de la Ville pour plus de deux jours, ſans en avoir demandé la permiſſion à M. l'Avocat.

Ils paſſeront auſſi deux fois la ſemaine, ou plus s'il eſt néceſſaire, chez M. le Tréſorier des Deniers pour qu'il leur donne la note des Débiteurs, Fermiers, Locataires ou autres, qu'il convient de preſſer ou actionner; ils prendront en même-tems les quittances qu'il leur donnera toutes ſignées, afin que ſi on leur compte la ſomme dûë, ils puiſſent la recevoir & la lui rapporter, étant très-expreſſément défendu auſdits Agens, ſous peine d'être remerciés, de donner des quittances en leur nom, & de garder l'argent entre leurs mains, à moins qu'ils n'en ayent un ordre particulier.

Pour être plus particulièrement informé des legs ou autres diſpoſitions, qui ſe font en faveur des Pauvres; ſoit par Teſtamens, Contrats ou Donations; ils iront au moins tous les mois, au Greffe des Inſinuations, pour tâcher de s'en éclaircir, & ſuppoſé qu'ils parviennent à découvrir quelque choſe d'avantageux, ils en inſtruiront le Bureau, qui prendra les moyens d'exiger la dette : Ils en uſeront de même pour les amendes encouruës, dont ils retireront un état dans les Greffes des Juriſdictions où elles auroient été prononcées, afin que le ſieur Tréſorier des deniers puiſſe les répéter.

Comme

Comme lesdits Agens font chargés de dreffer les adoptions & de faire l'inventaire & la vente des effets appartenans aux Enfans adoptés; ils auront foin de fuivre à cet égard avec attention les régles qui font fixées par l'ufage, & de ne point s'écarter de la difpofition des Lettres Patentes qui en établiffent le droit.

Lorfqu'un des Agens ira avec MM. les Députés à Saint Trivier & Chavagnieu; il fera de concert avec le Teneur de Livres, avant partir, un extrait des affaires qu'on y doit terminer pendant le voyage, & lors de la tournée des domaines, il prendra note des réparations & autres chofes qu'on aura remarquées, pour que M. l'Avocat puiffe enfuite dreffer fon Procès verbal, duquel ledit Agent fera l'extrait pour le remettre à M. le Tréforier de France, afin qu'il tienne la main à l'exécution de ce qui fera décidé.

Au cas que lefdits Agens foient obligés de faire quelques débourfés & faux-frais pour la Maifon, ou pour les Adoptifs, dans la pourfuite des inftances & autrement, ils en drefferont un état, qui après avoir été arrêté & figné par M. l'Avocat, leur fera payé par le Tréforier des deniers.

CHAPITRE V.

De l'Archivifte.

S'Il eft effentiel à la Maifon de conferver les papiers qui la concernent, il lui eft encore plus utile de les maintenir dans un ordre, dont la facilité ne foit pas interrompuë par leur mélange; l'unique moyen pour y parvenir, a été d'en donner le foin particulier à un des Agens dont on vient de

R

parler, & comme leur arrangement devient un objet essentiel de ses occupations, il doit s'attacher à répondre par son exactitude, à l'importance de cet Emploi.

Comme les Titres renfermés dans les armoires desdites Archives sont distingués par chapitres, divisés par parties & par articles, ou par lettres alphabétiques, & separés par sacs, & que le même renseignement qui est sur l'étiquette du sac, se trouve sur la cheville où chaque sac doit être pendu, ledit Archiviste aura soin de ne jamais placer lesdits sacs, qu'à la cheville qui lui convient.

Lorsqu'on lui demandera quelques papiers ou Titres des Archives, soit des grandes, soit des petites, il n'en donnera jamais aucun, qu'il n'en inscrive sur le champ le chargé, signé de celui à qui il les remettra, sur le Régistre tenu à cet effet dans chacune desdites Archives, & comme les sacs doivent toûjours être à leur place; il fera mention des Titres qui y manquent sur un bout de papier accroché au-dessus de la cheville, ou attaché à l'étiquette du sac, afin qu'on ne soit pas obligé de feüilleter le Livre des chargés, & que d'un coup d'œil on connoisse en ouvrant les armoires le *déficit* de chaque sac.

Quand on lui raportera lesdits papiers, il mettra son reçû à la marge du Régistre, & bâtonnera le chargé en présence de celui qui les lui rendra, replacera chaque papier ou Titre dans les sacs d'où il les avoit tirés, & ôtera le billet de dessus la cheville ou du sac: au cas qu'on ne les rende pas exactement, il aura soin de les demander, & de retirer sur-tout ceux qu'on est forcé de produire dans les instances, crainte qu'ils ne se perdent.

Afin d'établir plus d'exactitude dans cette partie, il mettra tous les mois sur le Bureau les Régistres desdits chargés, pour qu'on sçache de ceux entre les mains de qui sont les papiers, la raison pour laquelle ils different de les raporter.

Si on eſt obligé de produire au Conſeil, au Parlement, ou dans quelqu'autre Juriſdiction hors de cette Ville, quelques Tîtres importans, ledit Archiviſte en fera la copie, qui ſera collationnée par un Sécretaire du Roy, & on n'enverra que cette copie, afin que les originaux ne ſortent point des Archives.

Lorſque le Bureau paſſera quelque Acte ou Contrat de nature à être conſervés, ledit Archiviſte aura ſoin de s'en faire délivrer expédition, d'en copier l'Extrait ſur l'Inventaire, à l'endroit qui lui ſera indiqué par Mr. l'Avocat, & de le placer dans le ſac qui répond audit Inventaire.

Il en uſera de même pour les Actes qui peuvent ſe paſſer dans les terres de Saint Trivier & Chavagnieu, dont copie doit reſter dans les Archives dudit lieu, & de ceux qui ſe paſſent chez les différens Notaires de la Ville, dans leſquels la Maiſon a quelque intérêt.

Ledit Archiviſte prendra garde de ne placer jamais les papiers des Enfans Adoptifs, Bâtards, ou petits-Garçons, petits-Paſſants, ou délaiſſés, ſi l'Hôtel-Dieu en rend pour eux, que dans les petites Archives à ce deſtinées, & dans l'ordre preſcrit, de même que ceux qu'on trouve aux Vieux & aux Vieilles après leur décès, tels que leurs Contrats de Mariage, Tranſactions & autres papiers, qui pourroient être néceſſaires à leurs Familles, qu'il ne placera cependant dans leſdites Archives, qu'au cas qu'il ne puiſſe pas découvrir leurs Parens pour les leur rendre.

Et à l'égard des promeſſes ou obligations que leſdits Vieux ou Vieilles pourroient avoir, comme elles appartiennent à la Maiſon après leur décès, ledit Archiviſte en donnera la note au Teneur de Livres, portera leſdites promeſſes & obligations dans le ſac, qui contient les dettes actives de la Maiſon, après avoir fait mention ſur leſdites piéces, qu'elles viennent deſdits Vieux ou Vieilles, décedés dans la Maiſon.

R ij

Immédiatement après que les Enfans qui viennent annuellement de l'Hôtel-Dieu à la Charité, feront entrés dans cette Maifon, ledit Archivifte aura foin de placer les papiers qui lui feront remis pour ces Enfans, à la fuite de ceux qui font dans lefdites Archives, & de les décrire fur l'Inventaire, dans la même forme que le font les autres.

Lorfque quelque Enfant retirera fes papiers, ou que quelque Parent defdits Vieux ou Vieilles en viendront réclamer, ledit Archivifte en fera note à la marge de l'Inventaire qui en contient la defcription, de même que fur le Régiftre des Adoptions, qui eft dépofé dans les Archives, & en fera figner la décharge par lefdits Adoptifs fur ledit Régiftre, & s'il ne fçait pas écrire, il donnera ladite décharge pardevant le Notaire de la Maifon, & en ce cas l'Archivifte fera fimplement mention de cette décharge, fur le Régiftre des Adoptions.

Comme il eft toûjours utile de conferver les Lettres qu'on adreffe au Bureau, ou à M. l'Avocat, pour les affaires de la Maifon, il aura foin après que fon adminiftration fera finie, de les retirer, de même que le Livre fur lequel il fait tranfcrire fes réponfes, pour qu'on puiffe y avoir recours dans le befoin, & rangera le tout dans l'endroit à ce deftiné.

Enfin, ledit Archivifte tiendra avec propreté lefd. Archives, les fera balayer devant lui, & ôter la poufliere, les araignées; ne prendra jamais aucun papier, qu'en préfence de deux de MM. les Recteurs, & fe conformera en tout au Réglement général pour cette partie.

CHAPITRE VI.

De l'Econome.

QUoique MM. les Adminiſtrateurs ſe donnent tous les ſoins imaginables pour maintenir dans l'emploi qui leur eſt confié, cet ordre ſi néceſſaire ; leurs travaux deviendroient bien - tôt infructueux, ſi on ne choiſiſſoit une perſonne capable d'y tenir la main pendant leur abſence ; envain le Bureau s'attache à conſerver aux Pauvres renfermés dans la Maiſon, les revenus qui les font ſubſiſter, à leur diſtribuer avec économie les beſoins de la vie, à leur preſcrire une régle de conduite conforme à l'état où ils ſe trouvent ; toutes ces précautions ſeroient inutiles, ſi l'Econome qui le répreſente n'avoit une attention particulière à s'oppoſer aux abus, aſſez de vigilance pour y remédier, & cette raiſonnable fermeté, qu'il doit toûjours mettre en uſage, pour empêcher le déſordre, la diſſipation, & le ʹdéréglement.

Les fonctions dont-il eſt chargé ſont d'une aſſez grande conſéquence pour qu'il les connoiſſe, & on en feroit ici le détail, ſi la parfaite intelligence & la lecture fréquente de tout ce que renferme cet Ouvrage, ne devenoit pour lui la meilleure inſtruction.

Il doit ſe rappeller à chaque inſtant, que MM. les Adminiſtrateurs ne l'ont mis à la tête de cet Hôpital, que pour tenir leur place dans les temps où ils ne peuvent y être, & qu'en lui confiant leur authorité, ils l'ont crû capable d'en faire un bon uſage.

Tout roule donc fur les foins du fieur Econome. En premier lieu, les denrées qui entrent dans la Maifon, de quelque nature & qualité qu’elles foient, ne peuvent être payées aux Marchands qui les fourniffent, qu’après qu’il en a verifié & reconnu la quantité, dont-il fait mention dans fon Régiftre, & dont-il leur donne des certificats, afin qu’ils puiffent regler leurs comptes avec MM. les Recteurs.

Ces mêmes denrées ne peuvent être employées ni diftribuées dans chaque Communauté, que fuivant l’ufage qui fe pratique pour la quantité de perfonnes dont elles font compofées. Il doit être préfent, le plus fouvent qu’il eft poffible, à leur délivrance ; en arrêter les feüilles à la fin de chaque femaine, pour fçavoir, fi la confommation eft égale à la quantité mentionnée dans fon Régiftre ; prendre garde qu’on ne les diffipe pas mal-à-propos ; & que chacun ait ce qui doit lui revenir.

En fecond lieu, le travail qui fe fait dans les Fabriques, ou dans les Communautés, eft l’objet de fes attentions ; il doit y faire de fréquentes vifites, pour infpirer plus de diligence, bannir l’oifiveté, empêcher qu’on ne s’occupe à des ouvrages étrangers ; y établir l’obéïffance & l’éxactitude.

En troifième lieu, les Réglemens de chacune de ces Communautés leur prefcrivant l’heure des différens exercices, la forme des habillemens, les occupations, & l’éxactitude à rentrer, les jours qu’elles vont fe promener, le fieur Econome ne permettra pas que perfonne fe néglige fur aucun des articles qui les concernent, & avertira MM. les Recteurs, qui en ont la direction, de ce qu’il pourra remarquer de contraire à la Régle, pour qu’ils y mettent ordre, & en avertira le Bureau, fi le dérangement continue.

Quatrièmement, les Officiers, Freres, Sœurs, & Domeftiques de la Maifon, fe trouvant pareillement fous fa conduite ; il doit veiller fur la leur, les avertir avec douceur lorfqu'ils manquent à leur devoir dans les Emplois qu'on leur confie, les engager à s'en acquiter, plûtôt par raifon, que par crainte, & ne recourir à l'autorité de MM. les Recteurs ou du Bureau, que lorfque les répréfentations n'ont produit aucun effet.

Enfin, le fieur Econome doit ne fortir de la Maifon, que le moins qu'il peut : l'occafion continuelle dans laquelle on fe trouve d'avoir à chaque inftant recours à lui, demande fa préfence; la prudence & la charité doivent être la régle de fa conduite, & lui faire employer à propos la douceur ou la févérité, les peines ou les éloges.

En un mot, il doit faire en forte en méritant la confiance du Bureau, de s'attirer celle des Pauvres qu'il lui donne à conduire, s'attacher à gagner l'eftime de l'un, la crainte & l'amitié des autres.

CHAPITRE VII.

Des Aumôniers.

CE feroit négliger un des plus effentiels befoins de ce Peuple nombreux, renfermé dans la Maifon, fi on s'attachoit uniquement à conferver le corps, fans pourvoir à ce que l'efprit exige; la nature recherche affez ce qui contribue à la foutenir; mais la raifon qui devroit veiller aux intérêts de l'ame, l'abandonne prefque toûjours dans la caducité, & comme elle ne peut encore fe faire connoître dans l'enfance; c'eft aux Adminiftrateurs à procurer ces fecours, dont le fuccès dépend d'un Pafteur plein de zèle; ces principes de Religion qu'on doit infpirer aux uns & rappeller aux autres, font donc l'objet le plus important des fonctions de MM. les Aumôniers: inftruits de leurs devoirs, ils ne peuvent employer trop de vigilance pour gagner à Dieu le Troupeau qu'on leur confie, & le conduire dans la voye du falut.

Pour faciliter autant qu'il eft poflible leur fervice, & que la peine foit égale, on a partagé entre eux la Maifon, en deux parties.

Le plus ancien a dans fon diftrict, les Communautés des Vieux, les Mendians, les petits-Paffants, les Cathérines, les Thérefes, avec les Freres, les Sœurs, & les Officiers.

L'autre eft chargé des Communautés des Vieilles, des Mendiantes, des petites-Paffantes, de la Chanal, & des petits Garçons, avec les Domeftiques, Ouvriers & Suiffes.

Chacun dans fon département doit faire la vifite des appartemens, foir & matin, pour voir fi perfonne n'a befoin de fon miniftère, confeffer les malades, fi le cas le requiert, leur porter le Viatique, & l'Extrême-Onction, lorfqu'ils font en danger, leur faire la recommandation de l'ame, & les prières des Agonifans.

Comme ceux qui ont reçû les derniers Sacremens, ont le plus de befoin de fecours fpirituels, par le peu d'efpérance qui leur refte, ils les verront fouvent pour les confoler, & leur infpirer les fentimens de réfignation à la mort.

Ils feront la cérémonie de l'Enterrement de tous ceux qui décederont, qui confifte à les conduire jufques à la porte de la ruë, où fe fait l'abfoûte en dedans de la Cour, pour qu'on les emporte enfuite à l'Hôtel-Dieu, fuivant l'ufage.

Ils feront aufli l'enterrement de ceux qui font inhumés à l'Eglife ou dans les caves qui en font proche, & en ce cas le Corps fera accompagné par ceux de la Communauté dont-il étoit; & fi c'eft un de MM. les Prêtres, Freres, ou Sœurs

de

de la Maifon ; tous lefdits Freres ou Sœurs y affifteront avec un cierge.

Ils écriront exactement fur les Regiftres des Actes Mortuaires qu'on remet tous les ans au plus Ancien des deux , les noms , furnoms , âges, & jour du décès de toutes les perfonnes qui mourront dans la Maifon , immédiatement après leur trépas , de même que ceux qui décederont à l'Hôtel-Dieu.

Seront lefd. Régiftres rapportés fidélement au bout de l'année, pour en prendre d'autres, & le fieur Aumônier qui en eft chargé, aura foin de préfenter au Bureau tous les mois, trois copie de la feüille, dans laquelle feront infcrits, les noms de tous ceux & celles qui font décedés dans le mois précedent, foit à la Charité, foit à l'Hôtel-Dieu, & la Communauté d'où ils étoient, pour être lefdites copies employées fuivant leur deftination.

Au cas qu'on appelle la nuit lefdits Aumôniers, pour l'adminiftration des Sacremens, ils fe leveront dans l'inftant pour y aller; & fi dans la journée l'un des deux étoit abfent, l'autre fuppléera à ce qui pourroit furvenir dans les Communautés de fon diftrict; l'intelligence eft effentielle entre eux, pour le bien de la Maifon.

Comme lefdits Aumôniers doivent veiller à ce que chacun s'aproche exactement du Sacrement de Pénitence & d'Euchariftie tous les mois; le plus ancien apportera fur la table du Bureau les billets d'invitations pour les Confeffeurs, afin que le Préfident les figne; enfuite il les fera porter dans les différentes Communautés de Religieux qui doivent venir; & ils obferveront tous deux en ce qui les concerne, fi on eft attentif à s'aller confeffer.

Les jours de Communion générale, à laquelle un de MM. les Recteurs affifte; après que l'un des deux Aumôniers aura fait l'inftruction qui la précéde; l'autre montera dans la Chaire,

S

& lira pendant la Meſſe des Actes pour diſpoſer à la Sainte Communion, ceux qui doivent la recevoir ; & après qu'elle ſera achevée, il lira des Actes de Rémercimens, & fera l'action de grace ; perſonne ne ſortira de l'Egliſe qu'elle ne ſoit finie, à moins qu'une infirmité connuë n'empêche d'y reſter.

Tous les Vieux & Vieilles qui ſont reçûs dans la Maiſon, étant obligés, ſuivant l'uſage établi, de faire une Confeſſion générale dans l'eſpace du prémier mois, y ſeront préparés par les ſieurs Aumôniers ; le ſieur Econome leur donnera à chacun le nom de ceux & celles qui ſont entrés dans la ſemaine, afin que lorſqu'on ſe ſera acquité de ce devoir, ils en donnent un certificat.

Tous les jours à ſix heures en Eté, & à ſix heures & demi en Hyver, le ſieur Aumônier dira la Meſſe dans la Chapelle appellée du Bon-trépas ; à laquelle aſſiſteront les Vieux & les petits-Paſſants ; les Dimanches & les Fêtes, il leur fera avant de la commencer une courte inſtruction familière ſur l'Evangile du jour, ou ſur le Miſtère.

Les Dimanche, Mardi, & Vendredi, le même Aumônier ſe rendra à midi dans ladite Chapelle, pour y faire le Catéchiſme juſques à une heure aux petits-Paſſants, qui ſeront rangés ſur deux colomnes : Les Vieux y aſſiſteront, & tâcheront de ſe rappeller les idées que l'âge ou la négligence ont pû effacer ; mais on ne les interrogera pas, crainte de leur donner de la confuſion, ou de les degoûter de cette Inſtruction.

Tous les jours, à ſept heures en Eté, & à ſept heures & demi en Hyver, le ſecond Aumônier dira la Meſſe dans la même Chapelle du Bon-trépas, aux Vieilles & petites-Paſſantes qui s'y rendront ; les Dimanches & Fêtes, il leur fera avant de la commencer, une courte inſtruction, comme il a été dit pour les Vieux.

A deux heures les Lundi, Mercredi & Samedi, le même Aumônier viendra dans ladite Chapelle, fera le Catéchifme aux petites-Paffantes, en préfence des Vieilles, & dans le même ordre que ci-deffus, jufqu'à trois heures; ils fe ferviront l'un & l'autre pour lefdits Catéchifmes, de celui des petites Ecoles.

Comme lefdits Aumôniers doivent faire chanter Vêpres aux Vieux & Vieilles, les Dimanches & Fêtes, celles des prémiers commenceront à une heure précife que le Catéchifme ou la lecture fera fini, & celles des Vieilles à trois heures que les mêmes exercices feront achevés, toûjours dans la Chapelle du Bon-trépas, attendu qu'elle eft plus vafte pour la quantité de monde.

Malgré les Exhortations, Catéchifmes & Inftructions que lefdits fieurs Aumôniers feront dans le cours de l'année aufdits Vieux & Vieilles, ils doivent encore les préparer, chacun dans fon département, à faire de bonnes Pâques, par une retraite qu'ils leur feront faire dans la femaine de la Paffion, conformément à ce qui eft dit dans le Chapitre XXI. pag. 108. des Obfervations concernant lefdites Communautés.

Auront attention lefdits fieurs Aumôniers; d'aller au moins tous les quinze jours, & plus fouvent, s'il eft poffible, faire une exhortation ou inftruction aux Mendians & Mendiantes, & fçavoir s'il n'en eft aucun qui défire de fe confeffer.

Ils iront pareillement quelquefois dans les autres Communautés dépendantes de leur département, pour y faire quelque inftruction, fans rien déranger de la conduite journalière, pour affifter aux Lectures, aux Catéchifmes qui fe font aux Enfans, & les interroger, afin de fçavoir s'ils profitent; les Réglemens de chaque Corps les inftruiront de l'heure à laquelle on les fait.

Aucune lecture ne fe fera pendant les répas dans les différens

Réfectoirs, qu'ils n'ayent choisi & déterminé le Livre qu'on doit y lire.

Lorsqu'on fera l'examen des Enfans qui se présentent pour la prémière Communion, lesdits Aumôniers auront soin de s'y trouver tous les deux présents, afin de faire les demandes alternativement; ils inscriront dans le Régistre à ce destiné, ceux qui auront été admis, dont la liste sera arrêtée & signée par M. le Président, qui assistera audit examen, pour juger de leur capacité.

L'exactitude à la Communion Paschale devant être un de leurs principaux objets, c'est à eux de pourvoir à la quantité de Confesseurs nécessaires, & à chercher les moyens les plus sûrs, pour que personne dans un si grand nombre n'échape à leur vigilance Pastorale sur cet article. A l'égard des Vieux & Vieilles, ils pourront pratiquer ce qui en est dit dans le Chapitre des Observations de leurs Communautés.

Comme on doit faire une Retraite aux Freres, Sœurs, Officiers, Domestiques & Ouvriers de la Maison, tous les ans aux Fêtes de Noël, lesdits Aumôniers auront soin de s'y préparer, & de la rendre par leurs soins la plus fructueuse qu'il sera possible.

Hors le cas pressant de maladie, il est défendu à MM. les Aumôniers, de confesser aucune des grandes Filles de cet Hôpital, ni Freres, Sœurs, Officiers & Domestiques, sous quelque prétexte que ce puisse être, ni de faire entrer dans les Chapelles de la Maison des personnes étrangères, pour les y confesser. La même défense est faite au sieur Econome & à MM. les Prêtres, ayans la direction des Communautés de la Chanal, & petits-Garçons.

CHAPITRE VIII.

Du Chirurgien Major.

QUelque avantageux que soit le privilége de Maîtrise, accordé par nos Rois à celui qui fait pendant six ans dans la Maison les fonctions de Chirurgien Major, l'occasion de pouvoir exercer un Art qu'il cherche à perfectionner, devient encore d'un prix plus essentiel : Il doit donc par son application à ses devoirs se mettre en état de rendre un jour aux Citoyens les mêmes services que les Pauvres sont en droit d'attendre à chaque instant de ses soins.

Pour cet effet il fera régulièrement sa visite tous les matins, immédiatement après la Messe, dans les différentes Communautés de la Maison, les jours que M. le Médecin ne vient pas, afin de sçavoir quel a été l'effet des remédes par lui ordonnés ; en quel état sont les malades, s'ils sont en danger de mort, pour en donner avis à MM. les Aumôniers, s'ils paroissent dans le cas d'être envoyés à l'Hôtel-Dieu, ou s'il suffit de leur donner quelques nouveaux médicamens pour les tirer d'affaire, & s'il n'en est aucun qui soit indisposé depuis la veille, auquel une saignée ou purgation puisse éviter une plus grande maladie.

Ledit Chirurgien, ne pourra cependant faire la visite chez les Cathérines & Théreses, qu'il ne soit accompagné par la Sœur qui les gouverne, ou par celle qui en prend soin avec elle ; & il lui est expressément défendu de saigner au pied lesdites Filles, que par ordre du Medécin.

Il eſt difficile que dans une Maiſon auſſi nombreuſe, on ne ſoit ſouvent dans le cas d'appeller dans la nuit ledit Sr. Chirurgien Major; il ſe rendra promptement aux endroits où on le demande, afin d'y apporter les ſecours néceſſaires; il uſera de la même diligence, lorſqu'on l'avertira dans le cours de la journée.

Ledit Sr. Chirurgien Major, aura ſoin de ſe trouver toûjours préſent à la viſite de M. le Médecin, avec un de ſes Garçons, de lui indiquer les Malades nouveaux, de l'inſtruire des remédes qu'il leur a fait prendre en attendant ſa conſulte, & de l'effet qu'ils ont produits, de l'avertir auſſi de la réuſſite de ceux qu'il avoit ordonné précédemment aux anciens Malades.

Veillera pareillement à la compoſition deſdits remédes, à la Pharmacie, & s'informera ſi on eſt exact à les porter aux Malades pour qui ils ſont deſtinés, de même que la tiſane; ſi les perſonnes chargées du ſoin deſdits infirmes les leur font prendre aux heures fixées, ſi on leur donne de bons boüillons à propos, & autant qu'il en faut.

Comme l'intention des Adminiſtrateurs eſt toûjours de ſoulager autant qu'il eſt poſſible leſdits infirmes, & qu'on donne plus de viande & de vin qu'à l'ordinaire dans les Communautés où il s'en trouve; le Sr. Chirurgien Major en donnera la liſte à M. l'Econome, pour que les Dépenſier & Sommelier, proportionnent cette augmentation; il s'informera auſſi des Malades, ſi on la leur diſtribue fidélement; & en cas de contravention, il en inſtruira le Bureau.

Il fera régulièrement la viſite de tous les Enfans qu'on adopte & des délaiſſés, qui doivent entrer dans la Maiſon, de même que de ceux qu'on ramene de Campagne, afin de voir avant de les joindre aux autres, s'ils ne ſont point atteints de teigne, écroüelles, & autres maladies qui ſe communiquent, pour qu'on puiſſe les ſéparer & les traiter juſqu'à parfaite guériſon.

Quelques-uns deſdits Enfans étant aſſez ſujets à avoir des

maux de bouche, occasionnés par le changement d'air & de nourriture; le Sr. Chirurgien Major y fera de fréquentes visites, & veillera à ce que les Filles qui en ont soin, leur donnent exactement les remédes qui peuvent en arrêter les progrès, & les menent promener soir & matin.

Led. Sr. Chirurgien devant être avec assiduité dans la Maison, ne pourra sortir que deux fois la semaine, après avoir demandé permission au sieur Econome; & au cas qu'il veüille se trouver à quelque Opération ou Démonstration dans la Ville, il en demandera l'agrément audit sieur Econome; défenses à lui de voir & traiter aucun malade hors la Maison, ni de prendre des remédes dans la Pharmacie, si ce n'est pour les Pauvres dudit Hôpital, sous peine d'être remercié.

Les Garçons Chirurgiens étant particulièrement sous sa direction, il veillera sur leur conduite, examinera s'ils font régulièrement les pansemens dans le district qu'on leur donne aux heures marquées qui sont après la Messe le matin, & à quatre heures du soir; si c'est toûjours en présence de la Sœur dans les Communautés de Filles, il se fera avertir par eux des changemens dont-ils pourroient s'appercevoir dans les playes, afin qu'il juge par lui-même de ce qu'il convient d'y faire, & se trouvera présent lorsqu'ils feront quelque saignée ou autres petites opérations, les grandes lui étant reservées; il ne doit cependant les faire que de l'avis de M. le Médecin, & en présence des Maîtres Chirurgiens de la Ville invités par billets.

Il aura soin encore de les obliger à se tenir dans la Boutique pour y faire la barbe les jours marqués à ceux qui se présentent, recommandera au dernier reçu, de tenir avec propreté ladite Boutique, & l'apartement où couchent lesdits Garçons, & de donner les lavemens.

Comme il doit leur faire chaque semaine, au moins deux Leçons de Chirurgie, & leur expliquer ce qu'ils doivent observer pour réuſſir dans les Opérations; il avertira le ſieur Recteur chargé de cet Emploi, s'ils ne ſont pas exacts à s'y rendre & à profiter de ces inſtructions, afin qu'il y mette ordre.

Attendu qu'il lui faut pluſieurs cadavres dans le cours de ſes démonſtrations, il ne pourra les prendre qu'en conſéquence de la permiſſion dudit ſieur Recteur, & après que les ſieurs Aumôniers auront fait dans la Chapelle où on les expoſe, les priéres accoûtumées pour l'Inhumation.

Les inſtrumens de Chirurgie étant à la garde du ſieur Major, il en rendra compte à ſa ſortie, & remplacera ceux qu'il pourroit avoir perdu.

Leſdits Garçons Chirurgiens ne devant ſortir que deux fois la ſemaine, après le dîné, avec l'Habit de la Maiſon, en demanderont la permiſſion au ſieur Econome, qui ne donnera congé qu'à deux dans le même jour; les autres reſteront dans la Maiſon, & ainſi ſucceſſivement : Le ſieur Major prendra pour lui les jours où aucun d'eux n'eſt abſent, afin que les Pauvres ſoient toûjours ſecourus.

Ils ſeront tous rentrés au plus tard à l'heure du ſouper, & ne pourront coucher ni prendre aucun repas dehors ſans permiſſion du ſieur Recteur.

Ils ne pourront faire aucun panſement ni autre opération de Chirurgie hors de la Maiſon, ſous quelque prétexte que ce ſoit; & encore moins emporter des linges, emplâtres, onguents, remédes, & autres effets, ſous peine d'être punis. Le Portier les viſitera lorſqu'ils ſortiront; & s'il les ſurprend enfaute, il en avertira le Sr. Recteur, pour qu'il en informe le Bureau.

Enfin, le ſieur Chirurgien Major ſera toûjours en Robe ; n'aura pas moins d'attention ſur ſes Garçons que ſur lui-même, & par ſon aſſiduité à ſes devoirs, au Réglement, & aux Exercices de la Maiſon, il leur montrera l'exemple qu'ils doivent ſuivre.

REGLEMENS

REGLEMENS

D E

L'HÔPITAL GÉNÉRAL

D E L A

CHARITÉ DE LYON.

TROISIEME PARTIE.

Réglemens des différentes Communautés.

AVERTISSEMENT.

IL n'est point d'établissement qui puisse subsister, si
on ne le soutient par des régles fixes & invariables;
c'est par-là qu'on introduit l'ordre parmi les différens
membres d'une société, & l'uniformité dans la manière

S *

de se conduire, qui raproche au même point tous les états, tous les esprits, & tous les caractères.

La différence de l'éducation, des âges, & des inclinations, du Peuple nombreux que renferme l'Hôpital Général de la Charité & Aumône Générale de Lyon, rendoit indispensables les Réglemens qu'on y a établis.

Les uns n'y reclament un azile, qu'après avoir passé la plus grande partie de leur vie dans l'oubli, & peut-être dans l'ignorance des principales maximes de nôtre Religion : Livrés jusqu'alors à l'impétuosité de leurs passions ; ils n'ont suivi d'autres routes, que celles qu'elles leurs ont tracées, d'autres régles que les préjugés inséparables de leur état.

D'autres y reçoivent les prémices de l'éducation Chrétienne, & doivent s'accoûtumer de bonne heure à la subordination.

Quelques-uns y vivent en Religieux, & l'observance de ces Réglemens doit leur paroître d'autant plus facile, que la condition où la Providence les avoit placés dans le monde, étoit plus pénible & plus humiliante.

Ceux qui s'appliquent au soulagement des infirmités humaines, en apprenant combien le méchanisme de nos corps peut être facilement dérangé, ont besoin des reſſources que leur préſenteront les Réglemens, pour ſoutenir l'activité de leurs ſoins, dans ce que leurs fonctions ont de pénible & de rebutant.

Les Domeſtiques y trouveront l'édification, & le bon exemple, que tous les Maîtres Chrétiens devroient donner dans leur famille, & des facilités pour ſanctifier les travaux de leur état.

D'autres enfin, Miniſtres du Très-Haut, en venant remplir leur miſſion dans cette Maiſon, n'y cherchent que les occaſions d'exercer leur charité, de compâtir aux miſères de l'Homme, de porter la lumière de la Foi dans des terres arides, & d'y ſemer le Sel de l'Evangile, pour y faire croître des fruits de vérité & de vie; tous leurs pas formés par la douceur, ſont ſoutenus par le zèle le plus ardent.

Ils connoiſſent mieux que perſonne la néceſſité de la régle; auſſi ſeront-ils plus à portée de convaincre les autres, que c'eſt par l'étroite obſervation de ces Réglemens, que l'harmonie ſera entretenuë; que la paix régnera parmi eux; que la tranquillité & la douceur d'une vie réglée y donneront des jours heureux, qu'ils ne doivent employer dans la Maiſon de Dieu, qu'à chanter ſes loüanges; qu'à admirer la profondeur de ſes Décrets; qu'à bénir ſon infinie miſéricorde, qui les a tirés de l'abandon total où ils alloient être exposés par les coups du sort, où par l'inhumanité de ces peres cruels, qui les livrent au caprice du hazard, & qui par une Providence incompréhensible en trouvent dans cette Maison de plus tendres & de plus officieux, qui veillent avec la même attention à leur procurer abondamment les secours spirituels & les temporels.

Ils ne peuvent répondre à tant de soins, qu'en se conformant avec exactitude à ces Réglemens; c'est leur prémière obligation; on exige peu de leur obéïssance; & si on a été forcé d'attacher des châtimens à la transgression de la Loi, c'est plûtôt pour les faire craindre, que pour les exercer avec sévérité.

REGLEMENS

REGLEMENS

POUR Messieurs les Ecclésiastiques, Chirurgiens, Freres, Sœurs, Officiers, Ouvriers & Domestiques de la Maison.

Article Premier.

ON sonnera la cloche à quatre heures précises, depuis Pâques, jusques à la Toussaints, & demi heure plus tard le reste de l'année; on se levera en silence, & à quatre heures & demi que la cloche sonne pour le lever des Communautés, on s'assemblera pour faire la Prière du matin dans le chœur de l'Eglise; pendant laquelle un de MM. les Prêtres, Maître de la Chanal ou des petits-Garçons, dira la Messe, ensuite on lira le sujet de quelques réfléxions ou méditations, choisi par M. l'Econome, convenable au tems de l'année, & à la portée de tout le monde.

I I.

A 5. heures tous se retireront pour faire place aux Communautés qui arrivent, & pour vacquer aux Emplois qui les concernent; les Portiers & Portières iront prendre chacun leur poste.

I I I.

Le sieur Econome aura un catalogue contenant le nom de ceux & celles qui doivent assister à ladite Prière, de même qu'à celle du soir, & comme ils seront rangés & séparés par classes particulières, il lui sera facile de remarquer les absents, & de sçavoir les raisons qu'ils ont eû de s'absenter.

T

I V.

Aucun d'eux ne pourra s'exempter d'y affifter, fous quelque prétexte que ce foit, fi ce n'eft pour raifons indifpenfables, dont-il informera le fieur Econome; & au cas qu'il ne les trouve pas légitimes, le Bureau laiffe à fa prudence de priver les défaillans du vin ou de la portion; & fi quelqu'un fe fait une habitude de n'y point affifter, led. Sr. Econome en avertira le Bureau pour y mettre ordre.

V.

Il eft défendu par de juftes confidérations, à toute autre perfonne, que celles comprifes dans ledit Catalogue, d'affifter à cette Prière, de même qu'à celle du foir.

V I.

Comme la plûpart de ceux qui viennent à cette Prière, font occupés les jours ouvriers à un travail pénible, & qu'il eft néceffaire & jufte qu'ils ayent quelque délaffement, l'heure du lever fera fonnée une heure plus tard les jours de Dimanche & Fête, & la Prière fe fera comme à l'ordinaire, demi heure après.

V I I.

A fept heures la cloche fonnera pour le déjeûner, au grand Réfectoir, chacun fe rangera dans fa place, on y mangera en filence; ce repas durera au plus un quart d'heure, après lequel un de MM. les Eccléfiaftiques, & en fon abfence le plus ancien des Freres lira un Chapitre de l'Imitation de Jesus; enfuite on retournera à fes fonctions.

V I I I.

A onze heures & demi la cloche fonnera pour dîner; le fieur Econome dira le *Benedicite*, on fe rangera comme à déjeûner; on obfervera le filence, & on écoutera la Lecture qui fe fait par un des Etudians de la Chanal; lorfque tout le monde aura achevé de manger & plié fa ferviette, le fieur Econome dira graces, & on recitera le *Miferere*, le *Laudate* en allant deux à deux à l'Eglife, où on fe mettra à genoux dans le Chœur, pour reciter l'*Ave maris ftella*, l'*Angelus* & le *De profundis*, après quoi chacun fe rendra où fon devoir l'apelle.

I X.

A trois heures la cloche avertira pour le goûter qui doit fe paffer dans le même ordre que le déjeûner, on y lira un Chapitre du Nouveau Teftament en François.

X.

A fix heures & demi le fouper fonnera, on s'y comportera comme au dîner, & lorfque le fieur Econome aura dit graces, on viendra pareillement à l'Eglife reciter l'*Angelus*, l'*O facrum convivium*, & le *De profundis*, après lequel un de MM. les Prêtres, fera la Prière & lira la même Méditation qui doit fe lire le lendemain; au fortir de l'Eglife chacun retournera dans fa Communauté pour être couché à neuf heures.

X I.

Tous ceux & celles qui mangent audit Réfectoir, auront foin de s'y rendre aux heures fixées, pour éviter le défordre; & au cas qu'il en arrive quelqu'un, foit au déjeûner ou au goûter, après qu'on eft forti, il fera privé de fon vin & morceau de pain, à moins qu'il n'eût des raifons pour le fervice de la Maifon: à l'égard du dîner & fouper, la feconde table ayant été établie pour les Filles qui fervent dans les différentes Communautés, & pour la facilité de ceux qui fe trouvent

T ij

empêchés par des raisons légitimes, de se rendre à l'autre, lorsqu'on y viendra on ne sera pas dispensé d'aller à l'Eglise avec elles, à la fin du repas, pour reciter les mêmes Prières que ci-dessus, & dans le même ordre que la prémière table.

X I I.

Il est expressément défendu à toute personne ayant droit de prendre ses repas dans le grand Réfectoir, d'y entrer hors les heures susdites, ni d'y amener aucun étranger, d'emporter ou garder dans son tiroir, les restes de sa portion pour les manger ensuite au déjeûner ou goûter.

X I I I.

Il est pareillement défendu à la Sœur de la grande Cuisine, d'envoyer à qui que ce soit sa portion pour aucun repas, si ce n'est en cas de maladie; ordre à elle de la refuser à ceux qui viendroient la querir de leur part, s'ils n'en ont la permission du sieur Recteur chargé de ce détail.

X I V.

Les Freres, Sœurs, Chirurgiens, Officiers & Domestiques de la Maison, devant montrer le bon exemple aux Pauvres qui y sont enfermés, assisteront régulièrement aux premières Vêpres qui se disent à l'Eglise les Dimanches & Fêtes, & nul ne pourra sortir qu'après s'être acquité de ce devoir, excepté le jour de Communion générale, que personne ne sortira sous quelque prétexte que ce soit.

X V.

Comme il arrive quelquefois que les Ouvriers cherchent à sortir avant la prémière Messe, sous prétexte du travail qui les appelle au dehors, le Sr. Econome ne fera ouvrir les portes de la Maison, que lorsqu'elle sera dite, s'il n'a des ordres différens de MM. les Recteurs.

XVI.

Aucun des Freres, Sœurs, Officiers & Domestiques de la Maison, ne sortira les jours ouvrables, sans avoir demandé la permission & une marque à M. l'Econome, (à la reserve toutefois de MM. les Ecclésiastiques, qui sont libres sur cet article,) & tous seront rentrés avant l'heure des repas, sous peine de trouver le Réfectoir fermé, à moins qu'on n'ait des raisons légitimes à donner de ce retardement, dont le Sr. Econome décidera, & s'il étoit habituel, il en informera le Bureau, pour qu'il y mette ordre.

XVII.

Quant à ceux & celles qui ont la direction de quelque Communauté, ils ne pourront faire sortir ceux qui la composent, même le jour indiqué par le Réglement, sans avoir pris une marque de M. l'Econome, qui leur donnera le nom de ceux qui doivent rester dans la Maison par pénitence, & ils seront tenus de s'y conformer.

XVIII.

Lorsque quelqu'un viendra demander à la porte les Freres, Sœurs, Chirurgiens, Officiers ou Domestiques, on les fera avertir pour qu'ils viennent lui parler; & aucun d'eux ne pourra l'introduire dans la Maison, ni dans sa chambre, sans l'agrément du Sr. Econome, même en cas de maladie: Quant à MM. les Ecclésiastiques, ils agiront pour ce fait là, suivant leur prudence.

XIX.

Seront les Freres & Sœurs vêtus avec modestie & sans affectation, des hardes que la Maison fournit; les premiers ne mettront point de poudre à leur perruque; les Sœurs ne porteront ni coëffes, ni mouchoirs de col de toile claire & trop fine, les uns

& les autres ne porteront pour chauſſure, ni eſcarpins, ni bas de ſoye ou de fil, le Sr. Econome y veillera avec attention pour en avertir le Bureau en cas de contravention.

X X.

Comme la piété devient la vertu la plus eſſentielle pour ceux qui conſacrent leurs jours au ſervice des Pauvres, les Freres Sœurs, Officiers & Domeſtiques de la Maiſon, s'aprocheront des Sacremens, au moins chaque mois, & plus ſouvent s'il eſt poſſible; feront dans la journée dans leurs momens de relâche, quelque lecture ſpirituelle, ſe comporteront entre eux avec cette charité convenable à leur ſituation; à l'égard des Pauvres qu'ils gouvernent, avec douceur & bonté, dans leurs différens Emplois, avec fidélité envers le Bureau, MM. les Recteurs & le Sr. Econome, avec obéïſſance & ſoumiſſion.

X X I.

Pour leur inſpirer encore plus ce qu'ils doivent à Dieu, & à leur état, il eſt à propos qu'aucun ne ſe diſpenſe d'aſſiſter aux Exercices ſpirituels de la Retraite qu'on fera pour eux une fois l'année, pendant les quatre Fêtes de Noël, conſiſtant en deux exhortations par jour, deux lectures ſpirituelles, & deux Méditations, aux heures & dans le lieu indiqué par M. le Recteur Eccléſiaſtique, de façon que le ſervice de la Maiſon n'en puiſſe être interrompu.

X X I I.

Sera le préſent Réglement, lû tous les prémiers Dimanches du mois au Réfectoir pendant le dîner.

REGLEMENS

Pour les Enfans de la Chanal.

CHAPITRE PREMIER.

ARTICLE PREMIER.

ILs se leveront tous les jours à quatre heures & demi, depuis Pâques jusqu'à la Toussaints, & le reste du tems demi heure plus tard; ils s'habilleront en silence chacun assis au pied de son lit.

I I.

A cinq heures on sonnera la cloche, & ils viendront se ranger deux à deux dans le dortoir, un d'entr'eux portera la Croix, & ils iront ainsi processionnellement, en chantant l'*Exaudiat* jusqu'à l'Eglise, où leur Maître aura soin de les faire placer six par six sur une même colomne, pour éviter la confusion; ils y entendront la Messe, pendant laquelle ils feront la Prière assez bas, pour ne pas interrompre le Prêtre.

I I I.

Tandis qu'ils feront à la Messe, la Sœur fera sa ronde dans leurs chambres, pour voir s'il n'en est point resté d'endormis, afin de les faire lever; elle veillera aussi à ce que les Filles qui sont chargées de faire les lits, de balayer & d'arroser en Eté, s'en acquitent avec exactitude & propreté, & qu'elles tiennent toutes les fenêtres ouvertes pour donner de l'air.

I V.

La Meſſe finie, ils reciteront à genoux le *Miſerere*, après lequel un d'eux entonnera le *Salve Regina*, qu'ils chanteront en revenant deux à deux dans le Réfectoir pour le déjeûner, après lequel ils commenceront à ſe mettre à l'ouvrage, ſoit pour brocher des bas, ſoit pour devuider de la ſoye.

V.

Ils ſeront rangés ſur deux colomnes, garderont le ſilence, & les Filles qui en ont ſoin ſeront toûjours préſentes, pour empêcher qu'ils ne perdent leur tems, & qu'ils ne gâtent la laine ou la ſoye; leur Maître y viendra ſouvent pour veiller ſur leur conduite.

V I.

Quant à ceux qui ſont deſtinés à travailler dans les Manufactures, ils s'y rendront après le déjeûner, deux à deux en ſilence, ſans s'amuſer, & ſe mettront à l'ouvrage d'abord en arrivant; les Ecoliers iront dans la chambre de leur Maître reciter les Leçons, & ſe préparer pour aller en Claſſe.

V I I.

A ſept heures, ceux qui ſont dans la Sale du travail, diront le *Pater*, l'*Ave* & le *Credo*. A neuf heures, ils reciteront les *Litanies de la Vierge* avec le *De profundis*. A dix heures, le *Miſerere* : toutes ces Prières ſe diront ſans interrompre l'ouvrage, & ſans préjudice de celles auſquelles ils ſont obligés certains jours, comme il paroît par le Tableau des Fondations affiché dans chacune de leurs Sales.

VIII.

VIII.

A onze heures moins un quart, la cloche fonnera pour le dîner, ils fe rangeront dans le dortoir avec le même ordre qu'ils obfervent en allant à la Meffe ; ceux qui font aux Manufactures, & ceux qui vont en Claffe, viendront fe joindre à eux, & ils fe rendront ainfi proceffionnellement à onze heures au Réfectoir, pour fe mettre chacun devant la place qui lui eft deftinée, leur Maître dira le *Benedicite*, ils fe mettront à table, & on obfervera le filence ; l'un d'eux fera la lecture.

IX.

Le dîné fini, le Maître dira graces, après quoi ils prendront leur récréation jufqu'à midi, pendant laquelle il leur eft expreffément défendu d'aller dans le dortoir, ni dans la cour d'entrée, non-plus que dans la Sacriftie & au clocher, fous peine du foüet.

X.

A midi, la cloche fonnera, ils rentreront dans la fale pour travailler ; ceux qui vont aux Fabriques s'y rendront deux à deux pour fe mettre à l'ouvrage, & les Ecoliers iront fe préparer pour la Claffe.

XI.

A deux heures, ils reciteront les *Commandemens de Dieu &* *de l'Eglife*, qui feront fuivis du *Confiteor* en François.

XII.

A trois heures, on diftribuera à chacun du pain, qu'ils mangeront fans fortir de leur place, & ce goûter durera au plus un quart d'heure ; on en portera en même-tems à ceux qui font employés aux Manufactures.

V

XIII.

A quatre heures, celles qui ont foin de les faire travailler, en choifiront un dans le nombre, pour lui faire lire à haute voix & pofément, un Chapitre du *Nouveau Teflament* en François; ils écouteront avec attention, & fufpendront l'ouvrage pendant cette Lecture.

XIV.

A cinq heures, ils diront le Chapelet fans quitter l'ouvrage, après lequel on recitera le *De profundis*; & à fix heures, leur Maître ou leur fous-Maître viendra dans la fale les interroger fur le Catéchifme que les Filles qui les font travailler leur auront appris dans la journée; cet examen durera jufqu'à fix heures & trois quarts, qu'ils s'affembleront dans le dortoir pour aller fouper : Ceux qui travaillent dans les Fabriques ou qui vont en Claffe, viendront fe joindre à eux.

XV.

A fept heures, la cloche fonnera, & ils fe rendront au Réfectoir, dans le même ordre qu'au diner; ils fouperont, garderont le filence pendant la Lecture, & après les Graces, ils fe mettront à genoux pour la Prière du foir; lorfqu'elle fera finie, ils prendront leur récréation ainfi que le matin.

XVI.

A huit heures & demi, ils rentreront dans les chambres pour fe coucher, & à neuf heures leur Maître fera fa ronde, pour voir fi tout le monde eft dans le lit.

XVII.

Ceux ou celles qui font chargés de leur apprendre à lire, à écrire, & le Catéchifme, auront foin de fe trouver dans les fales au moment que le travail commence, afin de pouvoir les inftruire l'un après l'autre avec attention & fans les maltraiter; ils avertiront feulement le Maître defdits Enfans de mettre en pénitence ceux dont-ils feront mécontens.

XVIII.

Les Dimanches & les Fêtes ne devant être employés qu'aux exercices de pieté, leur Maître les affemblera tous, fans en excepter les Ecoliers, au fortir de la Meffe, pour leur faire un Catéchifme d'environ une heure, qui fera fuivi d'une inftruction proportionnée à leur âge; les mêmes jours après leurs Vêpres, qui fe difent à l'Eglife, ils reviendront dans la fale pour y reciter les *Commandemens de Dieu & de l'Eglife*, le *Miferere* & le *De profundis*, & à fix heures ils diront le *Chapelet*, les *Litanies de la Vierge*, & on fera la lecture du *Nouveau Teftament* jufqu'à fouper; tous ceux qui travaillent aux Fabriques, quoiqu'ils fortent ce jour-là, feront obligés de même que les Ecoliers, de fe trouver aux exercices ci-deffus, fous peine de n'avoir que du pain & de l'eau à fouper.

XIX.

Ceux d'entre lefdits Enfans adoptifs qui feront furpris à fe quereller ou à fe battre, feront privés de fouper, & ceux qui jureront, qui mentiront ou feront défobéïffants, iront au prie-Dieu une fois, au cachot deux jours, & privés de fortir quinze; à la recidive le Bureau en décidera.

V ij

XX.

Les Filles qui font choifies pour avoir foin defdits Enfans, auront attention de les tenir avec propreté, de les peigner, de leur faire les ongles, de leur laver les mains, de rapiécer leurs habits, de leur faire changer de linge, de nétoyer leurs lits, de balayer leurs chambres & y donner de l'air; au cas qu'elles manquent à leur devoir fur cet Article, on en choifira d'autres.

CHAPITRE II.

Concernant les Sorties.

ARTICLE PREMIER.

AUcun defdits Enfans de la Chanal ne fortira de la Maifon dans le cours de la femaine, fous quelque prétexte que ce foit, excepté le Samedi, qui eft deftiné pour leurs vacances; ce jour-là, leur Maître ou le fous-Maître les conduira deux à deux pour prendre l'air, depuis dîner jufqu'à fix heures, qu'ils reviendront dans le même ordre faire la lecture, & dire le *Chapelet* avant fouper: En Hyver, ils feront rentrés à quatre heures & demi; & au cas que le Samedi fût jour de Fête, ou qu'il fit mauvais tems, la fortie fera renvoyée au Lundi.

I I.

Les Dimanches & Fêtes, ceux qui font employés aux Fabriques, fortiront après les Vêpres, fous la conduite de leur fous-Maître, & avec le même ordre que ci-deffus, excepté toutefois le jour de Communion générale; ils feront rentrés aux mêmes heures, & au cas que quelqu'un d'eux s'écarte de la Troupe pour aller au cabaret, ou fe baigner, ou faire le libertin, les jours qu'on les mene promener, ou qu'il ne foit pas rendu avec les autres, il fera privé de fouper la prémière fois, mis au prie-Dieu une fois, & privé de fortir quinze jours la feconde; à la troifième, mis au cachot huit jours, au prie-Dieu trois fois, & privé de fortir un mois; à la recidive le Bureau en décidera.

I I I.

Le Portier n'en laiffera paffer aucun de ceux qui arriveroient après que les autres font rentrés, fans le conduire au Maître, pour qu'il lui impofe la pénitence; il empêchera auffi qu'aucun d'eux n'aille jamais dans la cour d'entrée, dans la fale de la Draperie, ni dans le refte de la Maifon; lorfque quelqu'un du dehors les demandera, il les fera appeller, & empêchera qu'on ne leur apporte aucun mauvais fruit.

I V.

Comme il arrive quelquefois, que ceux qui font nouvelle-ment adoptés, s'avifent de retourner fans permiffion, & de fe fauver chez leurs Parens ou ailleurs, par efprit de libertinage; au cas qu'ils foient furpris en s'échapant, ou ramenés après s'être fauvés; on les mettra au prie-Dieu & au cachot trois jours, & privés de fortir un mois la prémière fois; à la feconde ils feront mis au prie-Dieu & au cachot huit jours, mangeront à genoux au milieu du Réfectoir trois femaines, & privés de fortir deux mois; à la troifième, le Bureau en décidera : quant à ceux qui feront furpris fortant par la porte de l'Eglife ou des chaifes, fans une permiffion de leur Maître, ils auront le foüet la prémière fois, au cachot deux jours à la récidive.

V.

La porte de la Maiſon ſera refuſée à ceux qui ſont en apprentiſſage dans la Ville, s'ils ne ſont vêtus, comme toute la Communauté, & ceux qui oſeroient paroître avec des habits différens, ſeront indiqués à leur Maître, pour qu'il les faſſe prendre par le Portier & mettre à l'inſtant au cachot au pain & à l'eau juſqu'au ſoir, qu'on les renverra chez eux.

CHAPITRE III.

Concernant le Travail.

ARTICLE PREMIER.

LEs Enfans Adoptifs, s'occuperont aux ouvrages qu'on leur donnera, avec attention & aſſiduité, ſoit pour la Soye, ſoit pour les Bas, ſoit à la Carderie ou ailleurs; & comme il ſe peut faire que celles qui ſont chargées de les faire travailler, les employeroient pour les perſonnes du dehors; en ce cas là, s'ils ſont pris ſur le fait, leſdites Filles ſeront renvoyées dans leur Corps, & ſubiront la même pénitence, que ſi elles avoient elles-mêmes été priſes en contravention.

I I.

Quoiqu'on ait fixé une petite ſomme, qui ſe gagne à proportion de l'ouvrage qu'on fait, pour exciter plus d'émulation; cependant ceux qui n'auront pas rempli la tâche qu'on leur donnera pour la ſemaine, ſeront privés de ſortir le jour de vacance, & auront le foüet s'ils continuent à être pareſſeux.

CHAPITRE IV.

Concernant les Habillemens.

ARTICLE PREMIER.

SEront lesdits Enfans de la Chanal, vêtus suivant l'uniforme de la Maison, & des hardes qu'elle leur fournit, habit, veste, bas, culotes, bonnet, d'étoffe bleuë; veste, bas & culotes de toile, en Eté, gros souliers sans boucles.

II.

Défenses d'avoir des bas de laine ou de fil, des vestes ou culotes d'autre couleur, des chemises à manchettes, un chapeau, des souliers plus fins, ou autres ajustemens, sous peine de confiscation, & les Filles qui ont soin d'eux, seront changées & privées de sortir un mois, si on en trouve aucun en contravention.

III.

Ceux d'entr'eux qui ayant été mis en apprentissage, ou après l'avoir achevé, se verroient obligés pour les raisons expliquées dans les Observations, de rentrer dans la Maison, seront tenus de porter un bonnet jaune, même lorsqu'ils iront se promener, pour qu'on puisse les reconnoître, & ceux qui seront trouvés en contravention sur cet Article, seront mis au cachot huit jours la prémière fois; trois semaines & trois fois au Prie-Dieu, à la recidive.

CHAPITRE V.

Concernant ceux qui font en Apprentiſſage.

ARTICLE PREMIER.

CEux d'entre les Enfans Adoptifs, qui ſe feront chaſſer de chez les Maîtres où on les aura mis en apprentiſſage, pour cauſe de déſobéïſſance, pareſſe, méchanceté ou défaut d'application, feront la prémière fois mis au prie-Dieu, enſuite au cachot au pain & à l'eau trois jours; la ſeconde fois au cachot huit jours, & au prie-Dieu tous les matins pendant ledit tems; en cas de recidive, le Bureau en décidera.

I I.

Ceux qui ſe feront pareillement mettre dehors pour cauſe de vol, libertinage, ivrognerie, irréligion, ſeront amenés dans la Maiſon, pour y être razés, mis au cachot au pain & à l'eau, & au prie-Dieu tous les matins, pendant quinze jours la prémière fois; la ſeconde, foüetés dans le milieu de la cour de la Chanal, toutes les ſemaines une fois, pendant un mois qu'ils reſteront au cachot les fers aux pieds; à la recidive, rayés du Catalogue, privés du dernier habit, & abandonnés pour toûjours.

I I I.

Ne pourront leſdits Enfans avant l'âge de vingt-cinq ans, s'affermer chez un Maître en qualité de Compagnon, ni changer à leur gré, ſans le conſentement par écrit, & de l'avis du Sr. Recteur; ceux qui contreviendront à cet Article ſeront privés du dernier habit, & rayés du Catologue, comme n'ayant plus beſoin de perſonne pour veiller à leur conduite.

CHAPITRE

CHAPITRE VI.

Concernant les Malades.

ARTICLE PREMIER.

LE Maître, la Sœur & les Filles qui font chargées de la conduite defdits Enfans, auront une attention particulière à avertir le Médecin & Chirurgien Major, lorfque quelqu'un d'eux fe trouvera indifpofé, afin qu'on puiffe le faire tranf-porter à l'Hôtel-Dieu, fi la maladie eft de conféquence, ou qu'on lui donne dans la Maifon les fecours néceffaires, fi elle n'a aucune fuite.

II.

Lefdites Filles avertiront pareillement le Chirurgien Major, lorfque quelqu'un defdits Enfans fe fera bleffé, pour qu'il y apporte auffi-tôt reméde, crainte qu'en différant, la playe ne s'envenime, faute de l'avoir panfée les prémiers jours.

III.

Comme lefdits Enfans font fujets quelquefois au fcorbut, à la galle & autres maladies qui fe communiquent; leur Maitre aura foin d'en avertir, pour qu'on leur faffe prendre l'air tous les jours, & qu'on fe ferve en ce cas-là des remédes capables d'en arrêter les progrès.

IV.

Quant à ceux qui font attaqués de maladies incurables & qui peuvent fe communiquer; ils feront placés, ainfi qu'il eft

X

d'ufage dans l'Infirmerie de la Chanal, & le Maître leur interdira toute focieté avec le refte de fa Communauté, fous peine du foüet; il aura foin auffi de veiller fur ce qui fe paffe dans ladite Infirmerie; afin que les perfonnes deftinées à fervir, tant lefdits Enfans qu'on y met, que les petits-Garçons, ne fe négligent pas, qu'on leur faffe faire exactement la Prière & des Lectures fpirituelles, & qu'on profite des bons intervales que leurs maux peuvent leur laiffer, pour les faire travailler au profit de la Maifon.

V.

Seront les préfens Réglemens lûs tous les prémiers Dimanches du mois au Réfectoir pendant le dîner.

REGLEMENT
PARTICULIER,

POUR les Enfans de la Chanal qui vont au Collége.

ARTICLE PREMIER.

ILs se leveront tous les jours à la même heure que le reste de la Communauté, s'habilleront & feront leur lit en silence.

I I.

Ils iront à la Messe, & feront la Prière avec les autres; au retour ils déjeûneront, réciteront leurs Leçons, repasseront leur explication, leur thême, & le devoir de la matinée, devant leur Maître, après quoi ils se mettront à genoux, il leur lira un chapitre de l'*Imitation de* JESUS, ils diront le *De profundis*, & ensuite ils se prépareront pour aller en Classe.

I I I.

A l'heure fixée qu'ils doivent partir pour le Collége, ils iront tous ensemble adorer le S. Sacrement, après quoi ils sortiront avec leur sous-Maître, pour arriver avant que la Classe commence.

I V.

Ils ne s'arrêteront nulle part en chemin, & se comporteront dans les ruës avec la modestie que demande la Maison où ils habitent, le recuëillement qu'exige le surplis qu'on leur permet de porter.

X ij

V.

Ils reviendront du Collége avec leur fous-Maître, & dans le même ordre, entreront un moment dans l'Eglife, pour y faire leur Prière, après laquelle ils viendront aufli-tôt fe préfenter devant leur Maître, & préparer leur devoir de Claffe.

V I.

Lorfque la cloche fonnera pour le dîner, ils fe rendront au réfectoir avec les autres, y garderont le filence, & écouteront la Lecture.

V I I.

Après leur récréation, qu'ils prendront tous enfemble avec leur Maître ou leur fous-Maître, fans fe mêler parmi les autres Enfans; ils corrigeront leur devoir, réciteront leurs leçons, afin d'être prêts à partir pour la Claffe, ainfi que le matin.

V I I I.

Ils en reviendront de même, fe préfenteront toûjours au retour devant leur Maître, & au cas que quelqu'un d'eux étudie en Philofophie, il lui montrera fes cayers & la dictée du jour.

I X.

On leur donnera à goûter, lorfqu'ils feront arrivés, après quoi ils travailleront à leur devoir pour le lendemain, jufques à fix heures & demi qu'ils prendront une leçon de plein-chant, jufques au fouper, après lequel ils feront la Prière avec la Communauté.

X.

Ils prendront leur récréation comme après dîner, & à huit heures & demi ils fe rendront dans la chambre de leur Maître, où ils entendront à genoux la lecture d'un chapitre du *Nouveau Teftament*, après lequel ils réciteront le *Miferere*, & viendront fe coucher en filence & avec modeftie.

X I.

Lorsqu'il y aura quelque Service, grande Meffe ou autres Offices dans l'Eglife, ils fe rendront avec exactitude en furplis à la Sacriftie à l'heure fixée, & y garderont un filence inviolable.

X I I.

Après avoir falué la Croix, ils viendront deux à deux faire la genufléxion au milieu de l'Autel, enfuite ils fe mettront à leurs places, d'où ils ne fortiront qu'à la fin de l'Office.

X I I I.

Les jours de Dimanches & Fêtes, devant être particulière-ment confacrés au fervice de Dieu, chacun d'eux fervira une Meffe en furplis, & tous fe trouveront à la Bénédiction, fous peine d'être mis en pénitence par leur Maître.

X I V.

Les mêmes jours ils affifteront au Catéchifme, & à l'inftruction que leur Maître fait à la Communauté le matin pendant une heure, enfuite ils apprendront chacun quelques Verfets du *Nouveau Teftament*, qu'ils lui réciteront avant d'aller dîner.

X V.

L'après-midi, ils fe rendront après Vêpres dans la chambre de leur Maître, pour y faire enfemble une lecture fpirituelle d'en-viron demi heure, & on pourra ces jours-là leur faire faire quel-que Catéchifme, pour commencer à les former au fervice de l'Eglife; on les enverra auprès du lit des malades, leur faire des lectures fpirituelles.

X V I.

Ils ne fortiront le jour de congé, les Fêtes & les Dimanches, que par la permiffion de leur Maître, qui la leur refufera lorsqu'il sera mécontent d'eux; ils seront toûjours accompagnés de leur sous-Maître, & si quelqu'un s'écartoit des autres sans son consentement, ou qu'il se retirât plus tard qu'il ne faut ces jours-là, ou lorsqu'ils reviennent de Classe; il n'aura que du pain & de l'eau à souper, & sera privé de sortir la prochaine fois.

XVII.

La même peine sera imposée à ceux qui s'échaperont de la Maison, & il est expressément défendu aux Portiers de la grille & de l'Eglise, de les laisser passer, si le Maître ne l'ordonne, même dans le tems de la récréation.

XVIII.

Ceux d'entr'eux qui se querelleront ou se battront, qui tiendront de mauvais discours, qui entreront dans le Réfectoir hors le tems des repas, qui se promeneront dans les dortoirs en bonnet de nuit, en chemise, & non en habit décent avec leur bonnet carré; seront privés de sortir la prémière fois, & mangeront à genoux au milieu du Réfectoir à la récidive.

XIX.

Enfin, lesd. Enfans vivront entr'eux avec politesse, donneront de bons exemples au reste de la Communauté, respecteront comme ils le doivent, leur Maître, leur sous-Maître, leur obéïront avec soumission; ils vivront avec cette modestie, cette piété si convenable à l'état qu'ils se proposent d'embrasser, & s'approcheront des Sacremens plus souvent que les autres.

XX.

Sera le présent Réglement, lû tous les prémiers Dimanches du mois au Réfectoir pendant le dîner.

REGLEMENS

POUR les Cathérines.

CHAPITRE PREMIER.

ARTICLE PREMIER.

Depuis Pâques jufqu'à la Touffaints, elles fe leveront tous les jours à quatre heures & demi précifes, & pendant le refte de l'année demi heure plus tard; auquel cas, tous les exercices ci-après, retarderont de demi heure, à l'exclufion du dîner, qui refte toûjours à la même heure; elles s'habilleront en filence, feront leur lit, rangeront leur chambre.

I I.

A cinq heures, elles iront deux à deux précedées de la Croix, en chantant le *Stella cœli* & l'*Ave Regina*, jufqu'à l'Eglife où elles feront la Prière du matin & pendant la Meffe elles acqui-teront quelques Prières de Fondation à baffe voix, pour ne pas interrompre le Prêtre; la Sœur qui les gouverne, aura foin de n'en laiffer aucune dans les chambres.

I I I.

La Meffe finie, elles viendront avec le même ordre, en chantant l'*Exaudiat*, dans leur RéfeCtoir, où elles fe rangeront pour entendre la leCture d'un chapitre de l'*Imitation de* Jesus, après quoi on leur diftribuera le pain pour déjeûner, pendant lequel elles obferveront le filence.

I V.

Après le déjeûner, celles qui font employées aux moulins à foye, à la filerie, aux magafins de bas, aux gréniers à linge ou ailleurs, s'y rendront toutes enfemble deux à deux & fans s'amufer ; afin de pouvoir commencer l'ouvrage à fix heures précifes : Quant à celles qui font chargées de balayer, & de faire le lit des petites, elles s'en acquiteront promptement, auront attention de tenir le dortoir & les chambres extrêmement propres, de les arrofer en Eté, & de tenir les fenêtres des chambres ouvertes, au moins deux heures dans la journée ; il ne fera pris aucune de celles qui font employées dans les Manufactures où ailleurs, pour balayeufes ; & la Sœur aura foin, lorfque lefdites chambres feront rangées, d'en prendre les clefs, pour qu'on ne puiffe y entrer fans fa permiffion.

V.

A fix heures, les autres s'affembleront dans la fale du travail, où elles feront affifes & rangées fur deux colonnes, pour y travailler en commun, à brocher des bas, dévuider de la foye ou autres ouvrages, jufqu'à l'heure du dîner ; la Sœur s'y tiendra avec elles, afin de veiller fur leur conduite.

V I.

A fept heures, elles réciteront *Prime*, à huit heures *Tierce*, à neuf heures *Sexte*, à dix heures *None*, du petit Office de la Vierge, fans interrompre l'ouvrage, & à la fin de chacune de ces petites heures, elles diront un *De profundis*, en acquit de pareilles Fondations des Bienfaiteurs.

V I I.

Après le déjeûner, celles qui ont foin des petites, les conduiront en filence dans la fufdite chambre du travail, où on

fera

fera le Catéchifme, où on leur apprendra avec douceur, à lire & à écrire : Quant à celles'à qui on apprend à coudre, elles feront pareillement conduites au grénier à linge, où on leur montrera aufli leur Catéchifme, à lire & à écrire, jufqu'à dix heures trois quarts, qu'elles viendront fe joindre aux autres dans la fale du travail.

V I I I.

A dix heures trois quarts, la cloche fonnera pour avertir celles qui font dans les différens emplois de la Maifon, de fe rendre dans la fufdite fale, où étant toutes affemblées & à genoux, la Sœur récitera l'Oraifon *Actiones noftras.*

I X.

A onze heures, elles fortiront deux à deux pour aller au réfectoir, en chantant l'*Ave Maris ftella*; y étant arrivées, la Sœur dira le *Benedicite*; elles fe rangeront chacune à leur place en filence; elles l'obferveront pendant la lecture de la vie des Saints, qui fe fera par une d'elles, jufqu'à la fin du dîner, que la Sœur dira les Graces.

X.

Depuis le dîner jufqu'à midi, elles prendront leur récréation, foit dans la fale du travail, foit dans le dortoir, les petites féparées des grandes, & fans qu'il foit permis à aucune d'aller hors du dortoir, fous quelque prétexte que ce foit; étant très-expreffément défendu à la Portière defdites Cathérines, de les laiffer fortir pendant ledit tems.

X I.

A midi, celles qui font occupées dans les différentes Fabriques, s'y rendront avec exactitude; les petites feront reconduites dans le même ordre que le matin, & toutes les autres s'affembleront

Y

dans la chambre du travail, dans l'ordre prescrit ci-dessus; à deux heures, elles diront *Vêpres & Complies de la Vierge*, avec le *De profundis*, sans interrompre le travail.

XII.

A trois heures, on distribuera du pain aux grandes & aux petites pour le goûter, qui doit durer au plus un quart-d'heure, on le portera à celles qui sont dans les Fabriques ou autres emplois; après le goûter, elles diront quelqu'Antienne de la Vierge; à six heures le travail finira par l'Oraison *Sub tuum præsidium*, qu'elles réciteront à genoux.

XIII.

A six heures un quart, elles iront ensemble à l'Eglise en chantant le *Salve Regina*, pour reciter *Matines & Laudes* du petit Office; à six heures trois quarts, on sonnera la cloche, pour que celles qui ont des emplois dans la Maison, qui demandent plus d'assiduité, de même que les petites & celles qui travaillent dans les Manufactures, viennent à l'Eglise chanter en commun les *Litanies de la Vierge* & le *Miserere*.

XIV.

A sept heures, elles partiront deux à deux en silence pour venir au réfectoir, elles y prendront chacune leur place comme au dîner; le souper fini, la Sœur dira Graces, & elles prendront leur récréation jusqu'à huit heures & demi.

XV.

A huit heures & demi elles s'assembleront toutes dans la sale du travail, où la Sœur leur lira à genoux un chapitre du *Nouveau Testament* en François, après quoi elle fera la Prière, & elles iront chacune en silence dans les chambres où elles couchent.

XVI.

La Sœur aura soin de faire sa ronde dans chaque chambre à neuf heures précises, pour voir si elles sont toutes couchées, & si les lumières sont éteintes; & au cas que quelqu'unes gardent de la lumière passé ladite heure, elles seront privées de sortir pendant un mois, en cas de récidive trois mois; & à la troisiéme fois mises dehors, ou aux Vieilles pour toûjours.

XVII.

Les Dimanches & Fêtes, les Offices qu'elles disent les jours ouvriers sur le travail, se réciteront dans l'Eglise, de même que les Fondations; pour cet effet, le Samedi au soir, ou veille des Fêtes, elles substitueront le *Chapelet* aux *Matines &* *Laudes* de la Vierge, qui ne se diront que le matin du jour de Dimanche ou Fête; après la Prière, elles auront soin de sanctifier ce jour-là par des Lectures instructives, qui se feront en commun: sçavoir, à neuf heures & demi le Catéchisme aux petites, où les grandes assisteront jusqu'à dix & demi, & le soir à cinq heures jusqu'à six, une Lecture de piété, où les petites se trouveront aussi.

XVIII.

Celles d'entre lesdites Filles Cathérines, qui ne se conformeront pas exactement à tous les articles du présent Réglement; qui seront désobéïssantes aux ordres du Bureau, qui troubleront la paix, insulteront ou maltraiteront quelque personne de la Maison, feront punies au pain & à l'eau pendant huit jours la prémière fois; la seconde, feront mises aux Vieilles pendant un mois, & privées de sortir pendant ledit tems; à la troisiéme, fermées aux Mendiantes le reste de leurs jours, si leurs infirmités ne permettent pas de les mettre dehors.

CHAPITRE II.

Concernant les Sorties.

ARTICLE PREMIER.

AUcune desdites Filles Cathérines ne pourra sortir de la Maison, les Dimanches ou Fêtes, ni même dans le cours de la semaine, sous quelque prétexte que ce soit, si elle n'en a une permission expresse, & une marque de M. l'Econome à qui elle exposera les raisons qu'elle peut avoir.

I I.

Lesdites Filles Cathérines sortiront tous les Lundis de chaque semaine, immédiatement après le dîner, pour aller prendre l'air ; & si le Lundi se trouvoit jour de Fête, ou qu'il fit mauvais tems, la sortie sera remise au lendemain ou à un autre jour, du consentement du sieur Econome : Quant à celles qui sont employées dans les Fabriques, elles sortiront les Dimanches & Fêtes après Vêpres en Eté, & avant Vêpres en Hyver.

I I I.

Il n'est permis à aucune d'aller seule dans la Ville, elles seront toujours au moins deux d'un âge raisonnable, sous peine d'être privées de sortir pendant un mois, si elles y contreviennent ; à l'égard des petites & de celles qui n'ont point encore atteint l'âge de vingt-cinq ans, elles sortiront ensemble rangées deux à deux, pour aller se promener où la Sœur les conduira.

I V.

Les unes & les autres, auront soin d'être renduës dans la Maison à cinq heures & demi au plus tard en Eté, & à quatre heures & demi en Hyver, afin de pouvoir aller toutes enfemble à la Chapelle, dire *Vêpres & Complies* du petit Office, avec *Matines & Laudes* du lendemain, & que le tout foit fini avant l'heure du fouper.

V.

Celles qui ne feroient pas arrivées à l'heure fixée, feront obligées de paffer chez M. l'Econome, pour lui en expliquer les raifons, & au cas qu'il ne les trouve pas valables, il les privera de fortir la prochaine fois.

V I.

La Portière qui eft à l'entrée du dortoir defdites Filles Cathérines ne les laiffera point rentrer après les cinq heures & demi fixées pour leur retour, fans prendre leur nom, qu'elle remettra au fieur Econome, pour qu'il fçache fi elles lui ont parlé en arrivant.

V I I.

Défenfes abfoluës aufdites Filles Cathérines d'affifter aux Nôces de celles d'entr'elles qui fe marient, ou de leurs Parens, fans permiffion expreffe du Bureau, qui ne la leur accordera, qu'à condition de revenir coucher dans la Maifon ; & quant à celle d'entr'elles qui accompagne la Sœur pour affifter à la Bénédiction Nuptiale, elle ne la quittera pas, & rentrera exactement dans la Maifon avec elle.

V I I I.

Ne pourront lefdites Filles Cathérines fortir de la Maifon, fous prétexte de prendre l'air en Campagne, même chez leurs

Parens, pour caufe de maladie, fans une permiffion expreffe fignée par le Bureau, qui fixera le tems de leur retour, & qui ne leur fera accordé que fur une atteftation du Médecin & Chirurgien Major de la Maifon, & après en avoir conferé en plein Bureau avec la Sœur qui dirige ledit Corps, & le fieur Econome appellés à cet effet.

I X.

Lorfque quelques perfonnes du dehors, demanderont à voir une defdites Filles Cathérines, le Portier la fera avertir, & fur la permiffion de la Sœur, elle defcendra pour lui parler en préfence de la Portière, elle y demeurera le moins qu'il lui fera poffible, & ne pourra l'accompagner; la Portière de la grille aura foin d'écrire fon nom au retour, & de le remettre le foir à M. l'Econome, pour qu'il fçache fi on ne les demande point trop fouvent.

X.

Il eft très-expreffément ordonné à la Portière defdites Filles Cathérines, de tenir la grille fermée, & de n'en laiffer fortir aucunes, à moins que la Sœur ne lui en donne la permiffion, ni de laiffer entrer aucune perfonne étrangère ou de la Maifon, fi ces derniers n'ont une permiffion ou marque de M. l'Econome, & fi les autres ne font conduits par quelqu'un pour voir la Maifon, ne devant y avoir que MM. les Recteurs, le fieur Econome & les Aumôniers, qui ayent droit d'y entrer.

X I.

Il eft expreffément défendu à toute Fille Cathérine, dans quelqu'emploi qu'elle foit, de fortir le prémier Dimanche du mois, jour de Communion, fi elle n'a une permiffion du Bureau; le fieur Recteur & le fieur Econome, n'ayant pas la liberté de l'accorder ce jour-là.

XII.

La porte de la Maiſon ſera refuſée aux Cathérines qui ſont en apprentiſſage dans la Ville, ſi elles ne ſont vêtuës de l'habit de leur Communauté; & celles qui oſeront paroître dans la Maiſon de la Charité avec des habits différens, ſeront privées du dernier habit, & du préſent que le Bureau a accoûtumé de leur faire lors de leur Mariage.

CHAPITRE III.

Concernant le Travail.

ARTICLE PREMIER.

IL eſt expreſſément défendu à toutes les Filles Cathérines, de s'occuper à brocher des bas, ou à tout autre ouvrage, ailleurs que dans la Sale du travail, où elles ſe rangeront toûjours comme ſus eſt dit, ſur deux colomnes, l'une à côté de l'autre, la Sœur à la tête qui travaillera auſſi, & aucune ne pourra s'en diſpenſer ſous prétexte de maladie, parce que en ce cas, la Sœur les enverra auſſi-tôt à l'Infirmerie; ordre à elle de n'en fermer aucune dans les chambres, ſous peine d'être renvoyée de ſon emploi.

I I.

Tous les quinze jours, le Samedi, celles qui travaillent aux bas, ſe rendront au Magaſin des laines après le dîner, pour prendre la quantité d'une livre & demi de laine mi-fine, en préſence du ſieur Econome; il vérifiera le Livre que la Sœur des Cathérines tiendra à cet effet, où le nom de chacune d'elles sera inscrit au haut du feüillet, qui sera partagé en deux colomnes; dans la prémière, on mettra le poids de laine à elles livré avec la date; dans l'autre la quantité de bas rendus.

I I I.

Au cas que ledit jour qu'on délivre la laine, quelques-unes d'elles n'eussent pas commencé ou achevé d'employer la quantité qui lui a été remise, elle sera tenuë de la rapporter dans l'état où elle sera, pour en reprendre de la nouvelle, & d'expliquer au Sr. Econome, les raisons qu'elle a eu pour se dispenser du travail; le sieur Econome en fera note, & joindra ses observations en marge du susdit Régistre, qui sera présenté au Bureau par le sieur Recteur ayant la charge de la Fabrique des bas, tous les prémiers Dimanches du mois pour y être examiné; bien entendu que si elles n'avoient pas dans la livre & demi de laine à elles délivrée, suffisamment de quoi s'occuper pendant les quinze jours, elles pourront aller en reprendre au Magasin, en la faisant toutefois enrégistrer dans le susdit Livre.

I V.

Celles qui feront trouvées travailler pour des personnes étrangères, ou à tout autre ouvrage, que celui de la Maison, feront privées de sortir pendant deux mois la prémière fois, mangeront à genoux au milieu du Réfectoir, & privées de sortir trois mois la seconde fois; & en cas de récidive, chassées pour toûjours, ou mises au rang des Vieilles, si leurs infirmités ne leur permettent pas de gagner leur vie hors la Maison; la même peine sera imposée, à celles qui feront surprises transporter lesd. ouvrages hors la Maison; le Sr. Econome sera tenu de porter sur la table les confiscations qui auront été faites, avec le nom des contrevenantes.   V.

V.

Quant aux petites d'entr'elles qui font deftinées à dévuider de la foye ou à brocher des bas, elles travailleront féparément des grandes, mais dans la même fale ; & il fera choifi dans le nombre des Cathérines, plufieurs des plus entenduës, pour veiller fur leur conduite, leur faire le Catéchifme, les faire lire & écrire ; en un mot, avoir foin d'elles : la Sœur y donnera auffi tous fes foins.

V I.

Celles d'entre lefdites Cathérines, qui par fainéantife, fans aucune raifon légitime d'infirmité, fe difpenferont de travailler & feront inutiles à la Maifon, après avoir été averties trois fois par le fieur Recteur, feront enfin mifes parmi les Mendiantes, jufqu'à ce qu'elles fe corrigent.

CHAPITRE IV.

Concernant les Habillemens.

ARTICLE PREMIER.

SEront lefdites Filles Cathérines, vêtuës fuivant l'uniforme de la Maifon, & des habits qu'elle leur donne, bas de laine ou de fil, fouliers, tabliers, chemifes, coëffes, mouchoirs, &c.

I I.

Défenfes aux petites d'entr'elles, d'avoir des bonnets brodés, ou autres coëffures différentes & plus fines, que celles qu'elles doivent porter.

Z

III.

Il est très-expressément défendu à toutes lesdites Filles Cathérines, d'avoir en propre des coëffures & mouchoirs de toiles plus fines que celles que la Maison fournit, des bas & tabliers de soye, ni même de laine, d'autre couleur que celles qu'elles portent; des souliers plus délicats, ou autres ajustemens quels qu'ils soient, sous peine de confiscation, & d'être privées de sortir pendant trois mois la prémière fois; d'être mises aux Vieilles pendant six mois la seconde, & d'y rester toûjours à la troisiéme, si elles sont hors d'état d'être mises dehors par le Bureau, à cause de leur âge & de leurs infirmités.

I V.

Toutes les Filles en apprentissage, ou qui l'ont fini & qui rentreroient dans la Maison pour causes de mauvais traitement, défaut de travail, correction ou maladie, seront tenuës de porter le parement jaune, afin qu'on puisse les distinguer; & faute par elles de s'y conformer, même lorsqu'elles sortent de la Maison pour prendre l'air, elles seront mises au cachot huit jours la prémière fois, au prie-Dieu & au cachot trois semaines, à la récidive.

CHAPITRE V.

Concernant les Filles à Maîtres.

ARTICLE PREMIER.

CElles defdites Filles qui fe feront chaffer de chez les Maîtres ou Maîtreffes, où on les aura mis en apprentiffage, pour caufe de défobéiffance, pareffe, méchanceté ou défaut d'application, feront ramenées dans la Maifon par ordre du fieur Recteur, pour y fubir la pénitence qu'il leur impofera, & y être châtiées pendant quelques jours.

I I.

Celles qui fe feroient mettre dehors, même après l'aprentiffage, pour caufe de vol ou de libertinage, feront pareillement amenées dans la Maifon, & la prémière fois mifes au cachot au pain & à l'eau, durant quinze jours, au prie-Dieu tous les matins; la feconde fois rafées, foüetées au milieu de la Communauté, & au cachot un mois; à la récidive rayées du Catalogue & privées des avantages de la Maifon : Cette dernière peine fera de même impofée à celles qui tomberoient en faute.

I I I.

Ne pourront lefdites Filles s'affermer chez un Maître, ni en changer à leur gré, avant l'âge de 25. ans, fans le confentement de la Sœur & du fieur Recteur; & au cas qu'elles contreviennent à cet article, elles feront rayées du Catalogue, privées du préfent de la Maifon & du dernier habit.

I V.

Ne pourra la Sœur en mettre aucune en apprentiſſage, les en retirer, ni les changer, ſans le conſentement du Sr. Recteur; & au cas qu'elle les engageât avant la prémière Communion & l'âge de 14. ans, ou qu'elle s'attribuât plus d'autorité qu'elle ne doit en avoir ſur ce fait-là; ſera ladite Sœur décroiſée par le Bureau, & privée de ſon emploi.

V.

Toute Cathérine qui ayant été miſe à Maître, voudroit après 25. ans rentrer dans la Maiſon à cauſe de ſes infirmités; ne ſera admiſe par le Bureau, qu'après la viſite du Chirurgien Major & du Médecin, qui lui en feront rapport; elle ſera placée parmi les Vieilles & en prendra l'habit.

CHAPITRE VI.

Concernant les Infirmeries.

ARTICLE PREMIER.

IL eſt expreſſément défendu aux Filles Cathérines, qui ſont dans l'Infirmerie des Incurables, d'avoir aucune communication avec les autres, & principalement avec les petites, pour quelque raiſon que ce ſoit; leur Portière & la Sœur Infirmière, auront ſoin d'y veiller, & d'avertir le ſieur Econome au cas qu'elles y contreviennent, pour qu'il puiſſe priver de ſortir quinze jours, celles qui ſe mettroient par-là au hazard d'être attaquées des maux qui ſe communiquent, & qu'il faſſe donner le foüet aux petites.

I I.

La Sœur Infirmière aura foin auffi de fe trouver préfente lorfque les Chirurgiens viennent panfer les playes defdites infirmes, & ne les laiffera jamais feuls avec elles, fous quelque prétexte ce foit.

I I I.

Lefdites Cathérines infirmes, fortiront le même jour & à la même heure que les autres, pour être rentrées au même-tems, fans que fous prétexte de leurs maux, on leur donne plus de liberté qu'aux autres.

I V.

Elles fe conformeront aux Réglemens concernant la Communauté, autant que leurs infirmités pourront le leur permettre, & elles feront enforte de profiter des intervalles de tranquilité, pour travailler à brocher des bas pour la Maifon.

V.

La Sœur qui en a foin, veillera à ce qu'elles n'employent pas le tems à des ouvrages pour les perfonnes étrangères, elle leur fera fouvent des Lectures Spirituelles, les fera prier Dieu; & quant aux fecours dont elles ont befoin, elle tâchera de les leur procurer avec douceur & exactitude.

V I.

Ne feront introduites dans ladite Infirmerie des Incurables, que celles qui font dans le cas d'y avoir place; & ce, en conféquence de la vifite du fieur Médecin & du Chirurgien Major de la Maifon; ne pourra la Sœur y en admettre aucune fans l'ordre du fieur Recteur, & fans qu'il l'enrégiftre.

VII.

Quant à celles qui peuvent tomber malades parmi lefdites Filles Cathérines, elles feront auffi-tôt tranfportées avec foin à l'Hôtel-Dieu, pour y recevoir les fecours néceffaires; & on ne gardera dans la Maifon, que celles fur qui il y auroit quelque opération à faire par le Chirurgien Major, ou qui fans être en danger, ont plûtôt befoin de régime & de ménagement que de remédes; auquel cas, on leur deftinera une chambre, pour qu'elles ne dérangent pas le refte de la Communauté.

VIII.

Seront les préfens Réglemens lûs tous les prémiers Dimanches du mois au Réfectoir pendant le dîner.

REGLEMENS

POUR les Petits-Garçons.

CHAPITRE PREMIER.

ARTICLE PREMIER.

ILs se leveront tous les jours à quatre heures & demi, depuis Pâques jusqu'à la Toussaints, & le reste du tems demi heure plus tard; ils s'habilleront en silence chacun assis au pied de son lit.

II.

A cinq heures on sonnera la cloche, & ils viendront se ranger deux à deux dans le dortoir; un d'entr'eux portera la Croix, & ils iront ainsi processionnellement, en chantant l'*Exaudiat* jusqu'à l'Eglise, où leur Maître aura soin de les faire placer six par six sur une même colomne, pour éviter la confusion; ils y entendront la Messe, pendant laquelle ils feront la Prière assez bas, pour ne pas interrompre le Prêtre.

III.

Tandis qu'ils seront à la Messe, la Sœur fera sa ronde dans leurs chambres, pour voir s'il n'en est point resté d'endormis, afin de les faire lever; elle veillera aussi à ce que les Filles qui sont chargées de faire les lits, de balayer & d'arroser en Eté, s'en acquitent avec exactitude & propreté, & qu'elles tiennent toutes les fenêtres ouvertes pour donner de l'air.

I V.

La Meſſe finie, ils reciteront à genoux le *Miſerere*, après lequel un d'eux entonnera le *Salve Regina*, qu'ils chanteront en revenant deux à deux dans le Réfectoir, où on leur donnera à déjeûner; ceux qui n'auront pas aſſiſté à la Meſſe, en ſeront privés.

V.

Après le déjeûner, l'ouvrage commencera dans la Sale à ce deſtinée; ſoit pour devuider de la ſoye, ſoit pour tricoter des bas; Ils ſeront rangés ſur deux colomnes, garderont le ſilence, & les Filles qui en ont ſoin ſeront toûjours préſentes, pour empêcher qu'ils ne perdent leur tems, & qu'ils ne gâtent la laine ou la ſoye; leur Maître y viendra ſouvent pour veiller ſur leur conduite.

V I.

Quant à ceux qui ſont deſtinés à travailler dans les Manufactures, lorſqu'ils auront déjeûné, ils s'y rendront deux à deux en ſilence, ſans s'amuſer, & ſe mettront à l'ouvrage d'abord en arrivant.

V I I.

A ſept heures, ceux qui ſont dans la Sale du travail, diront le *Pater*, l'*Ave* & le *Credo*. A neuf heures, ils reciteront les *Litanies de la Vierge* avec le *De profundis*. A dix heures, le *Miſerere* : toutes ces Prières ſe diront ſans interrompre l'ouvrage, & ſans préjudice de celles auſquelles ils ſont obligés certains jours, comme il paroît par le Tableau des Fondations affiché dans chacune de leurs Sales.

VIII.

VIII.

A onze heures moins un quart, la cloche fonnera pour le dîner, ils fe rangeront dans le dortoir avec le même ordre qu'ils obfervent en allant à la Meffe; ceux qui font aux Manufactures, viendront fe joindre à eux, & ils fe rendront ainfi proceffionnellement à onze heures au Réfectoir, pour fe mettre chacun devant la place qui lui eft deftinée, leur Maître dira le *Benedicite*, ils fe mettront à table, & on obfervera le filence; l'un d'eux fera la lecture.

IX.

Le dîné fini, le Maître dira graces, après quoi ils prendront leur récréation jufqu'à midi, pendant laquelle il leur eft expreffément défendu d'aller dans les dortoirs & cour des moulins à foyes, ni dans la cour d'entrée, fous peine du foüet.

X.

A midi, la cloche fonnera, ils rentreront dans la fale pour travailler; & ceux qui vont aux Fabriques, s'y rendront deux à deux pour fe mettre à l'ouvrage.

XI.

A deux heures, ils reciteront les *Commandemens de Dieu & de l'Eglife*, qui feront fuivis du *Confiteor* en François.

XII.

A trois heures, on diftribuera à chacun du pain, qu'ils mangeront fans fortir de leur place, & ce goûter durera au plus un quart d'heure; on en portera en même-tems à ceux qui font employés aux Manufactures.

Aa

XIII.

A quatre heures, celles qui ont soin de les faire travailler, en choisiront un dans le nombre, pour lui faire lire à haute voix & posément, un Chapitre du *Nouveau Teſtament* en François; ils écouteront avec attention, & suſpendront l'ouvrage pendant cette Lecture.

XIV.

A cinq heures, ils diront le Chapelet ſans quitter l'ouvrage, après lequel on recitera le *De profundis*; & à ſix heures, leur Maître ou leur ſous-Maître viendra dans la ſale les interroger ſur le Catéchiſme que les Filles qui les font travailler leur auront appris dans la journée; cet examen durera juſqu'à ſix heures & trois quarts, qu'ils s'aſſembleront dans le dortoir pour aller ſouper : Ceux qui travaillent dans les Fabriques viendront les y joindre.

XV.

A ſept heures, la cloche ſonnera, & ils ſe rendront au Réfectoir, dans le même ordre qu'au dîner; ils ſouperont, garderont le ſilence pendant la Lecture, & après les Graces, ils ſe mettront à genoux pour la Prière du ſoir; lorſqu'elle ſera finie, ils prendront leur récréation ainſi que le matin.

XVI.

A huit heures & demi, ils rentreront dans les chambres pour ſe coucher, & à neuf heures leur Maître fera ſa ronde, pour voir ſi tout le monde eſt dans le lit.

XVII.

Ceux ou celles qui ſont chargés de leur apprendre à lire, à écrire, & le Catéchiſme, auront ſoin de ſe trouver dans les ſales au moment que le travail commence, afin de pouvoir les inſtruire l'un après l'autre avec attention & ſans les mal-traiter; ils avertiront ſeulement le Maître deſdits Enfans de mettre en pénitence ceux dont-ils feront mécontens.

XVIII.

Les Dimanches & les Fêtes ne devant être employés qu'aux exercices de pieté, leur Maître les aſſemblera tous, au ſortir de la Meſſe, pour leur faire un Catéchiſme d'environ une heure, qui ſera ſuivi d'une inſtruction proportionnée à leur âge; les mêmes jours après leurs Vêpres, qui ſe diront à midi dans leur Chapelle, ils réciteront les *Commandemens de Dieu & de l'Egliſe*, le *Miſerere* & le *De profundis*, & à ſix heures ils diront le *Chapelet*, les *Litanies de la Vierge*, & on fera la lecture du *Nouveau Teſtament* juſqu'à ſouper; tous ceux qui travaillent aux Fabriques, quoiqu'ils ſortent ce jour-là, ſeront obligés de ſe trouver aux exercices ci-deſſus, ſous peine de n'avoir que du pain & de l'eau à ſouper.

XIX

Ceux d'entre leſdits petits-Garçons qui ſeront ſurpris à ſe quereller ou à ſe battre, ſeront privés de ſouper, & ceux qui jureront, qui mentiront ou ſeront déſobéïſſants, iront au prie-Dieu une fois, au cachot deux jours, & privés de ſortir quinze; à la recidive le Bureau en décidera.

XX.

Les Filles qui ſont choiſies pour avoir ſoin deſdits Enfans, auront attention de les tenir avec propreté, de les peigner, de leur faire les ongles, de leur laver les mains, de rapiécer leurs habits, de leur faire changer de linge, de nétoyer leurs lits, de balayer leurs chambres & y donner de l'air; au cas qu'elles manquent à leur devoir ſur cet Article, on en choiſira d'autres.

CHAPITRE II.

Concernant les Sorties.

ARTICLE PREMIER.

AUcun defdits petits-Garçons ne fortira de la Maifon dans le cours de la femaine, fous quelque prétexte que ce foit, excepté le Vendredi, qui eft deftiné pour leurs vacances; ce jour-là, leur Maître ou le fous-Maître les conduira deux à deux pour prendre l'air, depuis dîner jufqu'à fix heures, qu'ils reviendront dans le même ordre faire la lecture, & dire le *Chapelet* avant fouper: En Hyver, ils feront rentrés à quatre heures & demi; & au cas que le Vendredi fût jour de Fête, ou qu'il fît mauvais tems, la fortie fera renvoyée au lendemain.

I I.

Les Dimanches & Fêtes, ceux qui font employés aux Fabriques, fortiront après les Vêpres, fous la conduite de leur fous-Maître, & avec le même ordre que ci-deffus, excepté toutefois le jour de Communion générale; ils feront rentrés aux memes heures, & au cas que quelqu'un d'eux s'écarte de la Troupe pour aller au cabaret, ou fe baigner, ou faire le libertin, les jours qu'on les mene promener, ou qu'il ne foit pas rendu avec les autres, il fera privé de fouper la prémière fois, mis au prie-Dieu une fois, & privé de fortir quinze jours la feconde; à la troifième, mis au cachot huit jours, au prie-Dieu trois fois, & privé de fortir un mois; à la recidive le Bureau en décidera.

I I I.

Le Portier n'en laissera passer aucun de ceux qui arriveroient après que les autres sont rentrés, sans le conduire au Maître, pour qu'il lui impose la pénitence ; il empêchera aussi qu'aucun d'eux n'aille jamais dans la première cour, ou dans la sale de la Draperie, si ce n'est lorsque quelqu'un du dehors les demandera, & qu'il les fera appeller, il empêchera aussi qu'on ne leur apporte aucun mauvais fruit.

I V.

Comme il arrive assez fréquemment, à ceux qui sont revenus de la Campagne, d'y retourner sans permission, & de se sauver chez ceux qui les ont nourris ou ailleurs, par esprit de libertinage ; au cas qu'ils soient surpris en s'échapant, ou ramenés après s'être sauvés ; on les mettra au prie-Dieu & & au cachot trois jours, & privés de sortir un mois la prémière fois ; à la seconde ils seront mis au prie - Dieu & au cachot huit jours, mangeront à genoux au milieu du Réfectoir trois semaines, & privés de sortir deux mois ; à la troisième, le Bureau en décidera.

V.

La porte de la Maison sera refusée à ceux qui sont en apprentissage dans la Ville, s'ils ne sont vêtus, comme toute la Communauté, & ceux qui oseront paroitre avec des habits différens, seront indiqués à leur Maître, pour qu'il les fasse prendre par le Portier & mettre à l'instant au cachot au pain & à l'eau jusqu'au soir, qu'on les renverra chez eux.

CHAPITRE III.

Concernant le Travail.

ARTICLE PREMIER.

LEs petits - Garçons, s'occuperont aux ouvrages qu'on leur donnera, avec attention & affiduité, foit pour la Soye, foit pour les Bas, foit à la Carderie ou ailleurs; & comme il fe peut faire que celles qui font chargées de les faire travailler, les employeroient pour les perfonnes du dehors; en ce cas là, s'ils font pris fur le fait, lefdites Filles feront renvoyées dans leur Corps, & fubiront la même pénitence, que fi elles avoient elles-mêmes été prifes en contravention.

I I.

Quoiqu'on ait fixé une petite fomme, qui fe gagne à proportion de l'ouvrage qu'on fait, pour exciter plus d'émulation; cependant ceux qui n'auront pas rempli la tâche qu'on leur donnera pour la femaine, feront privés de fortir le jour de vacance, & auront le foüet s'ils continuent à être pareffeux.

CHAPITRE IV.

Concernant les Habillemens.

ARTICLE PREMIER.

SEront les petits-Garçons, vêtus suivant l'uniforme de la Maison, & des hardes qu'elle leur fournit, habit, & bonnet brun, veste, bas & culotes, d'étoffe bleuë, ou de toile, en Eté, gros souliers sans boucles.

I I.

Défenses d'avoir des bas de laine ou de fil, des vestes ou culotes d'autre couleur, des chemises à manchettes, un chapeau, des souliers plus fins, ou autres ajustemens, sous peine de confiscation, & les Filles qui ont soin d'eux, seront changées & privées de sortir un mois, si on trouve quelqu'un desdits Enfans en contravention.

III.

Ceux d'entr'eux qui ayant été mis en apprentissage, ou après l'avoir achevé, se verroient obligés pour les raisons expliquées dans les Observations, de rentrer dans la Maison, seront tenus de porter un bonnet jaune, même lorsqu'ils iront se promener, pour qu'on puisse les reconnoître, & ceux qui seront trouvés en contravention sur cet Article, seront mis au cachot huit jours la prémière fois; pour trois semaines à la récidive, & au prie-Dieu.

CHAPITRE V.

Concernant ceux qui font en Apprentiſſage.

ARTICLE PREMIER.

CEux d'entre les petits-Garçons, qui ſe feront chaſſer de chez les Maîtres où on les aura mis en apprentiſſage, pour cauſe de déſobéiſſance, pareſſe, méchanceté ou défaut d'application, feront la prémière fois mis au prie-Dieu, enſuite au cachot au pain & à l'eau trois jours; la ſeconde fois au cachot huit jours, & au prie-Dieu tous les matins pendant ledit tems; en cas de récidive, le Bureau en décidera.

I I.

Ceux qui ſe feront pareillement mettre dehors pour cauſe de vol, libertinage, ivrognerie, irréligion, feront amenés dans la Maiſon, pour y être razés, mis au cachot au pain & à l'eau, & au prie-Dieu tous les matins, pendant quinze jours la prémière fois; la ſeconde, foüetés dans le milieu de la cour des petits-Garçons, toutes les ſemaines une fois, pendant un mois qu'ils reſteront au cachot les fers aux pieds; à la recidive, rayés du Catalogue, privés du dernier habit, & abandonnés pour toûjours.

I I I.

Ne pourront leſdits Enfans avant l'âge de vingt-cinq ans, s'affermer chez un Maître en qualité de Compagnon, ni changer à leur gré, ſans le conſentement par écrit, & de l'avis du Sr. Recteur; ceux qui contreviendront à cet Article, feront privés du dernier habit, & rayés du Catalogue, comme n'ayant plus beſoin de perſonne pour veiller à leur conduite.

CHAPITRE

CHAPITRE VI.

Concernant les Malades.

ARTICLE PREMIER.

LE Maître, la Sœur & les Filles qui sont chargées de la conduite desdits Enfans, auront une attention particulière à avertir le Médecin & Chirurgien Major, lorsque quelqu'un d'eux se trouvera indisposé, afin qu'on puisse le faire transporter à l'Hôtel-Dieu, si la maladie est de conséquence, ou qu'on lui donne dans la Maison les secours nécessaires, si elle n'a aucune suite.

I I.

Lesdites Filles avertiront pareillement le Chirurgien Major, lorsque quelqu'un desdits Enfans se sera blessé, pour qu'il y apporte aussi-tôt reméde, crainte qu'en différant, la playe ne s'envenime, faute de l'avoir pansée les prémiers jours.

I I I.

Comme lesdits Enfans sont sujets quelquefois au scorbut, à la galle & autres maladies qui se communiquent; leur Maître aura soin d'en avertir, pour qu'on leur fasse prendre l'air tous les jours, & qu'on se serve en ce cas-là des remédes capables d'en arrêter les progrès.

Bb

I V.

Quant à ceux qui font attaqués de maladies incurables &
qui peuvent fe communiquer; ils feront placés, ainfi qu'il eft
d'ufage dans l'Infirmerie de la Chanal, & le Maître defdits
Petits-Garçons leur interdira toute focieté avec le refte de fa
Communauté, fous peine du foüet.

V.

Seront les préfens Réglemens lûs tous les prémiers Dimanches
du mois au Réfeétoir pendant le dîner.

REGLEMENS

POUR les Thérèses.

CHAPITRE PREMIER.

ARTICLE PREMIER.

DEpuis Pâques jufqu'à la Touffaints, elles fe leveront tous les jours à quatre heures & demi précifes, & pendant le refte de l'année demi heure plus tard; auquel cas, tous les exercices ci-après, retarderont de demi heure, à l'exclufion du dîner, qui refte toûjours à la même heure; elles s'habilleront en filence, feront leur lit, rangeront leur chambre.

II.

A cinq heures, elles iront deux à deux précedées de la Croix, en chantant le *Stella cœli* & l'*Ave Regina*, jufqu'à l'Eglife où elles feront la Prière du matin & pendant la Meffe elles acquiteront quelques Prières de Fondation à baffe voix, pour ne pas interrompre le Prêtre; la Sœur qui les gouverne, aura foin de n'en laiffer aucune dans les chambres.

III.

La Meffe finie, elles viendront avec le même ordre, en chantant l'*Exaudiat*, dans leur Réfectoir, où elles fe rangeront pour entendre la lecture d'un chapitre de l'*Imitation de* Jesus, après quoi on leur diftribuera le pain pour déjeûner, pendant lequel elles obferveront le filence.   Bb ij

I V.

Après le déjeûner, celles qui font employées aux moulins à foye, à la filerie, aux magafins de bas, aux gréniers à linge ou ailleurs, s'y rendront toutes enfemble deux à deux & fans s'amufer; afin de pouvoir commencer l'ouvrage à fix heures précifes : Quant à celles qui font chargées de balayer , & de faire le lit des petites, elles s'en acquiteront promptement , auront attention de tenir le dortoir & les chambres extrême-ment propres, de les arrofer en Eté, & de tenir les fenêtres des chambres ouvertes, au moins deux heures dans la journée; il ne fera pris aucune de celles qui font employées dans les Manufactures où ailleurs, pour balayeufes; & la Sœur aura foin, lorfque lefdites chambres feront rangées, d'en prendre les clefs, pour qu'on ne puiffe y entrer fans fa permiffion.

V.

A fix heures, les autres s'affembleront dans la fale du travail, où elles feront affifes & rangées fur deux colomnes, pour y travailler en commun, à brocher des bas, dévuider de la foye ou autres ouvrages, jufqu'à l'heure du dîner; la Sœur s'y tiendra avec elles, afin de veiller fur leur conduite.

V I.

A fept heures, elles réciteront *Prime*, à huit heures *Tierce*, à neuf heures *Sexte*, à dix heures *None*, du petit Office de la Vierge, fans interrompre l'ouvrage, & à la fin de chacune de ces petites heures, elles diront un *De profundis*, en acquit de pareilles Fondations des Bienfaiteurs.

V I I.

Après le déjeûner, celles qui ont foin des petites, les con-duiront en filence dans la fufdite chambre du travail, où on fera le Catéchifme, où on leur apprendra avec douceur, à lire & à écrire : Quant à celles à qui on apprend à coudre, elles feront pareillement conduites au grénier à linge, où on leur montrera aufli leur Catéchifme, à lire & à écrire, jufqu'à dix heures trois quarts.

V I I I.

A dix heures trois quarts, la cloche fonnera, & toutes celles qui font dans les différens emplois de la Maifon, aux moulins à foye, à la filerie, aux gréniers à linge, à la coûture, & autres endroits, tant grandes que petites, fe rendront dans la Chapelle, où elles fe mettront à genoux, & la Sœur récitera l'Oraifon *Actiones noftras*.

I X.

A onze heures, elles fortiront deux à deux pour aller au réfectoir, en chantant l'*Ave Maris ftella*; y étant arrivées, la Sœur dira le *Benedicite*; elles fe rangeront chacune à leur place en filence; elles l'obferveront pendant la lecture de la vie des Saints, qui fe fera par une d'elles, jufqu'à la fin du dîner, que la Sœur dira les Graces.

X.

Depuis le dîner jufqu'à midi & demi, elles prendront leur récréation, foit dans la fale du travail, foit dans le dortoir, les petites féparées des grandes, & fans qu'il foit permis à aucune d'aller hors du dortoir, fous quelque prétexte que ce foit; étant très-expreffément défendu à la Portière defdites Thérefes, de les laiffer fortir pendant ledit tems.

X I.

A midi, celles qui font occupées dans les différentes Fabriques, s'y rendront avec exactitude; les petites feront reconduites dans le même ordre que le matin, & toutes les autres s'affembleront dans la chambre du travail, dans l'ordre prefcrit ci-deffus; à deux heures, elles diront *Vêpres & Complies de la Vierge*, avec le *De profundis*, fans interrompre le travail.

XII.

A trois heures, on diftribuera le pain aux grandes & aux petites pour le goûter, qui doit durer au plus un quart-d'heure, on le portera à celles qui font dans les Fabriques ou autres emplois; après le goûter, elles diront quelqu'Antienne de la Vierge; à fix heures le travail finira par l'Oraifon *Sub tuum præfidium*, qu'elles réciteront à genoux.

XIII.

A fix heures un quart, elles iront enfemble dans leur Chapelle en chantant le *Salve Regina*, pour réciter *Matines & Laudes* du petit Office; à fix heures trois quarts, on fonnera la cloche pour que celles qui ont des emplois, qui demandent plus d'affiduité, de même que les petites & celles qui travaillent dans les Manufactures, viennent à la Chapelle chanter en commun les *Litanies de la Vierge* & le *Miferere*.

XIV.

A fept heures, elles partiront deux à deux en filence pour venir au réfectoir, elles y prendront chacune leur place comme au dîner; le fouper fini, la Sœur dira Graces, & elles prendront leur récréation jufqu'à huit heures & demi.

XV.

A huit heures & demi, elles s'affembleront toutes dans la Chapelle, où la Sœur leur lira à genoux un chapitre du *Nouveau Teftament* en François, après quoi elle fera la Prière, & elles iront chacune en filence dans les chambres où elles couchent.

X V I.

La Sœur aura soin de faire sa ronde dans chaque chambre à neuf heures précises, pour voir si elles sont toutes couchées, & si les lumières sont éteintes; & si aucunes gardent de la lumière passé ladite heure, elles seront privées de sortir pendant un mois, en cas de récidive trois mois; & à la troisiéme fois mises dehors, ou aux Vieilles pour toujours.

X V I I.

Les Dimanches & Fêtes, les Offices qu'elles disent les jours ouvriers pendant le travail & dans leur Chapelle, se réciteront à l'Eglise, de même que les Fondations; pour cet effet, le Samedi au soir, ou veille des Fêtes, elles substitueront le *Chapelet* aux *Matines & Laudes* de la Vierge, qui ne se diront que le matin du jour de Dimanche ou Fête; après la Prière, elles auront soin de sanctifier ce jour-là par des lectures instructives, qui se feront en commun: sçavoir, à neuf heures & demi le Catéchisme aux petites, où les grandes assisteront jusqu'à dix & demi, & le soir à cinq heures jusqu'à six, une Lecture de piété, où les petites se trouveront aussi.

X V I I I.

Celles d'entre lesdites Filles Thérefes, qui ne se conformeront pas exactement à tous les articles du présent Réglement ; qui seront désobéissantes aux ordres du Bureau, qui troubleront la paix, insulteront ou maltraiteront quelque personne de la Maison, seront punies au pain & à l'eau pendant huit jours la prémière fois; la seconde, seront mises aux Vieilles pendant un mois, & privées de sortir pendant ledit tems; à la troisiéme, fermées aux Mendiantes le reste de leurs jours, si leurs infirmités ne permettent pas de les mettre dehors.

CHAPITRE II.

Concernant les sorties.

ARTICLE PREMIER.

AUcune desdites Filles Thérefes ne pourra fortir de la Maifon, les Dimanches ou Fêtes, ni même dans le cours de la femaine, fous quelque prétexte que ce foit, fi elle n'en a une permiffion expreffe, & une marque de M. l'Econome à qui elle expofera les raifons qu'elle pourroit avoir.

I I.

Lefdites Filles Thérefes fortiront tous les Mardis de chaque femaine, immédiatement après le dìner, pour aller prendre l'air; & fi le Mardi fe trouvoit jour de Fête, ou qu'il fit mauvais tems, la fortie fera remife au lendemain ou à un autre jour, du confentement du fieur Econome: Quant à celles qui font employées dans les Fabriques, elles fortiront les Dimanches & Fêtes après Vêpres en Eté, & avant Vêpres en Hyver.

I I I.

Il n'eft permis à aucune d'aller feule dans la Ville, elles feront toujours au moins deux d'un âge raifonnable, fous peine d'être privées de fortir pendant un mois, fi elles y contreviennent; à l'égard des petites & de celles qui n'ont point encore atteint l'âge de vingt-cinq ans, elles fortiront enfemble rangées deux à deux, pour aller fe promener où la Sœur les conduira.

I V.

I V.

Les unes & les autres, auront foin d'être renduës dans la Maifon à cinq heures & demi au plus tard en Eté, & à quatre heures & demi en Hyver, afin de pouvoir aller toutes enfemble à fix heures à la Chapelle, dire *Vêpres & Complies* du petit Office, avec *Matines & Laudes* du lendemain, & que le tout foit fini avant l'heure du fouper.

V.

Celles qui ne feroient pas arrivées à l'heure fixée, feront obligées de paffer chez M. l'Econome, pour lui en expliquer les raifons, & au cas qu'il ne les trouve pas valables, il les privera de fortir la prochaîne fois.

V I.

La Portière qui eft à l'entrée du dortoir defdites Filles Thérefes ne les laiffera point rentrer après les cinq heures & demi fixées pour leur retour, fans prendre leur nom, qu'elle remettra au fieur Econome, pour qu'il fçache fi elles lui ont parlé en arrivant.

V I I.

Défenfes abfoluës aufdites Filles Thérefes d'affifter aux Nôces de celles d'entr'elles qui fe marient, fans permiffion expreffe du Bureau, qui ne la leur accordera, qu'à condition de revenir coucher dans la Maifon; & quant à celle d'entr'elles qui accompagne la Sœur pour affifter à la Bénédiction Nuptiale, elle ne la quittera pas, & rentrera exactement dans la Maifon avec elle.

V I I I.

Ne pourront lefdites Filles Thérefes fortir de la Maifon, fous prétexte de prendre l'air en Campagne, pour caufe de

C c

maladie, fans une permiſſion expreſſe ſignée par le Bureau, qui fixera le tems de leur retour, & qui ne leur ſera accordé que ſur une atteſtation du Médecin & Chirurgien Major de la Maiſon, & après en avoir conferé en plein Bureau avec la Sœur qui dirige ledit Corps, & le ſieur Econome appellés à cet effet.

I X.

Lorſque quelques perſonnes du dehors, demanderont à voir une deſd. Filles Théreſes, le Frere Portier la fera avertir, & ſur la permiſſion de la Sœur, elle deſcendra pour leur parler en préſence de la Portière, elle y demeurera le moins qu'il lui ſera poſſible, & ne pourra les accompagner; la Portière de la grille aura ſoin d'écrire ſon nom au retour, & de le remettre le ſoir à M. l'Econome, pour qu'il ſçache ſi on ne les demande point trop ſouvent.

X.

Il eſt très-expreſſément ordonné à la Portière deſdites Filles Théreſes, de tenir la grille fermée, & de n'en laiſſer ſortir aucunes, à moins que la Sœur ne lui en donne la permiſſion, ni de laiſſer entrer aucune perſonne étrangère ou de la Maiſon, ſi ces derniers n'ont une permiſſion ou marque de M. l'Econome, & ſi les autres ne ſont conduits par quelqu'un pour voir la Maiſon, ne devant y avoir que MM. les Recteurs, le ſieur Econome & les Aumôniers, qui ayent droit d'y entrer.

X I.

Il eſt expreſſément défendu à toute Fille Théreſe, dans quelqu'emploi qu'elle ſoit, de ſortir le prémier Dimanche du mois, jour de Communion, ſi elle n'a une permiſſion du Bureau; le ſieur Recteur & le ſieur Econome, n'ayant pas la liberté de l'accorder ce jour-là.

XII.

La porte de la Maison fera refufée aux Thérefes qui font en apprentiffage dans la Ville, fi elles ne font vêtuës de l'habit de leur Communauté; & celles qui oferont paroître dans la Maifon de la Charité avec des habits différens, feront privées du dernier habit, & du préfent que le Bureau a accoûtumé de leur faire lors de leur Mariage.

CHAPITRE III.

Concernant le Travail.

ARTICLE PREMIER.

IL eft expreffément défendu à toutes les Filles Thérefes, de s'occuper à brocher des bas, ou à tout autre ouvrage, ailleurs que dans la Sale du travail, où elles fe rangeront toûjours comme fus eft dit, fur deux colomnes, l'une à côté de l'autre, la Sœur à la tête qui travaillera auffi, & aucune ne pourra s'en difpenfer fous prétexte de maladie, parce que en ce cas, la Sœur les enverra auffi-tôt à l'Infirmerie; ordre à elle de n'en fermer aucune dans les chambres, fous peine d'être renvoyée de fon emploi.

I I.

Tous les quinze jours, le Vendredi, celles qui travaillent aux bas, fe rendront au Magafin des laines après le dîner, pour y prendre la quantité d'une livre & demi de laine mi-fine, en préfence du fieur Econome; il vérifiera le Livre que la Sœur des Thérefes tiendra à cet effet , où le nom de chacune d'elles fera infcrit au haut du feüillet, qui fera partagé en deux colomnes; dans la prémière , on mettra le poids de laine à elles livré avec la date; dans l'autre la quantité de bas rendus.

I·I I.

Au cas que ledit jour qu'on délivre la laine, quelques-unes d'elles n'euffent pas commencé ou achevé d'employer la quantité qui lui a été remife, elle fera tenuë de la rapporter dans l'état où elle fera, pour en reprendre de la nouvelle, & d'expliquer au Sr. Econome, les raifons qu'elle a eu pour fe difpenfer du travail; le fieur Econome en fera note, & joindra fes obfer-vations en marge du fufdit Régiftre, qui fera préfenté au Bureau par le fieur Recteur ayant la direction de la Fabrique des bas, tous les prémiers Dimanches du mois pour y être examiné; bien entendu que fi elles n'avoient pas dans la livre & demi de laine à elles délivrée, fuffifamment de quoi s'occuper pendant les quinze jours, elles pourront aller en reprendre au Magafin, en la faifant toutefois enrégiftrer dans le fufdit Livre.

I V.

Celles qui feront trouvées travailler pour des perfonnes étrangères, ou à tout autre ouvrage, que celui de la Maifon, feront privées de fortir pendant deux mois la prémière fois, mangeront à genoux au milieu du Réfectoir, & privées de fortir trois mois la feconde fois; & en cas de récidive, chaffées pour toûjours, ou mifes au rang des Vieilles, fi leurs infirmités ne leur permettent pas de gagner leur vie hors de la Maifon; la même peine fera impofée, à celles qui feront furprifes tranfporter lefd. ouvrages hors la Maifon; le Sr. Econome fera tenu de porter fur la table du Bureau les confifcations qui auront été faites, avec le nom des contrevenantes.

V.

Quant aux petites d'entr'elles qui font deftinées à dévuider de la foye ou à brocher des bas, elles travailleront féparément des grandes, quoique dans la même fale; & il fera choifi dans le nombre des Thérefes, plufieurs des plus entenduës, pour veiller fur leur conduite, leur faire le Catéchifme, les faire lire & écrire; en un mot, avoir foin d'elles: la Sœur y donnera auffi tous fes foins.

V I.

Celles d'entre lefd. Filles Thérefes, qui par fainéantife, fans aucune raifon légitime d'infirmité, fe difpenferont de travailler & feront inutiles à la Maifon, après avoir été averties trois fois par le fieur Reéteur, feront enfin mifes parmi les Mendiantes, jufqu'à ce qu'elles fe corrigent.

CHAPITRE IV.

Concernant les Habillemens.

ARTICLE PREMIER.

SEront lefdites Filles Thérefes, vêtuës fuivant l'uniforme de la Maifon, & des habits qu'elle leur donne, bas de laine ou de fil, fouliers, tabliers, chemifes, coëffes, mouchoirs, &c.

I I.

Défenfes aux petites d'entr'elles, d'avoir des bonnets brodés, ou autres coëffures différentes & plus fines, que celles qu'elles doivent porter.

III.

Il eſt très - expreſſément défendu à toutes leſdites Filles Thérefes, d'avoir en propre des coëffures & mouchoirs de toiles plus fines que celles que la Maiſon fournit, des bas & tabliers de ſoye, ni même de laine, d'autre couleur que celles qu'elles portent; des ſouliers plus délicats, ou autres ajuſtemens quels qu'ils ſoient, ſous peine de confiſcation, & d'être privées de ſortir pendant trois mois la prémière fois; d'être miſes aux Vieilles pendant ſix mois la ſeconde, & d'y reſter toûjours à la troiſiéme, ſi elles ſont hors d'état d'être miſes dehors par le Bureau, à cauſe de leur âge ou de leurs infirmités.

IV.

Toutes les Filles en apprentiſſage, ou qui l'ont fini & qui rentreroient dans la Maiſon pour cauſes de mauvais traitement, défaut de travail, correction ou maladie, ſeront tenuës de porter le parement jaune, afin qu'on puiſſe les diſtinguer; & faute par elles de s'y conformer, même lorſqu'elles ſortent de la Maiſon pour prendre l'air, elles ſeront miſes au cachot huit jours la prémière fois, au prie-Dieu & au cachot trois ſemaines, à la récidive.

CHAPITRE V.

Concernant les Filles à Maîtres

ARTICLE PREMIER.

CElles defdites Filles qui fe feront chaffer de chez les Maîtres ou Maîtreffes, où on les aura mis en apprentiffage, pour caufe de défobéïffance, pareffe, méchanceté ou défaut d'application, feront ramenées dans la Maifon par ordre du fieur Recteur, pour y fubir la pénitence qu'il leur impofera, & y être châtiées pendant quelques jours.

I I.

Celles qui fe feroient mettre dehors, même après l'aprentiffage, pour caufe de vol ou de libertinage, feront pareillement amenées dans la Maifon, & la prémière fois mifes au cachot au pain & à l'eau, durant quinze jours, au prie-Dieu tous les matins; la feconde fois rafées, foüetées au milieu de la Communauté, & au cachot un mois; à la récidive rayées du Catalogue & privées des avantages de la Maifon : Cette dernière peine fera de même impofée à celles qui tomberoient en faute.

I I I.

Ne pourront lefdites Filles s'affermer chez un Maître, ni en changer à leur gré, avant l'âge de 25. ans, fans le confentement de la Sœur & du fieur Recteur; & au cas qu'elles contreviennent à cet article, elles feront rayées du Catalogue, privées du préfent de la Maifon & du dernier habit.

I V.

Ne pourra la Sœur en mettre aucune en apprentiffage, les en retirer, ni les changer, fans le confentement du Sr. Recteur; & au cas qu'elle les engageât avant la prémière Communion & l'âge de 14. ans, ou qu'elle s'attribuât plus d'autorité qu'elle ne doit en avoir fur ce fait-là; fera ladite Sœur décroifée par le Bureau, & privée de fon emploi.

V.

Toute Thérefe qui ayant été mife à Maître, voudroit après 25. ans rentrer dans la Maifon à caufe de fes infirmités; ne fera admife par le Bureau, qu'après la vifite du Chirurgien Major & du Médecin, qui lui en feront rapport; elle fera placée parmi les Vieilles & en prendra l'habit.

CHAPITRE VI.

Concernant les Infirmeries.

ARTICLE PREMIER.

IL eft expreffément défendu aux Filles Thérefes, qui font dans l'Infirmerie des Incurables, d'avoir aucune communication avec les autres, & principalement avec les petites, pour quelque raifon que ce foit; leur Portière & la Sœur Infirmière, auront foin d'y veiller, & d'avertir le fieur Econome au cas qu'elles y contreviennent, pour qu'il puiffe priver de fortir quinze jours, celles qui fe mettroient par-là au hazard d'être attaquées des maux qui fe communiquent, & qu'il faffe donner le foüet aux petites.

I I.

I I.

La Sœur Infirmière aura soin aussi de se trouver présente lorsque les Chirurgiens viennent panser les playes desdites infirmes, & ne les laissera jamais seuls avec elles, sous quelque prétexte que ce soit.

I I I.

Lesdites Thérèses infirmes, sortiront le même jour & à la même heure que les autres, pour être rentrées au même tems, sans que sous prétexte de leurs maux, on leur donne plus de liberté qu'aux autres.

I V.

Elles se conformeront aux Réglemens concernant la Communauté, autant que leurs infirmités pourront le leur permettre, & elles feront ensorte de profiter des intervalles de tranquilité, pour travailler à brocher des bas pour la Maison.

V.

La Sœur qui en a soin, veillera à ce qu'elles n'employent pas le tems à des ouvrages pour les personnes étrangères, elle leur fera souvent des Lectures Spirituelles, les fera prier Dieu; & quant aux secours dont elles ont besoin, elle tâchera de les leur procurer avec douceur & exactitude.

V I.

Ne feront introduites dans ladite Infirmerie des Incurables, que celles qui sont dans le cas d'y avoir place; & ce, en conséquence de la visite du sieur Médecin & du Chirurgien Major de la Maison; ne pourra la Sœur y en admettre aucune sans l'ordre du sieur Recteur, & sans qu'il l'enrégistre.

D d

VII.

Quant à celles qui peuvent tomber malades parmi lesdites Filles Thérefes, elles feront auffi - tôt tranfportées avec foin à l'Hôtel-Dieu, pour y recevoir les fecours néceffaires; & on ne gardera dans la Maifon, que celles fur qui il y auroit quelque opération à faire par le Chirurgien Major, ou qui fans être en danger, ont plûtôt befoin de régime & de ménagement que de remédes; auquel cas, on leur deftinera une chambre, pour qu'elles ne dérangent pas le refte de la Communauté.

VIII.

Seront les préfens Réglemens lûs tous les prémiers Dimanches du mois au Réfectoir pendant le dîner.

REGLEMENS

*POUR les Garçons délaißés & abandonnés,
dits, Petits-Paßants.*

CHAPITRE PREMIER.

ARTICLE PREMIER.

ILs se leveront tous les jours à quatre heures & demi, depuis Pâques jusqu'à la Touffaints, & le reste de l'année demi heure plus tard; ils s'habilleront en silence promptement, assis au pied de leur lit.

I I.

Lorsqu'ils seront prêts, leur Maître les fera ranger dans la chambre sur deux colomnes, & l'on dira la prière qui sera suivie du *Miserere*, après quoi ils se mettront à l'ouvrage rangés de même, jusqu'à six heures moins un quart, qu'on leur distribuera du pain pour déjeûner.

I I I.

A six heures, ils descendront deux à deux en silence dans la Chapelle des Vieux, pour y entendre la Messe avec eux & assister aux Prières qui se disent après, de même qu'à la lecture de l'*Imitation de* Jesus; pendant leur absence, les Filles destinées à en prendre soin, feront les lits & rangeront les chambres.

D d ij

I V.

Ils fortiront les prémiers, d'abord après la lecture, & reviendront dans leurs chambres dans le même ordre, pour fe mettre au travail.

V.

Ils fe rangeront comme il eft dit ci-deffus, & leur Maître ou celles prépofées pour les inftruire, leur feront répéter le Catéchifme, leur apprendront à lire & à écrire, chacun en particulier, pour qu'ils profitent davantage.

V I.

Si aucuns d'eux fe trouvent employés aux Manufactures, ils s'y rendront auffi-tôt après le déjeûner, & ne s'amuferont point en y allant, non-plus qu'au retour.

V I I.

A neuf heures, ils réciteront le *Salve Regina* ; à dix heures le *Pater*, l'*Ave* & le *Credo*; & à onze heures moins un quart, ceux qui font aux Manufactures, viendront fe joindre à eux.

V I I I.

A onze heures, ils defcendront dans leur Réfectoir, leur Maître dira le *Benedicite*, ils fe mettront à table pour dîner; un d'eux fera la lecture, qu'ils écouteront en filence; après les Graces, ils prendront leur récréation jufqu'à midi.

I X.

A midi, les Dimanche, Mardi & Vendredi, ils viendront dans la Chapelle, où le fieur Aumônier leur fera le Catéchifme en préfence des Vieux, après lequel ils retourneront en filence au travail; les autres jours ils remonteront dans leurs chambres auffi-tôt après la récréation.

X.

A deux heures, ils réciteront les *Commandemens de Dieu &*
de l'Eglife, qui feront fuivis du *Confiteor* en François.

X I.

A trois heures, on diftribuera à chacun du pain, qu'ils
mangeront fans fortir de leur place, le goûter durera au plus
un quart d'heure, & on en portera en même-tems à ceux qui
peuvent être dans les Manufactures.

X I I.

A quatre heures, leur Maître en choifira un dans le nombre
pour lui faire lire à haute voix & pofément, un Chapitre du
Nouveau Teftament en François; ils écouteront avec attention
fans travailler pendant cette lecture.

X I I I.

A cinq heures, ils diront le *Chapelet* fans quiter l'ouvrage,
après quoi on récitera le *De profundis*; & depuis fix heures
jufqu'à fouper, leur Maître les interrogera fur le Catéchifme.

X I V.

A fept heures, ils fe rendront au Réfectoir pour fouper, ils
garderont le filence, pendant la lecture; après les Graces, ils
prendront la récréation.

X V.

A huit heures & demi, leur Maître fera la Prière, ils feront
tous couchés à neuf heures, & la lampe fera éteinte.

XVI.

Il est expreſſément défendu auſdits Enfans, de reſter dans la cour des Vieux, dans d'autre tems que la récréation, ſous peine d'avoir le foüet; il leur eſt pareillement défendu d'aller dans la cour des gréniers, dans les dortoirs ou ailleurs, ſous la même peine : ordre aux Portiers & Portières des grilles, de ne pas les laiſſer paſſer.

XVII.

Ceux d'entre leſdits petits-Paſſants qui ſeront ſurpris à ſe quereller ou à ſe battre, ſeront privés de ſouper, & ceux qui jureront, qui mentiront ou ſeront déſobéiſſants, iront au prie-Dieu une fois, & au cachot au pain & à l'eau deux jours, la prémière fois; à la recidive, au cachot huit jours, & privés de ſortir un mois; s'ils y retournent encore, le Bureau en décidera.

XVIII.

Le Maître deſdits Enfans, aura ſoin de leur faire tondre & raſer la tête, régulièrement tous les mois, & veillera à ce que les Filles deſtinées pour avoir ſoin deſdits Enfans, les tiennent avec propreté.

CHAPITRE II.

Concernant les sorties.

ARTICLE PREMIER.

AUcun desdits Petits-Passants ne sortira de la Maison sous quelque prétexte que ce soit, excepté le Mercredi, destiné pour leur vacance; leur Maître les conduira ce jour-là deux à deux pour prendre l'air, depuis midi jusqu'à six heures en Eté, & à quatre heures & demi en Hyver; au retour de la promenade, ils feront la lecture du *Nouveau Testament*, & diront le *Chapelet* : Si le Mercredi étoit Fête, ou qu'il fit mauvais tems, la sortie sera renvoyée au même jour que celle des Vieux l'aura été.

I I.

Le Dimanche, ceux qui sont employés dans les Fabriques, sortiront après Vêpres, sous la conduite d'une des Filles qui en ont soin, pour être rentrés dans la Maison à la même heure que ci-dessus.

I I I.

Au cas que quelqu'un d'eux s'écarte des autres, les jours qu'on les mene promener, & qu'il aille au cabaret, ou se baigner, ou faire le libertin, il sera privé de souper la prémière fois, mis au prie-Dieu une fois, & privé de sortir quinze jours à la seconde; à la récidive, mis au cachot huit jours, & privé de sortir un mois.

I V.

La même peine fera impofée à ceux qui arriveront après
que les autres font entrés, & le Portier ne les laiffera paffer
qu'en les faifant conduire à leur Maître, pour qu'il leur impofe
la pénitence.

V.

Ceux des Petits-Paffants, qui fe fauveront chez leurs Parens
ou ailleurs, par efprit de libertinage, & qui feront ramenés
dans la Maifon, à la prémière fois, feront mis au prie-Dieu
en arrivant, au cachot, au pain & à l'eau huit jours, privés
de fortir un mois; à la récidive, ils feront chaffés, après leur
avoir ôté l'habit de la Maifon.

CHAPITRE

CHAPITRE III.

Concernant le Travail.

ARTICLE PREMIER.

LEſdits Enfans s'occuperont avec aſſiduité, aux ouvrages qu'on leur donnera, ſoit pour tricotter des bas, ſoit à dévuider de la Soye, ſoit qu'on les envoye à la Carderie ou ailleurs; & au cas que celles qui ſont chargées de les faire travailler, les employaſſent pour les perſonnes du dehors; & qu'ils ſoient pris ſur le fait, leſdites Filles ſeront renvoyées dans leur Communauté, & ſubiront la même pénitence, que ſi elles avoient elles-mêmes été priſes en contravention.

I I.

Ceux deſdits Enfans qui n'auront pas rempli la tâche qu'on leur donnera pour la ſemaine, ſeront privés de ſortir le jour de vacance, & s'ils continuent à être pareſſeux, ils ſeront punis par le ſieur Recteur, qui leur fera donner le foüet, ou les enverra au cachot.

Ee

CHAPITRE IV.

Concernant les Habillemens.

ARTICLE PREMIER.

SEront lefdits petits-Paffants, vêtus fuivant l'uniforme de la Maifon, & des hardes qu'elle leur fournit, fçavoir, habit en forme de fimarre, couleur gris d'épine, paremens & boutons bleus; bas, culote & camifole même étoffe que l'habit, bonnet de même couleur, culote de toile, & point de bas en Eté, des fabots toute l'année.

I I.

Défenfes d'avoir des bas de laine ou de fil, ni d'autre couleur, des chemifes à manchettes, un chapeau, des fouliers ou autres ajuftemens, fous peine de confifcation, & les Filles qui ont foin d'eux, feront changées & privées de fortir un mois, fi on en trouve aucun en contravention.

I I I.

Ceux d'entre lefdits Enfans, qui pendant le tems de leur apprentiffage, feront contraints par le défaut de travail chez leur Maître, de revenir dans la Maifon, par la permiffion du fieur Recteur ayant cette direction, porteront un bonnet jaune, même lorfqu'ils iront fe promener, & ceux qui feront trouvés en contravention fur cet Article, iront au cachot huit jours la prémière fois; à la récidive mis dehors.

CHAPITRE V.

Concernant ceux qui font en Apprentiſſage.

ARTICLE PREMIER.

CEux d'entre les petits-Paſſants, qui ſe feront chaſſer de chez les Maîtres où on les aura mis en apprentiſſage, pour cauſe de déſobéiſſance, pareſſe, méchanceté ou défaut d'application, feront la prémière fois mis au prie-Dieu, enſuite au cachot au pain & à l'eau trois jours; la ſeconde fois au cachot huit jours, & au prie-Dieu tous les matins pendant ledit tems; en cas de récidive, la Maiſon les abandonnera.

II.

Ceux qui ſe feront pareillement mettre dehors pour cauſe de vol, libertinage, ivrognerie, irréligion, feront amenés dans la Maiſon, pour y être raſés, mis au cachot au pain & à l'eau, & au prie-Dieu tous les matins, pendant quinze jours la prémière fois; la ſeconde, foüetés dans le milieu de la cour des Vieux, toutes les femaines une fois, pendant un mois qu'ils reſteront au cachot les fers aux pieds; à la recidive abandonnés pour toûjours.

CHAPITRE VI.

Concernant les Malades.

ARTICLE PREMIER.

LE Maître, la Sœur & les Filles qui sont chargées de la conduite desdits Enfans, auront une attention particulière à avertir le Médecin & Chirurgien Major, lorsque quelqu'un d'eux se trouvera indisposé, afin qu'on puisse le faire transporter à l'Hôtel-Dieu, si la maladie est de conséquence, ou qu'on lui donne dans la Maison les secours nécessaires, si elle n'a aucune suite.

I I.

Lesdites Filles avertiront pareillement le Chirurgien Major, lorsque quelqu'un desdits Enfans se sera blessé, pour qu'il y apporte aussi-tôt reméde, & qu'en différant encore, la playe ne s'envenime, faute de l'avoir pansée les prémiers jours.

I I I.

Comme lesdits Enfans sont sujets quelquefois au scorbut, à la galle & autres maladies qui se communiquent; leur Maître aura soin d'en avertir, pour qu'on leur fasse prendre l'air tous les jours, & qu'on se serve en ce cas-là des remédes capables d'en arrêter les progrès.

I V.

Seront les présens Réglemens lûs tous les prémiers Dimanches du mois au Réfectoir pendant le dîner.

REGLEMENS

*POUR les Filles délaißées & abandonnées,
dites, Petites - Paßantes.*

CHAPITRE PREMIER.

ARTICLE PREMIER.

ELles se leveront tous les jours à quatre heures & demi, depuis Pâques jusqu'à la Toussaints, & le reste de l'année demi heure plus tard; elles s'habilleront promptement, en silence assises au pied de leur lit.

I I.

Lorsqu'elles seront prêtes, leur Maîtresse les fera ranger dans la chambre sur deux colomnes, & l'on dira la prière qui sera suivie du *Miserere*, après quoi elles se mettront à l'ouvrage rangées de même, jusqu'à six heures moins un quart, qu'on leur distribuera un morceau de pain pour déjeûner sans sortir de leurs places.

I I I.

A sept heures, elles viendront deux à deux en silence dans la Chapelle des Vieux, pour y entendre la Messe avec les Vieilles & assister aux Prières qui se disent après, de même qu'à la lecture de l'*Imitation de* Jesus; pendant leur absence, les Filles destinées à en prendre soin, feront leurs lits & rangeront les chambres.

IV.

Elles fortiront les prémières, d'abord après la lecture, & reviendront dans leurs chambres dans le même ordre, pour se remettre au travail, pendant lequel leur Maîtresse, ou celles prépofées pour les instruire, leur feront répéter le Catéchisme, leur apprendront à lire & à écrire, à chacune en particulier, pour qu'elles profitent davantage.

V.

Si aucunes d'elles se trouvent employées aux Manufactures, elles s'y rendront aussi-tôt après le déjeûner, & ne s'amuseront point en y allant, non-plus qu'au retour.

VI.

A neuf heures, elles réciteront le *Salve Regina*; à dix heures, le *Pater*, l'*Ave* & le *Credo*; & à onze heures moins un quart, celles qui font aux Manufactures, viendront se joindre aux autres.

VII.

A onze heures, elles descendront dans leur Réfectoir, leur Maîtresse dira le *Benedicite*, elles se mettront à table pour dîner; une d'elles fera la lecture, qu'elles écouteront en silence; après les Graces, elles prendront leur récréation jusqu'à midi, qu'elles se remettront au travail.

VIII.

A une heure, elles réciteront les *Commandemens de Dieu & de l'Eglise*, qui seront suivis du *Confiteor* en François.

IX.

A deux heures, les Lundi, Mercredi & Samedi, elles viendront dans la Chapelle des Vieux, où le fieur Aumônier leur fera le

Catéchifme en préfence des Vieilles, après lequel elles retourneront en filence au travail; les autres jours elles refteront dans
leurs chambres.

X.

A trois heures, on diftribuera à chacune du pain, qu'elles
mangeront fans fortir de leur place, le goûter durera au plus
un quart d'heure, & on en portera en même-tems à celles qui
peuvent être aux Manufactures.

X I.

A 4. heures, leur Maîtreffe en choifira une dans le nombre
pour lui faire lire à haute voix & pofément, un Chapitre du
Nouveau Teftament en François; elles écouteront avec attention
fans travailler pendant cette lecture.

X I I.

A cinq heures, elles diront le *Chapelet* fans quiter l'ouvrage,
après quoi on récitera le *De profundis*; & depuis fix heures
jufqu'à fouper, leur Maîtreffe les interrogera fur le Catéchifme.

X I I I.

A fept heures, elles fe rendront au Réfectoir pour fouper,
garderont le filence, pendant la lecture; & après les Graces,
elles prendront la récréation.

X I V.

A huit heures & demi, leur Maîtreffe fera la Prière, elles
feront toutes couchées à neuf heures, & la lampe fera
éteinte..

X V.

Il eſt expreſſément défendu auſdites Filles, d'aller dans la cour des Vieilles, dans les tems de leur récréation, ſous peine d'avoir le foüet; il leur eſt pareillement défendu d'aller dans les dortoirs ou ailleurs, ſous la même peine : ordre aux Portiers & Portières des grilles, de ne pas les laiſſer paſſer.

X V I.

Celles d'entre leſdites petites-Paſſantes qui ſeront ſurpriſes à ſe quereller ou à ſe battre, ſeront privées de ſouper, & celles qui mentiront, jureront ou ſeront déſobéïſſantes, iront au prie-Dieu une fois, & au cachot au pain & à l'eau deux jours, la prémière fois; à la recidive, au cachot huit jours, & privées de ſortir un mois; ſi elles y retournent encore, le Bureau en décidera.

X V I I.

La Maîtreſſe deſdits Enfans, aura ſoin de leur faire tondre & raſer la tête, régulièrement tous les mois, & veillera à ce que les Filles deſtinées pour en avoir ſoin, les tiennent avec propreté.

CHAPITRE

CHAPITRE II.

Concernant les sorties.

ARTICLE PREMIER.

AUcune desdites Petites-Passantes ne sortira de la Maison sous quelque prétexte que ce soit, excepté le Jeudi, destiné pour leur vacance; leur Maîtresse les conduira ce jour-là deux à deux pour prendre l'air, depuis midi jusqu'à six heures en Eté, & à quatre heures & demi en Hyver; au retour de la promenade, elles feront la lecture du *Nouveau Testament*, & diront le *Chapelet* : Si le Jeudi étoit Fête, ou qu'il fît mauvais tems, la sortie sera renvoyée au même jour que celle des Vieilles l'aura été.

I I.

Le Dimanche, celles qui font employées dans les Fabriques, sortiront après Vêpres, sous la conduite d'une des Filles qui en ont soin, pour être rentrées dans la Maison à la même heure que ci-dessus.

I I I.

Au cas que quelqu'une d'elles s'écarte des autres, les jours qu'on les mene promener, elle sera privée de souper la prémière fois, mise au prie-Dieu une fois, & privée de sortir quinze jours à la seconde; à la récidive, mise au cachot huit jours, & privée de sortir un mois.

F f

I V.

La même peine fera impofée à celles qui arriveront après que les autres font entrées, & le Portier ne les laiffera paffer qu'en les faifant conduire à leur Maîtreffe, pour qu'elle leur impofe la pénitence.

V.

Celles des Petites-Paffantes, qui fe fauveront chez leurs Parens ou ailleurs, par efprit de libertinage, & qui feront ramenées dans la Maifon, à la prémière fois, feront mifes au prie-Dieu en arrivant, au cachot, au pain & à l'eau huit jours, privées de fortir un mois; à la récidive, elles feront chaffées, après leur avoir ôté l'habit de la Maifon.

CHAPITRE III.

Concernant le Travail.

ARTICLE PREMIER.

LEſdites Filles Paſſantes, s'occuperont avec aſſiduité, aux ouvrages qu'on leur donnera, ſoit pour tricotter des bas, ſoit à dévuider de la Soye, ſoit qu'on les envoye à la Filerie ou ailleurs; & au cas que celles qui ſont chargées de les faire travailler, les employaſſent pour les perſonnes du dehors; leſdites Filles ſeront renvoyées dans leur Communauté, & ſubiront la même pénitence, que ſi elles avoient elles-mêmes été priſes en contravention.

I I.

Celles deſd. Paſſantes qui n'auront pas rempli la tâche qu'on leur donnera pour la ſemaine, ſeront privées de ſortir le jour de vacance, & ſi elles continuent à être pareſſeuſes, elles ſeront punies par le ſieur Recteur, qui leur fera donner le foüet, ou les enverra au cachot.

CHAPITRE IV.

Concernant les Habillemens.

ARTICLE PREMIER.

SEront lesdites Petites-Passantes, vêtuës suivant l'uniforme de la Maison, & des hardes qu'elle leur fournit, sçavoir, robe couleur gris d'épine, paremens bleus, jupon & bas même étoffe que l'habit, point de bas en Eté, des sabots toute l'année, & coëffe en bonnet de toile rousse.

I I.

Défenses d'avoir des bas de laine ou de fil, ni d'autre couleur, des chemises à manchettes, des coëffes blanches, des souliers ou autres ajustemens, sous peine de confiscation, & les Filles qui ont soin d'elles, seront changées & privées de sortir un mois, si on en trouve quelqu'une en contravention.

I I I.

Celles d'entre lesdites Filles, qui pendant le tems de leur apprentissage, seront contraintes par le défaut de travail chez leur Maître, de revenir dans la Maison, par la permission du sieur Recteur ayant cette direction, porteront un parement jaune, même lorsqu'elles iront se promener, & celles qui seront trouvées en contravention sur cet Article, iront au cachot huit jours la prémière fois; à la récidive mises dehors.

CHAPITRE V.

Concernant celles qui font en Apprentiſſage.

ARTICLE PREMIER.

CElles d'entre leſd. petites-Paſſantes, qui ſe feront chaſſer de chez les Maîtres où on les aura miſes en apprentiſſage, pour cauſe de déſobéiſſance, pareſſe, méchanceté ou défaut d'application, feront la prémière fois miſes au prie-Dieu, enſuite au cachot au pain & à l'eau trois jours; la ſeconde fois au cachot huit jours, & au prie-Dieu tous les matins pendant ledit tems; en cas de récidive, la Maiſon les abandonnera.

I I.

Celles qui ſe feront pareillement mettre dehors pour cauſe de vol, libertinage, mauvaiſe conduite, irréligion, feront amenées dans la Maiſon, pour y être miſes au cachot au pain & à l'eau, & au prie‑Dieu tous les matins, pendant quinze jours la prémière fois; la ſeconde, foüetées dans le milieu de leur cour, toutes les femaines une fois, pendant un mois qu'elles reſteront au cachot; à la récidive abandonnées pour toûjours.

CHAPITRE VI.

Concernant les Malades.

ARTICLE PREMIER.

LA Sœur & les Filles qui font chargées de la conduite defdits Enfans, auront une attention particulière à avertir le Médecin & Chirurgien Major, lorfque quelqu'une d'elles fe trouvera indifpofée, afin qu'on puiffe la faire tranfporter à l'Hôtel-Dieu, fi la maladie eft de conféquence, ou qu'on lui donne dans la Maifon les fecours néceffaires, fi elle n'a aucune fuite.

I I.

Lefdites Filles avertiront pareillement le Chirurgien Major, lorfque quelqu'une fe fera fait mal, pour qu'il y apporte auffi-tôt reméde, crainte qu'en différant encore, la playe ne s'envenime, faute de l'avoir panfée les prémiers jours.

I I I.

Comme lefdits Enfans font fujets quelquefois au fcorbut, à la galle & autres maladies qui fe communiquent; leur Maîtreffe aura foin d'en avertir, pour qu'on leur faffe prendre l'air tous les jours, & qu'on fe ferve en ce cas-là des remédes capables d'en arrêter les progrès.

I V.

Seront les préfens Réglemens lûs tous les prémiers Dimanches du mois au Réfectoir pendant le dîner.

REGLEMENS
POUR les Vieux.

CHAPITRE PREMIER.
ARTICLE PREMIER.

ILs se leveront tous les jours à quatre heures & demi, depuis Pâques jusques à la Toussaints, & le reste du tems demi-heure plus tard; ils s'habilleront & feront leur lit.

I I.

A cinq heures on sonnera la cloche, ils se rendront à la Chapelle pour y faire ensemble la Prière à haute voix, réciter le *Miserere* & leurs Prières particulières, jusqu'à cinq heures & demi.

I I I.

A cinq heures & demi, ils viendront en silence au Réfectoir pour y manger la soupe; ils se rangeront à la place qui leur est destinée.

I V.

De-là ils reviendront à la Chapelle pour y entendre la Messe, qui leur sera dite à six heures précises par leur Aumônier, à la fin de laquelle, ils réciteront les *Litanies de la Vierge*, avec le *De profundis*, & on leur lira un Chapitre de l'Imitation de JESUS, après lequel ils sortiront deux à deux.

V.

On leur diſtribuera en paſſant devant leur Réfectoir du pain à chacun pour le déjeûner, & ils remonteront dans leurs chambres ſans s'amuſer dans la cour & les dortoirs.

V I.

A neuf heures & demi on ſonnera la cloche pour deſcendre à la Chapelle adorer le Saint Sacrement.

V I I.

A neuf heures trois quarts, le Sacriſtain récitera à haute voix & poſément, le *Pater*, l'*Ave* & le *Credo*, enſuite il lira les *Commandemens de Dieu & de l'Egliſe*, & finira par le *Confiteor*; on dira toutes les Prières en François.

V I I I.

A dix heures, ils viendront deux à deux au Réfectoir, la Sœur dira le *Benedicite*, ils prendront leurs places pour le dîner, pendant lequel on fera la lecture, & l'on obſervera le ſilence.

I X.

Après le dîner, ils reviendront à la Chapelle dire Graces, & ils réciteront le *De profundis*, & le *Salve Regina*.

X.

Ils prendront enſuite la récréation juſqu'à midi dans leur cour, dortoirs, ou dans leurs chambres.

X I.

A midi, la cloche ſonnera, ils s'aſſembleront dans la Chapelle, pour réciter les *Litanies des Saints*, après leſquelles on

dira

dira le *Chapelet*, & enfuite le *Miferere* & le *De profundis*, après quoi, on leur fera la lecture de quelque Chapitre du *Nouveau Teftament* en François, les Lundi, Jeudi & Samedi.

XII.

Les Dimanche, Mardi & Vendredi, ils fe rendront dans la Chapelle à la même heure, pour affifter au Catéchifme, que fera ces jours-là aux Petits-Paffants, le fieur Aumônier jufqu'à une heure, après quoi ils réciteront les mêmes Prières que ci-deffus, & il n'y aura point de lecture; ces mêmes exercices fe feront toûjours à la même heure les jours de Fêtes & Dimanches; mais ils feront fuivis des Vêpres, qu'on commencera à une heure; aucun des Vieux ne pourra fe difpenfer d'y affifter, fous quelque prétexte que ce foit; à moins qu'il ne foit employé à ces heures-là dans la Maifon; ils écouteront avec attention pour s'inftruire de leur Religion.

XIII.

Au fortir de la Chapelle, ils iront deux à deux prendre à la porte du Réfectoir, un morceau de pain pour leur goûter, & remonteront dans leurs chambres fans s'amufer.

XIV.

A quatre heures moins un quart en Hyver, une heure plus tard en Eté, la cloche fonnera, & ils fe rendront tous à la Chapelle pour y adorer le Saint Sacrement jufqu'à fouper.

XV.

A quatre heures, ils viendront deux à deux en filence, prendre leurs places au Réfectoir, la Sœur dira le *Benedicite*, & on fera la lecture.

Gg

X V I.

Après le souper, ils reviendront à la Chapelle dire Graces, après lesquelles on leur lira un Chapitre de l'Imitation de Jesus; ensuite on fera la Prière du Soir, qui sera terminée par le *Miserere*, & le *De profundis*.

X V I I.

Après la Prière, ils prendront la récréation dans leur cour & dortoirs, jusqu'à sept heures, qu'ils seront tous retirés dans leurs chambres.

X V I I I.

A huit heures, ils seront couchés, & défenses absoluës passé ledit tems, de conserver d'autre lumière que celle de la lampe, qui doit rester allumée toute la nuit dans chaque chambre; les contrevenants à cet article, seront privés de vin pendant trois jours; ordre aux Bassiniers d'en avertir le Sr. Econome, & ils en répondront sous les mêmes peines.

X I X.

La même peine sera infligée à ceux qui manqueront à la Prière du Matin & du Soir, à la Messe, & à l'Adoration du Saint Sacrement, avant le dîner & souper.

X X.

Quant à ceux qui ne se trouveront pas à la lecture, au Catéchisme, au Chapelet & autres Prières, on les privera de vin, aussi pendant trois jours, & de sortir pendant quinze jours; à la récidive, ils mangeront trois jours à genoux au milieu du Réfectoir, & seront privés de sortir un mois; les Bassiniers de chaque chambrée, auront soin de les avertir lorsque la cloche sonne, & de les faire descendre; faute par eux d'y veiller, ils ſubiront la même pénitence , & feront changés; ſi quelqu'un refuſe de leur obéir, ils en avertiront le Sr. Reƈteur & le Sr. Econome, pour qu'on puiſſe le corriger par quelques jours de cachot.

X X I.

On choiſira dans le nombre des Vieux , trois des plus entendus, qui ſçachent lire & écrire; un d'eux fera les Prières & Leƈtures, ſoit à la Chapelle, ſoit au Réfeƈtoir; l'autre ſonnera la cloche aux heures des exercices , & l'autre fera ranger tout le monde dans la Chapelle , fermera la porte lorſque la cloche aura fini de ſonner, ſe tiendra aſſis en dedans afin d'obſerver ceux qui viendront tard , pour en avertir le ſieur Econome; ils auront chacun leur ſemaine d'exercice.

X X I I.

Les trois feront appellés Sacriſtains; celui qui fera les Prières & Leƈtures, ſe placera ſur un prie-Dieu au milieu de la Chapelle, il aura le Catalogue de tous les noms des Vieux , & en appellera tous les jours une vingtaine indifféremment, fera note des abſents, pour la donner à M. l'Econome ; cet appel ſe fera pour l'exercice de midi particulièrement.

X X I I I.

Défenſes expreſſes, de joüer aux cartes, ni aux dez dans les chambres, ni ailleurs, ſous peine par les contrevenants, d'être privés de la ſortie pendant un mois.

X X I V.

Défenſes de jurer, de ſe quereller, ni de maltraiter aucune perſonne, ſous peine d'être mis dans le cachot au pain & à l'eau pendant huit jours, privé de vin pendant trois ſemaines, de ſortir pendant deux mois; & en cas de récidive, mis dehors pour toûjours ſans rémiſſion.

G g ij

X X V.

Défenses de fumer à côté des lits, pour ne pas s'exposer à y mettre le feu, sous peine d'être privés de la sortie pendant un mois, & de vin pendant huit jours.

X X V I.

Défenses d'entrer dans le Réfectoir, hors les heures du repas, pour y manger avec des étrangers ou autres personnes de la Maison; ordre à la Sœur d'y veiller.

X X V I I.

Les Bassiniers de chaque chambrée, seront tenus de donner avis au Sr. Econome, des contraventions aux précédens articles, pour qu'il puisse y mettre ordre ; & en cas de négligence de leur part, ils seront destitués, privés de vin pendant huit jours, & de sortir un mois.

CHAPITRE II.

Concernant les sorties.

ARTICLE PREMIER.

AUcun des Vieux ne pourra sortir dans le cours de la semaine, sous quelque prétexte que ce soit, excepté le jour de vacance; permis cependant à ceux qui sont employés dans la Maison de sortir les Dimanches & Fêtes après Vêpres, à l'exception du jour de Communion générale, où le Sr. Recteur, ni le Sr. Econome ne le leur permettront pas, quelques raisons qu'ils ayent pour le demander.

I I.

Lesdits Vieux sortiront tous les Mercredis, immédiatement après le dîner, pour aller prendre l'air; & au cas que ce soit jour de Fête, la sortie sera renvoyée au lendemain, on les foüillera exactement à leur grille, à la porte de la Maison & au guichet de la porte d'entrée: il en sera usé de même lorsqu'ils reviendront de la Ville.

I I I.

Ils auront soin d'être rentrés dans la Maison à quatre heures en Hyver, & à quatre heures & demi en Eté; le souper retardant ce jour-là de demi heure, pour leur donner plus de tems; ils se rendront en arrivant dans la Chapelle pour l'Adoration du Saint Sacrement.

I V.

Ceux qui ne feront pas arrivés avant qu'on se mette à table, resteront en dehors de la grille, jusques à la sortie du souper, que le Sacristain viendra prendre leurs noms, ils iront aux Graces, & à la Prière avec les autres, feront privés de leur portion; & le sieur Econome, sur la liste qui lui en sera donnée par le Sacristain, les empêchera de sortir la prochaine fois.

V.

Depuis cinq heures en Hyver, & cinq heures & demi en Eté, le Portier de la Maison n'en laissera passer aucun, ils resteront dans le dortoir de la prémière cour, jusqu'à ce que le sieur Econome en allant dire Graces, apprenne d'eux les raisons qu'ils ont eu pour différer, & au cas qu'elles ne soient pas légitimes, il les privera de sortir trois semaines.

V I.

Ceux qui rentreront dans la Maison pris de vin, en feront privés pendant huit jours, & ceux qui se seroient battus ou mal comportés au dehors, dont on feroit des plaintes, privés de sortir pendant un mois.

V I I.

Ceux qui découcheront sans permission du sieur Recteur, feront mis au cachot pendant trois jours au pain & à l'eau, & ne pourront sortir pendant un mois; à la récidive feront mis au cachot huit jours, privés de sortir pendant deux mois; ils feront mis dehors pour toûjours à la troisiéme fois; les Basliniers de chaque chambrée, avertiront exactement le Sr. Recteur & le sieur Econome des défaillans, leur en donneront les noms & le numero du lit où ils couchent, sous peine de subir la même pénitence.

VIII.

Ceux qui feront pris & amenés par les Suiffes, demandant l'aumône dans la Ville avec l'habit de la Maifon, ou l'ayant quitté, refteront dans la chambre des Mendians pendant un mois, au bout duquel ils rentreront dans le Corps des Vieux aux conditions de manger à genoux & tête nuë au milieu du Réfectoir, pendant trois mois, & d'être privés de fortir pendant ledit tems; en cas de récidive, mis au cachot pour un mois, & privés de fortir pour toûjours.

IX.

Ne pourront lefdits Vieux, fortir pour un jour, ni même plufieurs, pour travailler en Ville, ou aller à la Campagne, fans une permiffion du Recteur chargé de ce Corps, qui ne donnera point de congé pour moins de quinze jours.

X.

Seront lefdits Vieux obligés de préfenter ledit billet à la Sœur avant de fortir, pour qu'elle retranche leur portion, leur rende leurs habits, & au fieur Econome afin qu'il prenne note du jour de leur fortie; ils feront pareillement tenus de le lui repréfenter en rentrant dans la Maifon, pour qu'il y mette fon vû, après quoi ils le donneront à ladite Sœur, pour qu'elle remette leur portion, leur rende l'habit de la Maifon, & les place dans la chambre & lit défigné; fera ledit billet rendu au fieur Recteur du Corps.

XI.

En cas que ledit congé foit expiré, ledit fieur Econome ne recevra aucun defdits Vieux, fans un ordre exprès, figné du fieur Recteur, auquel ils iront expliquer leurs raifons.

X I I.

Défenses absoluës à la Sœur de donner la portion & le lit à aucuns de ceux qui apporteroient des congés à leur retour, ou expirés, ou sans être visés par le Sr. Econome, sous peine d'être chassée de son emploi.

X I I I.

Défenses à ladite Sœur, sous la même peine, de donner aucune permission aux Vieux de sortir, sans l'autorité du sieur Recteur ou du sieur Econome, & de donner à diner à ceux qui étant envoyés aux Distributions, ne seront pas revenus à l'heure ordinaire du repas; à moins qu'ils n'ayent de légitimes raisons, qu'ils diront au Sr. Econome.

X I V.

Lorsque quelqu'un de dehors demandera à voir un des Vieux, le Portier de la Maison enverra avertir le Portier de la grille, pour qu'il le fasse appeller; ce sera dans la sale de la Draperie, qu'il parlera à ceux qui le demandent, sans qu'il puisse sortir dans la prémière cour, ni faire venir du vin pour boire avec eux; & à l'égard de ceux qui par leurs infirmités, sont hors d'état de venir jusqu'à la Porte; leurs Parens ou autres qui les demanderoient, ne pourront être introduits dans la Maison, sans un billet signé du sieur Recteur du Corps des Vieux, qui ne les accordera que pour bonne raison, rarement & à gens connus; ledit billet sera pris par ledit Portier de la Maison, remis le soir au Sr. Econome, qui le rendra au Recteur.

X V.

Il est expressément défendu au Portier de la grille des Vieux, d'en laisser sortir aucun pour aller dans la cour des moulins à soye, ou dans celle des buchers.

XVI.

XVI.

Défenses aussi audit Portier, de laisser entrer aucune personne des autres Corps, s'ils n'ont une marque du Sr. Econome, qui leur servira de permission, ni aucun étranger, s'il n'est conduit par quelqu'un de la Maison pour la voir: Bien entendu que ceux ou celles qui sont employés dans les Fabriques, passeront aux heures où l'on doit s'y rendre.

XVII.

Quant à MM. les Prêtres, Chirurgiens, Freres & Sœurs, ceux ou celles qui servent dans les Corps pour aller chercher les provisions, le passage sera libre, & la grille sera fermée à toutes autres personnes.

CHAPITRE III.

Concernant les Habillemens.

ARTICLE PREMIER.

SEront lesdits Vieux vêtus suivant l'uniforme de la Maison, & des habits qu'elle leur fournit, bas, culotes, bleus, ou de toile en Eté, juste-au-corps brun.

II.

Ne pourront lesdits Vieux sortir le jour de congé ni autres jours, s'ils ne sont habillés comme sus est dit; & pour empêcher plus particulièrement les contraventions en ce fait-là; le Portier de la grille, le Portier de la Maison, & le Suisse de la grande porte, les empêcheront de passer; & au cas qu'ils eussent pris d'autres habillemens en Ville, on les leur fera quiter en rentrant, & ils seront confisqués.

I I I.

Pour éviter encore plus les abus qui peuvent furvenir en ce point; la Sœur ayant la direction des Vieux, leur fera quiter toutes les hardes qu'ils apporteront lorfqu'on les recevra dans la Maifon, au moment qu'elle les infcrira fur fon Régiftre, aura foin de les nétoyer, & du tout fera un paquet, fur lequel fera coufuë une carte, contenant le nom & le jour, auquel a été reçû ledit Vieux, pour être enfuite ce paquet dépofé entre les mains du Frere Tailleur, qui le rangera dans le Magafin à ce deftiné.

I V.

Si malgré toutes ces précautions, aucun defdits Vieux eft trouvé dans la Maifon avoir un habit étranger, bas ou culotes, autres que celles qu'il doit porter, il fera privé de vin pendant huit jours, & en cas de récidive, privé de fortir pendant trois mois : il fera privé de vin pendant un mois, au cachot pendant huit jours, & ne fortira de fix mois, s'il eft rencontré dans la Ville fans les habits de la Maifon; fi ce n'eft toutefois, pendant le tems que dure le congé qu'il auroit pû obtenir pour fortir.

CHAPITRE IV.

Concernant le Travail.

ARTICLE PREMIER.

CEux d'entre les Vieux, qui auront le talent de brocher des bas, dévuider de la foye ou du fil, pourront le faire dans leurs chambres pour le compte de la Maifon, dans l'intervalle de tems qu'ils ne feront pas aux exercices, & fans que ce travail - là puiffe les exempter de s'y rendre exactement.

I I.

Si aucun d'eux employe le tems à travailler pour les perfonnes du dehors, ou qu'il foit furpris tranfporter quelque ouvrage hors de la Maifon, ils feront confifqués par le Portier, qui doit les foüiller, & remis au fieur Econome, qui après avoir exigé de lui la déclaration de la perfonne qui l'en avoit chargé, le privera de vin huit jours la prémière fois; le fera mettre au cachot huit jours la feconde, & privé de fortir un mois: à la troifiéme, il dénoncera au Bureau les Contrevenants; la même peine fera impofée à ceux qui feroient trouvés porter au dehors du pain, ou autres denrées de la Maifon.

I I I.

Ceux qui font deſtinés à tourner les Moulins aux gréniers à bléd, à la Boulangerie, Lavanderie, Buchers, Cordonnerie, à faire de la toile & autres travaux dans la Maiſon, ſe rendront avec exactitude à leurs emplois aux heures marquées, & ſe trouveront toûjours à la prémière Meſſe, appellée de Communauté, qui ſe dit à l'Egliſe, ſous peine d'être privés de vin pendant la journée : quant aux autres exercices de piété compris dans le préſent Réglement, ils y aſſiſteront autant que faire ſe pourra, ſur tout les Fêtes & Dimanches.

CHAPITRE V·

Concernant les Malades.

ARTICLE PREMIER.

LOrsque quelqu'un des Vieux tombera malade, il sera transporté à l'Hôtel-Dieu, pour y recevoir les secours nécessaires; M. le Medécin, & M. le Chirurgien Major, n'attendront pas pour les y envoyer, que la maladie augmente.

I I.

Quant à ceux sur qui il y auroit une Opération à faire, on les mettra dans un des lits de l'Infirmerie; pour que le Major puisse y travailler & les voir avec assiduité.

I I I.

Ceux qui par des maladies habituelles, font obligés de rester dans les Infirmeries, tâcheront de se trouver, autant que faire se pourra, aux exercices de piété, principalement à la Messe & à l'assemblée de midi; quant au surplus du Réglement, ils l'exécuteront aussi fidélement que leurs infir‑mités pourront le leur permettre.

I V.

La Sœur ayant soin desdites Infirmeries, leur donnera avec attention, ce dont-ils peuvent avoir besoin; veillera à ce que les Garçons Chirurgiens viennent les panser aux heures fixées; elle leur fera la Prière le matin & le soir, & de tems en tems dans la journée, quelques lectures de l'Imitation de JESUS.

V.

Veilleront pareillement ladite Sœur Infirmiere, & celle des Vieux, à ce que ceux qui tranſportent leſdits Vieux malades à l'Hôpital, ayent ſoin de les bien couvrir, crainte qu'ils ne ſouffrent le froid dans le trajet, & leur recommanderont de ne pas s'arrêter en chemin à boire : quant à ceux qui y décéderoient, elles en feront exactement rapporter les hardes dans la Maiſon, pour être renduës ſuivant leur deſtination.

V I.

Seront les préſens Réglemens lûs tous les prémiers Dimanches du mois au Réfectoir pendant le dîner.

REGLEMENS

POUR les Vieilles.

CHAPITRE PREMIER.

ARTICLE PREMIER.

ELles se leveront tous les jours à quatre heures & demi, depuis Pâques jusques à la Toussaints, & le reste du tems demi-heure plus tard; elles s'habilleront & feront leur lit.

I I.

A cinq heures on sonnera la cloche, elles se mettront à genoux chacune au pied de leur lit, pour y faire la Prière en commun; une dans chaque chambre, aura soin de la réciter à haute voix, elle sera placée dans le milieu, pour qu'on puisse l'entendre; cette Prière publique finie, elles balayeront leurs chambres, acheveront de les ranger & nétoyer, ou pourront travailler jusqu'à six heures & demi.

I I I.

A six heures & demi, elles viendront en silence au Réfectoir pour y réciter à genoux le *Salve Regina* & le *Miserere*, après quoi elles s'asseyéront pour déjeûner, celles qui ne s'y trouveront pas en seront privées, à moins que ce ne fût pour cause de maladie.

I V.

A sept heures, elles iront deux à deux à la Chapelle des Vieux pour y entendre la Messe, qui leur sera dite par leur Aumônier, à la fin de laquelle, elles diront les *Litanies de la Vierge*, avec le *De profundis*, & on leur lira un Chapitre de l'Imitation de Jesus, après lequel elles sortiront dans le même ordre pour revenir dans leurs chambres, sans s'amuser dans la cour & les dortoirs.

V.

A neuf heures trois quarts, on sonnera la cloche, elles se rangeront à genoux dans chaque chambre, comme à la Prière du Matin; & celle qui sera chargée du soin des Prières, récitera à haute voix, distinctement & posément, afin que tout le monde entende, le *Pater*, l'*Ave* & le *Credo*, ensuite elle lira les *Commandemens de Dieu & de l'Eglise*, & finira par le *Confiteor*; on dira toutes les Prières en François.

V I.

A dix heures, elles viendront deux à deux au Réfectoir, la Sœur dira le *Benedicite*, elles prendront chacune leurs places pour le dîner, pendant lequel on fera la lecture & on observera le silence.

V I I.

A l'issuë du dîner, la Sœur dira Graces, & elles réciteront le *De profundis*, & le *Salve Regina*, dans le Réfectoir.

V I I I.

Elles prendront ensuite leur récréation dans la cour & dortoirs jusqu'à midi, qu'on leur distribuera à la porte du Réfectoir le pain pour goûter, après quoi elles rentreront dans leurs chambres jusqu'à deux heures qu'on sonnera la cloche pour les avertir.   IX.

I X.

Pour lors, elles viendront deux à deux dans la Chapelle des Vieux, réciter le Chapelet, à la fin duquel elles diront le *De profundis*, & le *Miferere*, après quoi on leur fera la lecture de quelque chapitre du *Nouveau Teftament*; & ce, les Dimanche, Mardi & Vendredi.

X.

A la même heure les Lundi, Mercredi & Samedi, elles viendront au Catéchifme que le fieur Aumônier fera dans la Chapelle des Vieux aux Petites-Paffantes jufqu'à trois heures; après quoi on récitera les mêmes Prières que ci-deffus; aucune defd. Vieilles ne pourra fe difpenfer d'y affifter, fous quelque prétexte que ce foit, à moins qu'elle ne fût employée à quelque chofe d'effentiel dans la Maifon, & elles écouteront avec attention, pour s'inftruire de leur Religion; les jours de Fêtes & Dimanches, ces mêmes exercices feront fuivis des Vêpres, qu'elles chanteront.

X I.

La Lecture, ou le Catéchifme & les Prières finies, elles reviendront toutes deux à deux dans leurs chambres ou dortoirs pour attendre le fouper.

X I I.

A quatre heures, la cloche fonnera pour le fouper, elles viendront deux à deux en filence prendre leurs places au Réfectoir, la Sœur dira le *Benedicite*, & on fera la lecture.

X I I I.

Le fouper fini, la Sœur dira Graces, après lefquelles on leur lira un chapitre de l'Imitation de JESUS, enfuite elles fe mettront à genoux, & on fera la Prière du Soir, qui fera terminée par le *Miferere* & le *De profundis*.   H h

XIV.

Après la Prière, elles prendront la récréation dans leur cour ou dortoir jufqu'à fept heures qu'elles feront toutes retirées dans leurs chambres.

XV.

A huit heures elles feront couchées, & défenfes abfoluës, paffé ledit tems, de conferver d'autre lumière que celle de la lampe, qui doit refter allumée toute la nuit dans chaque chambre; les contrevenantes à cet article, feront privées de vin pendant trois jours, & les Baffinières en répondront fous les mêmes peines, fi elles n'en avertiffent pas.

XVI.

La même peine fera infligée la prémière fois à celles qui manqueront à la Meffe, au Chapelet, à la Lecture & au Caté-chifme, & en cas de récidive, on les privera de vin pendant huit jours, & de fortir pendant un mois; les Baffinières de chaque chambrée, auront foin de les avertir lorfque la cloche fonne, & de les faire defcendre: faute par elles d'y veiller, elles fubiront la même pénitence & feront changées; fi quel-qu'une refufe de leur obéir, elles en avertiront le fieur Recteur & le fieur Econome, pour y mettre ordre en les faifant refter quelques jours au cachot.

XVII.

On choifira dans le nombre des Vieilles, trois des plus entenduës, qui fçachent lire & écrire; une d'elles fera les Prières & Lectures, foit à la Chapelle, foit au Réfectoir; l'autre fonnera la cloche aux heures des exercices; & l'autre fera ranger tout le monde dans la Chapelle, fermera la porte lorfque la cloche aura fini de fonner, & fe tiendra affife en dedans, afin d'obferver celles qui viendront tard, pour en avertir le fieur Econome : elles auront chacune leur femaine d'exercice.

XVIII.

Les trois feront appellées Sacriftaines ; celle qui fera les Prières & Lectures, fe placera fur un prie-Dieu au milieu de la Chapelle, elle aura un Catalogue de tous les noms des Vieilles, & en appellera tous les jours une vingtaine indifféremment, fera note des abfentes, pour la donner au Sr. Econome ; cet appel fe fera pour l'exercice de deux heures particulièrement.

XIX.

Défenfes expreffes de joüer aux cartes, ni aux dez, dans les chambres ni ailleurs, fous peine par les contrevenantes, d'être privées de la fortie pendant un mois.

XX.

Défenfes de fe quereller, jurer, ni maltraiter aucune perfonne, fous peine d'être mifes dans le cachot, au pain & à l'eau pendant huit jours, privées de vin pendant trois femaines, & de la fortie pendant deux mois, & en cas de récidive, mifes dehors pour toûjours fans rémiffion.

XXI.

Défenfes de mettre les chaufferettes, autrement dites, couvêts, allumés fous les lits, crainte d'y mettre le feu, fous peine d'être privées de la fortie pendant un mois, & de vin huit jours ; les Baffinières en répondront fous les mêmes peines.

XXII.

Défenfes d'entrer dans le Réfectoir hors les heures du repas,
pour y manger avec des étrangers, ou autres perfonnes de la
Maifon ; ordre à la Sœur d'y veiller.

XXIII.

Les Baffinières de chaque chambrée, feront tenuës de donner
avis au Sr. Econome, des contraventions aux précédens articles,
pour qu'il puiffe y mettre ordre ; & en cas de négligence de
leur part, elles feront deftituées, priveés de vin pendant huit
jours, & de fortir un mois.

CHAPITRE II.

Concernant les sorties.

ARTICLE PREMIER.

AUcune des Vieilles ne pourra sortir dans le cours de la semaine, sous quelque prétexte que ce soit, excepté le jour de vacance; permis cependant à celles qui sont employées dans la Maison, de sortir les Dimanches & Fêtes, depuis leur dîner jusqu'à trois heures, que leurs Vêpres commenceront; à l'exception toutefois du jour de Communion générale, où le sieur Recteur, ni le sieur Econome, ne leur permettront pas, quelques raisons qu'elles ayent pour le demander.

II.

Lesdites Vieilles sortiront tous les Jeudis de chaque semaine, immédiatement après le dîner, pour aller prendre l'air, & au cas que ce soit jour de Fête, la sortie sera renvoyée au lendemain, on les foüillera exactement à leur grille, à la porte de la Maison, & au guichet de la grande porte d'entrée; il en sera usé de même lorsqu'elles reviendront de la Ville.

III.

Elles auront soin d'être rentrées dans la Maison à quatre heures en Hyver, & à quatre heures & demi en Eté, le souper retardant ce jour-là de demi heure, pour leur donner plus de tems; elles se rendront dans leurs chambres, sans s'arrêter dans les cours & dortoirs.

I V.

Celles qui ne feront pas arrivées avant qu'on entre au Réfectoir, refteront en dehors de la grille jufqu'à la fin du fouper, que la Sacriftaine viendra prendre leurs noms, les fera entrer dans ledit Réfectoir pour affifter à la Prière; elles feront privées de leur portion; & le fieur Econome fur la lifte que lui en donnera la Sacriftaine, les empêchera de fortir la prochaine fois.

V.

Depuis cinq heures en Hyver, & cinq heures & demi en Eté, le Portier de la Maifon n'en laiffera paffer aucune, elles refteront dans le dortoir de la prémière cour, jufqu'à ce que le fieur Econome en allant dire Graces, apprenne d'elles les raifons qu'elles ont euës pour différer, & au cas qu'elles ne foient pas légitimes, il les privera de fortir trois femaines.

V I.

Celles qui rentreront dans la Maifon prifes de vin, en feront privées pendant huit jours, & celles qui fe feroient battuës ou mal comportées au dehors, dont on feroit des plaintes, privées de fortir pendant un mois.

V I I.

Celles qui découcheront fans permiffion du fieur Recteur, feront mifes au cachot pendant trois jours au pain & à l'eau, & ne pourront fortir pendant un mois; à la récidive feront mifes au cachot huit jours, privées de fortir pendant deux mois; elles feront mifes dehors pour toûjours à la troifiéme fois; les Baffinières de chaque chambrée, avertiront exactement le Sr. Recteur & le fieur Econome des contraventions à cet article, donneront leurs noms & le numero du lit de celles qui auront découché, fous peine de fubir la même pénitence.

VIII.

Celles qui feront prifes & amenées par les Suiffes, demandant l'aumône dans la Ville avec l'habit de la Maifon, ou l'ayant quitté, refteront dans la chambre des Mendiantes pendant un mois, au bout duquel elles rentreront dans le Corps des Vieilles aux conditions de manger à genoux au milieu du Réfectoir, pendant trois mois, & d'être privées de fortir pendant ledit tems; en cas de récidive, mifes au cachot pour un mois, & privées de fortir pour toûjours.

IX.

Ne pourront lefdites Vieilles, fortir pour un jour, ni même plufieurs, pour travailler en Ville, ou aller à la Campagne, fans une permiffion expreffe du Recteur chargé de ce Corps, qui ne donnera point de billet de congé pour moins de quinze jours.

X.

Seront lefdites Vieilles obligées de préfenter ledit billet à la Sœur avant de fortir, pour qu'elle retranche leur portion, leur rende leurs habits, & au fieur Econome afin qu'il prenne note du jour de leur fortie; elles feront pareillement tenuës de le lui repréfenter en rentrant dans la Maifon, pour qu'il y mette fon vû, & elles iront trouver la Sœur, qui leur rendra leurs habits, remettra leur portion, & les placera dans la chambre & au lit défigné; fera ledit billet rendu au fieur Recteur.

XI.

En cas que ledit congé foit expiré, ledit fieur Econome ne recevra aucune defdites Vieilles, fans un ordre exprès, figné du fieur Recteur, auquel elles iront expliquer leurs raifons.

X I I.

Défenfes abfoluës à la Sœur, fous peine d'être deftituée de fon emploi, de donner la portion & le lit, à aucune de celles qui apporteroient des congés à leur retour ou expirés, ou fans être vifés par le Sr. Econome, & de donner aucune permiffion aufdites Vieilles de fortir fans fon autorité, ou celle du fieur Recteur.

X I I I.

Lorfque quelqu'un de dehors demandera à voir une des Vieilles, le Portier de la Maifon enverra avertir la Portière de la grille, pour qu'elle la faffe appeller; ce fera dans la fale de la Draperie, qu'elle parlera à ceux qui la demandent, fans qu'elle puiffe fortir dans la prémière cour, ni faire venir du vin pour boire avec eux; & à l'égard de celles qui par leurs infirmités, font hors d'état de venir jufqu'à la Porte; leurs Parens ou autres qui les demanderoient, ne pourront être introduits dans la Maifon, fans un billet figné du fieur Recteur du Corps des Vieilles, qui ne les accordera que pour bonne raifon, rarement & à gens connus; lequel billet fera pris par ledit Portier, remis le foir au Sr. Econome, qui le rendra au fieur Recteur.

X I V.

Il eft très-expreffément ordonné à la Portière de la grille des Vieilles, de n'en laiffer fortir aucune, pour aller dans les cours voifines, fi ce n'eft lors de leurs exercices qui fe font dans la Chapelle des Vieux.

X V.

Défenfes auffi à lad. Portière, de laiffer entrer aucune perfonne des autres Corps, fi elle n'a une marque du Sr. Econome, qui leur fervira de permiffion, ni aucun étranger, s'il n'eft conduit par quelqu'un de la Maifon pour la voir.

XVI.

XVI.

Quant à MM. les Prêtres, Chirurgiens, Freres & Sœurs, ceux ou celles qui fervent dans les Corps pour aller chercher les provifions, le paffage fera libre, & la grille fera fermée à toutes autres perfonnes.

CHAPITRE III.

Concernant les Habillemens.

ARTICLE PREMIER.

SEront lefdites Vieilles, vêtuës fuivant l'uniforme de la Maifon, & des habits qu'elle leur fournit.

II.

Ne pourront lefdites Vieilles fortir le jour de congé ni autres jours, fi elles ne font habillées comme fus eft dit; & pour empêcher plus particulièrement les contraventions en ce fait-là; la Portière de la grille, le Portier de la Maifon, & le Suiffe de la grande porte, les empêcheront de paffer; & au cas qu'elles euffent pris d'autres habillemens en Ville, on les leur fera quiter en rentrant, & ils feront confifqués.

III.

Pour remédier encore plus fûrement aux abus qui peuvent furvenir en ce point, la Sœur ayant la direction des Vieilles, leur fera quiter toutes les hardes qu'elles apporteront lorfqu'on les recevra dans la Maifon, au moment qu'elle les infcrira fur fon Régiftre, aura foin de les nétoyer, & du tout elle fera un paquet,

fur lequel fera coufuë une carte, contenant le nom & le jour,
auquel a été reçûë ladite Vieille, pour être enfuite ce paquet
dépofé entre les mains du Frere Tailleur, qui le rangera dans le
Magafin à ce deftiné.

I V.

Si malgré toutes ces précautions, aucune defdites Vieilles
eft trouvée dans la Maifon avoir un habit étranger autre que
celui qu'elles doivent porter, elle fera privée de vin pendant
huit jours; & en cas de récidive privée de fortir pendant trois
mois; elle fera privée de vin pendant un mois, au cachot
huit jours, & ne fortira de fix mois, fi elle eft rencontrée dans
la Ville fans habits de la Maifon; fi ce n'eft toutefois pendant
le tems que dure le congé qu'elle auroit pû obtenir pour
fortir.

CHAPITRE IV.

Concernant le Travail.

ARTICLE PREMIER.

CElles d'entre les Vieilles qui pourront filer, brocher des bas, dévuider de la foye ou du fil, travailleront dans leurs chambres pour le compte de la Maifon, dans l'intervalle du tems qu'elles ne feront pas aux exercices, & fans que cette occupation puiffe les exempter de s'y rendre exactement; pour cet effet, elles feront infcrire leur nom dans le Régiftre de la Sœur de la Fabrique des bas, qui leur fournira de la laine à mefure d'ouvrage; elles en uferont de même pour la foye, ou pour l'œuvre.

I I.

Si aucunes d'elles font furprifes à travailler pour les perfonnes du dehors, à tranfporter leurs ouvrages, ou ceux d'autrui, hors de la Maifon, ils feront confifqués & portés au fieur Econome, qui les remettra fur la table du Bureau ; & elles feront privées de fortir pendant trois mois la prémière fois, mifes au cachot huit jours, & privées de fortir fix mois la feconde; & en cas de récidive, dénoncées au Bureau: la même peine fera impofée à celles qui feroient trouvées porter au dehors du pain & autres denrées de la Maifon.

Ii ij

III.

Celles qui font deftinées aux différens emplois de la Maifon, s'y rendront avec exactitude aux heures marquées, & auront foin de fe trouver exactement à la prémière Meffe de Communauté qui fe dit à l'Eglife, fous peine d'être privées de vin pendant la journée : Quant aux autres exercices de piété compris dans le préfent Réglement, elles y affifteront autant que faire fe pourra, fur-tout les Fêtes & Dimanches.

CHAPITRE V.

Concernant les Malades.

ARTICLE PREMIER.

LOrfque quelqu'une des Vieilles tombera malade, elle fera tranfportée à l'Hôtel-Dieu, pour y recevoir les fecours néceffaires; M. le Medécin, & M. le Chirurgien Major, n'attendront pas pour les y envoyer, que la maladie augmente.

I I.

Quant à celles fur qui il y auroit une Opération à faire, on les mettra dans un des lits de l'Infirmerie, pour que le Major puiffe y travailler & les voir avec affiduité.

I 1 I.

Celles qui par des maladies habituelles, font obligées de refter dans les Infirmeries, tâcheront de fe trouver, autant que faire fe pourra, aux exercices de piété, principalement à la Meffe & à l'affemblée de deux heures; & pour le furplus du Réglement, elles l'exécuteront auffi fidélement que leurs infirmités pourront le leur permettre.

I V.

La Sœur ayant foin defdites Infirmeries, leur donnera avec attention, ce dont-elles peuvent avoir befoin; veillera à ce que les Garçons Chirurgiens viennent les panfer aux heures fixées; elle leur fera la Prière le matin & le foir, & de tems en tems dans la journée, quelques lectures de l'Imitation de JESUS.

V.

Veilleront pareillement ladite Sœur Infirmiere, & celle des Vieilles, à ce que ceux qui tranfportent lefdites Vieilles malades à l'Hôpital, ayent foin de les bien couvrir, crainte qu'elles ne fouffrent le froid dans le trajet, & leur recommanderont de ne pas s'arrêter en chemin à boire : quant à celles qui y décéderoient, elles en feront exactement rapporter les hardes dans la Maifon, pour être renduës fuivant leur deftination.

V I.

Seront les préfens Réglemens lûs tous les prémiers Dimanches du mois au Réfectoir pendant le dîner.

REGLEMENT

DES ARCHIVES.

Par délibération du Bureau du 3. Janvier 1743. après l'arrangement général fait des Archives, par Noble FRANÇOIS DESCHAMPS, *Avocat au Parlement & aux Cours de Lyon, Conseiller & Procureur du Roy en la Maréchaussée générale de Lyonnois, Forêts & Béaujolois, l'un de MM. les Recteurs ; il a été arrêté sur ses représentations, & pour perpétuer l'ordre desdites Archives.*

I.

QUe les deux clefs de la porte principale des Archives, seront remises, l'une à Monsieur l'Avocat, & l'autre au Sieur Trésorier des deniers, suivant l'usage ordinaire.

I I.

Que toutes les armoires des Archives seront fermées sous une clef, qui sera faite double, dont l'une restera entre les mains de M. l'Avocat, pour en tirer les Titres & papiers nécessaires aux affaires de cette Maison, en s'en chargeant sur le Livre des récépissés à ce destiné ; & pour faire remettre par l'Archiviste lesdits Titres & papiers à chacun de MM. les

Recteurs qui en auront befoin, en s'en chargeant de même; à la rentrée defquels papiers, ledit Archivifte veillera avec attention: Et comme les facs doivent toûjours être à leur place; il fera mention des Titres qui y manquent fur un morceau de papier, qu'il attachera à l'étiquette du fac, afin qu'on ne foit pas obligé de feüilleter le Livre des chargés, & que d'un coup d'œil, on connoiffe en ouvrant les armoires le *deficit* de chaque fac; & la feconde clef fera placée dans le coffre des dépôts.

I I I.

Quand on rapportera à l'Archivifte lefdits papiers, il mettra fon reçû, qu'il datera à la marge du Livre des récépiffés, & bâtonnera le chargé en préfence de celui qui les lui rendra; replacera chaque papier ou Titre dans les facs d'où il les avoit tirés, & ôtera le billet de deffus les facs: Au cas qu'on ne les rende pas exactement, il aura foin de les demander, & de retirer fur-tout ceux qu'on eft forcé de produire dans les inftances, crainte qu'ils ne fe perdent; & afin d'établir plus d'exactitude dans cette partie, il mettra tous les mois fur le Bureau les Régiftres defdits chargés, pour qu'on fçache de ceux entre les mains de qui font les papiers, la raifon pour laquelle ils différent de les rapporter.

I V.

Si on eft obligé de produire au Confeil, au Parlement, ou dans quelqu'autre Jurifdiction hors de cette Ville, quelque Titre important; ledit Archivifte en fera la copie, qui fera collationnée par un Secrétaire du Roi, & on n'enverra que cette copie, afin que les originaux ne fortent point des Archives.

V.

V.

L'Archiviste rangera tous les mois les papiers de l'entrepôt; aura soin de mettre aux Archives tous les Arrêts & autres Titres concernant cet Hôpital, qu'il placera à la suite de chaque matière, dans l'armoire de leur indication, après les avoir inférés sur l'Inventaire, & sera attentif à renouveller les cottes qui envelopent les Titres ou autres papiers des Archives, à mesure qu'elles s'useront.

V I.

Aura soin de remettre au Secrétaire le Livre des Actes perpétuels, à mesure qu'il s'en fera, afin de les y faire expédier, & retirera ledit Livre pour le mettre aux Archives.

V I I.

Joindra les expéditions des Actes perpétuels à leurs pièces, de même que toutes celles qui peuvent être nécessaires à cet Hôpital, de quelque nature qu'elles soient.

V I I I.

Mettra les expéditions des Fondations faites, tant pardevant Notaires, que par Délibération du Bureau, dans l'armoire des Fondations, après les avoir inférées sur l'Inventaire & sur le Tableau qui est placé dans la Sale du Bureau, de même que sur le Livre de la Sacristie.

I X.

Fera rentrer chaque année les minutes des Mandats, ne laissant au Secrétaire que le précédent Régistre & le courant, & fera brocher lesdits Régistres ensemble, de dix en dix ans.

K k

X.

Lorsqu'il écherra une Hoirie aux Pauvres, ledit Archiviste en fera la dépoüille sous les yeux de M^r. l'Avocat, & l'insérera sur l'Inventaire des Titres des Archives. Il prendra ensuite deux sacs, dans l'un desquels il rangera tous les papiers & Titres de ladite Hoirie, que M^r. l'Avocat jugera nécessaire de conserver; & n'embarassera point les Archives de ceux qui seront trouvés totalement inutiles: Il mettra dans l'autre sac, les Promesses & Obligations dües à ladite Hoirie, après en avoir donné un état au Teneur de Livres, pour qu'il les rapporte sur le grand Livre, & placera ce second sac parmi les dettes actives provenantes des différentes Hoiries.

X I.

Il en usera de même pour les Titres & papiers des Adoptifs, Petits-Garçons, Thérèses & Délaissés, & pour ceux des Vieux & Vieilles.

X I I.

Prendra garde ledit Archiviste, de ne placer jamais les papiers des Enfans Adoptifs, Petits-Garçons, Thérèses, Petits-Passants ou Délaissés, que dans les petites Archives à ce destinées, & dans l'ordre prescrit, de même que ceux qu'on trouve aux Vieux & aux Vieilles après leur décès; tels que leurs Contrats de Mariage, Transactions & autres papiers qui pourroient être nécessaires à leurs familles, qu'il ne placera cependant dans lesdites Archives, qu'au cas qu'il ne puisse pas découvrir leurs Parens, pour les leur rendre.

XIII.

Quant aux Promeſſes ou Obligations qui pourroient ſe trouver dans les papiers deſdits Vieux ou Vieilles, comme elles appartiennent à la Maiſon après leur décès; ledit Archiviſte en donnera la note au Teneur de Livres, & portera leſdites Promeſſes & Obligations, dans le ſac qui contient les dettes actives de cet Hôpital, après avoir fait mention ſur leſdites piéces, qu'elles viennent deſdits Vieux ou Vieilles décédés dans la Maiſon.

XIV.

Après la dépoüille des papiers des Adoptifs, il les mettra dans des ſacs avec des étiquettes, qu'il placera aux chevilles alphabétiques deſtinées pour ces ſortes de papiers, & mettra dans chaque ſac, tous les papiers, Promeſſes ou Obligations, qui appartiennent à l'Enfant adopté, après avoir donné la notte deſdites Promeſſes ou Obligations au Teneur de Livres.

XV.

Immédiatement après que les Enfans qui viennent de l'Hôtel-Dieu à la Charité, ſeront entrés dans cette Maiſon; ledit Archiviſte aura ſoin de placer les papiers qui lui ſeront remis pour ces Enfans à la ſuite de ceux qui ſont dans leſd. Archives, & de les décrire ſur l'Inventaire, dans la même forme que le ſont les autres; il mettra auſſi dans leur rang les Régiſtres contenans l'état des Enfans qui viennent annuellement de l'Hôtel-Dieu, lorſque le Frere en aura pris les noms & les numeros: & fera brocher leſdits Régiſtres enſemble, de dix en dix années, conformément aux anciens.

XVI.

Lorſque quelque Enfant retirera ſes papiers, ou que quelques Parens des Vieux & Vieilles en viendront réclamer; ledit Archiviſte en fera note à la marge de l'Inventaire qui en contient la deſcription, de même que ſur le Régiſtre des Adoptions, qui eſt dépoſé dans les petites Archives, & en fera ſigner la décharge par leſdits Adoptifs ſur ledit Régiſtre; & s'ils ne ſçavent pas écrire, ils donneront la décharge pardevant le Notaire de la Maiſon; & en ce cas, l'Archiviſte fera ſimplement mention de cette décharge ſur le Régiſtre des Adoptions, & ſur l'Inventaire.

XVII.

Retirera du Teneur de Livres, les comptes des Recteurs, & les feüilles & mandats des Tréſoriers, lorſqu'ils ſeront ſortis; & les rangera dans leurs armoires, conformément à ceux qui y ſont, auſſi-bien que les anciens grands Livres & mémoriaux, ne laiſſant au cabinet des Ecritures, que les courans.

XVIII.

Rapportera aux Archives toutes les Lettres Miſſives, qui ſeront adreſſées au Bureau, ou à M^r. l'Avocat; leſquelles il aura ſoin de retirer, lorſque MM. les Avocats auront fini le tems de leur Adminiſtration, de même que le Régiſtre ſur lequel ils auront fait tranſcrire les réponſes à chaque Lettre, pour qu'on puiſſe y avoir recours dans le beſoin; & rangera le tout dans l'endroit à ce deſtiné.

XIX.

L'Archiviſte continuera l'Inventaire de tous les dépôts qui ſont dans le coffre, à meſure qu'il en viendra de nouveaux;

il aura foin de le décharger des dépôts qui feront retirés, &
il laiffera toûjours une copie dudit Inventaire dans le coffre
dont les clefs font entre les mains de Mͬ. l'Avocat, & une autre
copie dans l'endroit deftiné à l'entrepôt des papiers courans.

X X.

Retirera deux expéditions ou extraits des Actes qui fe
pafferont à Saint Trivier ou à Chavagnieu, pour qu'il en refte
une aux Archives de Lyon, & l'autre dans celles de St. Trivier;
afin d'être difpenfé de porter les expéditions qui feront aux
Atchives de Lyon, lors des voyages qu'on fait à St. Trivier.

X X I.

Il y aura un Inventaire double des papiers qui concernent
la Baronnie de St. Trivier, & la Terre de Chavagnieu, dont
l'un reftera à St. Trivier, & l'autre aux Archives de Lyon;
fur lefquels Inventaires, ledit Archivifte rapportera les Actes
nouveaux, à mefure qu'ils fe préfenteront.

X X I I.

La confufion des Archives n'étant arrivée, que parce qu'elles
ont été régardées par plufieurs Recteurs, comme un endroit
d'entrepôt de toutes fortes de chofes indifféremment, comme
coffres, tableaux, &c. qui occupant des places aux Archives,
embaraffent pour l'arrangement des papiers : en cas que dans
la fuite, on veüille y mettre autre chofe que des papiers;
l'Archivifte repréfentera au Bureau, que ces fortes d'entrepôts,
font contre l'ordre établi pour lefdites Archives.

X X I I I.

Ledit Archivifte tiendra avec propreté lefdites Archives,
les fera balayer devant lui, en fera ôter la pouffière & les

araignées, n'y entrera jamais du feu ni de la lumière, fous quelque prétexte que ce foit; & ne prendra aucun papier, qu'en s'en chargeant fur le Régiftre, en préfence de deux de MM. les Recteurs; & fera tenu d'exécuter, & faire exécuter, tous les Articles ci-deffus, à peine de privation de fes apointemens.

X X I V.

Enfin, pour qu'on ne contrevienne point à l'avenir au préfent Réglement; il fera imprimé & attaché dans les grandes & petites Archives, afin de faciliter à MM. les Recteurs, le moyen de s'en inftruire & de le faire exécuter.

Les préfens Réglemens imprimés en vertu de l'Article V. des Lettres Patentes, accordées par Sa Majefté à l'Hôpital Général & Aumône Générale de la Charité de Lyon, au mois de Septembre 1729.